陳福成著

陳福成著作全編

第十五冊　奴婢妾匪到革命家之路

文史哲出版社印行

國家圖書館出版品預行編目資料

陳福成著作全編 / 陳福成著. -- 初版. --臺北市：文史哲,民 104.08
頁： 公分
ISBN 978-986-314-266-9（全套：平裝）

848.6 104013035

陳福成著作全編

第十五冊 奴婢妾匪到革命家之路

著　　者：陳　福　成
出 版 者：文 史 哲 出 版 社
http://www.lapen.com.tw
登記證字號：行政院新聞局版臺業字五三三七號
發 行 人：彭　正　雄
發 行 所：文 史 哲 出 版 社
印 刷 者：文 史 哲 出 版 社
臺北市羅斯福路一段七十二巷四號
郵政劃撥帳號：一六一八〇一七五
電話886-2-23511028・傳真886-2-23965656

全 80 冊定價新臺幣 36,800 元

二〇一五年（民一〇四）八月初版

ISBN 978-986-314-266-9 08981

陳福成著作全編總目

壹、兩岸關係

①決戰閏八月
②防衛大台灣
③解開兩岸十大弔詭
④大陸政策與兩岸關係

貳、國家安全

⑤國家安全與情治機關的弔詭
⑥國家安全與戰略關係
⑦國家安全論壇。

參、中國學四部曲

⑧中國歷代戰爭新詮
⑨中國近代黨派發展研究新詮
⑩中國政治思想新詮
⑪中國四大兵法家新詮：孫子、吳起、孫臏、孔明

肆、歷史、人類、文化、宗教、會黨

⑫神劍與屠刀
⑬中國神譜
⑭天帝教的中華文化意涵
⑮奴婢妾匪到革命家之路：復興廣播電台謝雪紅訪講錄
⑯洪門、青幫與哥老會研究

伍、詩〈現代詩、傳統詩〉、文學

⑰幻夢花開一江山
⑱赤縣行腳・神州心旅
⑲「外公」與「外婆」的詩
⑳尋找一座山
㉑春秋記實
㉒性情世界
㉓春秋詩選
㉔八方風雲性情世界
㉕古晟的誕生
㉖把腳印典藏在雲端
㉗從魯迅文學醫人魂救國魂說起
㉘六十後詩雜記詩集

陸、現代詩（詩人、詩社）研究

㉙三月詩會研究
㉚我們的春秋大業：三月詩會二十年別集
㉛中國當代平民詩人王學忠
㉜讀詩稗記
㉝嚴謹與浪漫之間
㉞一信詩學研究：解剖一隻九頭詩鵠
㉟囚徒
㊱胡爾泰現代詩臆說
㊲王學忠籲天詩錄

柒、春秋典型人物研究、遊記

㊳山西芮城劉焦智「鳳梅人」報研究
㊴在「鳳梅人」小橋上

㊵我所知道的孫大公
㊶為中華民族的生存發展進百書疏
㊷金秋六人行
㊸漸凍勇士陳宏

捌、小說、翻譯小說

㊹迷情・奇謀・輪迴、
㊺愛倫坡恐怖推理小說

玖、散文、論文、雜記、詩遊記、人生小品

㊻一個軍校生的台大閒情
㊼古道・秋風・瘦筆
㊽頓悟學習
㊾春秋正義
㊿公主與王子的夢幻、
(51)洄游的鮭魚
(52)男人和女人的情話真話
(53)台灣邊陲之美
(54)最自在的彩霞
(55)梁又平事件後

拾、回憶錄體

(56)五十不惑
(57)我的革命檔案
(58)台大教官興衰錄
(59)迷航記、
(60)最後一代書寫的身影
(61)我這輩子幹了什麼好事
(62)那些年我們是這樣寫情書的
(63)那些年我們是這樣談戀愛的
(64)台灣大學退休人員聯誼會第九屆理事長記實

拾壹、兵學、戰爭

(65)孫子實戰經驗研究
(66)第四波戰爭開山鼻祖賓拉登

拾貳、政治研究

(67)政治學方法論概說
(68)西洋政治思想史概述
(69)中國全民民主統一會北京行
(70)尋找理想國：中國式民主政治研究要綱

拾參、中國命運、喚醒國魂

(71)大浩劫後：日本311天譴說
日本問題的終極處理
(72)台大逸仙學會

拾肆、地方誌、地區研究

(73)台北公館台大地區考古・導覽
(74)台中開發史
(75)台北的前世今生
(76)台北公館地區開發史

拾伍、其他

(77)英文單字研究
(78)與君賞玩天地寬（文友評論）
(79)非常傳銷學
(80)新領導與管理實務

總序：陳福成的一部文史哲政兵千秋事業

陳福成先生，祖籍四川成都，一九五二年出生在台灣省台中縣。筆名古晟、藍天、司馬千、鄉下人等，皈依法名：本肇居士。一生除軍職外，以絕大多數時間投入寫作，範圍包括詩歌、小說、政治（兩岸關係、國際關係）、歷史、文化、宗教、哲學、兵學（國防、軍事、戰爭、兵法），及教育部審定之大學、專科（三專、五專）、高中（職）等各級學校國防通識（軍訓課本）十二冊。以上總計近百部著作，目前尚未出版者尚約二十部。

我的戶籍資料上寫著祖籍四川成都，小時候也在軍眷長大，初中畢業（民57年6月），投考陸軍官校預備班十三期，三年後（民60）直升陸軍官校正期班四十四期，民國六十四年八月畢業，隨即分發野戰部隊服役，到民國八十三年四月轉台灣大學軍訓教官。到民國八十八年二月，我以台大夜間部（兼文學院）主任教官退休（伍），進入全職寫作高峰期。

我年青時代也曾好奇問老爸：「我們家到底有沒有家譜？」

他說：「當然有。」他肯定說，停一下又說：「三十八年逃命都來不及了，現在有個鬼啦！」

兩岸開放前他老人家就走了，開放後經很多連繫和尋找，真的連鬼都沒有了，茫茫無垠的「四川北門」，早已人事全非了。

但我的母系家譜卻很清楚，母親陳蕊是台中縣龍井鄉人。她的先祖其實來台不算太久，按家譜記載，到我陳福成才不過第五代，大陸原籍福建省泉州府同安縣六都施盤鄉馬巷。

第一代祖陳添丁、妣黃媽名申氏。從原籍移居台灣島台中州大甲郡龍井庄龍目井字水裡社三十六番地，移台時間不詳。陳添丁生於清道光二十年（庚子，一八四〇年）六月十二日，卒於民國四年（一九一五年），葬於水裡社共同墓地，坐北向南，他有二個兒子，長子昌，次子標。

第二代祖陳昌（我外曾祖父），生於清同治五年（丙寅，一八六六年）九月十四日，卒於民國廿六年（昭和十二年）四月二十二日，葬在水裡社共同墓地，坐東南向西北。陳昌娶蔡匏，育有四子，長子平、次子豬、三子波、四子萬芳。

第三代祖陳平（我外祖父），生於清光緒十七年（辛卯，一八九一年）九月二十五日，卒於（年略記）二月十三日。陳平娶彭宜（我外祖母），生光緒二十二年（丙申，一八九六年）六月十二日，卒於民國五十六年十二月十六日。他們育有一子五女，長子陳火，長女陳變、次女陳燕、三女陳蕊、四女陳品、五女陳鶯。

以上到我母親陳蕊是第四代，到筆者陳福成是第五代，與我同是第五代的表兄弟姊妹共三十二人，目前大約半數仍在就職中，半數已退休。

寫作是我一輩子的興趣，一個職業軍人怎會變成以寫作為一生志業，在我的幾本著作都詳述（如《迷航記》、《台大教官興衰錄》、《五十不惑》等」。我從軍校大學時代開始寫，從台大主任教官退休後，全力排除無謂應酬，更全力全心的寫（不含為教育部編著的大學、高中職《國防通識》十餘冊）。我把《陳福成著作全編》略為分類暨編目如下：

壹、兩岸關係

①《決戰閏八月》②《防衛大台灣》③《解開兩岸十大弔詭》④《大陸政策與兩岸關係》。

貳、國家安全

⑤《國家安全與情治機關的弔詭》⑥《國家安全與戰略關係》⑦《國家安全論壇》。

參、中國學四部曲

⑧《中國歷代戰爭新詮》⑨《中國近代黨派發展研究新詮》⑩《中國政治思想新詮》⑪《中國四大兵法家新詮：孫子、吳起、孫臏、孔明》。

肆、歷史、人類、文化、宗教、會黨

⑫《神劍與屠刀》⑬《中國神譜》⑭《天帝教的中華文化意涵》⑮《奴婢妾匪到革命家之路：復興廣播電台謝雪紅訪講錄》⑯《洪門、青幫與哥老會研究》。

伍、詩〈現代詩、傳統詩〉、文學

⑰《幻夢花開一江山》⑱《赤縣行腳・神州心旅》⑲《「外公」與「外婆」的詩》、⑳《尋找一座山》㉑《春秋記實》㉒《性情世界》㉓《春秋詩選》㉔《八方風雲性情世界》㉕《古晟的誕生》㉖《把腳印典藏在雲端》㉗《從魯迅文學醫人魂救國魂說起》㉘《60後詩雜記詩集》。

陸、現代詩（詩人、詩社）研究

㉙《三月詩會研究》㉚《我們的春秋大業：三月詩會二十年別集》㉛《中國當代平民詩人王學忠》㉜《讀詩稗記》㉝《嚴謹與浪漫之間》㉞《一信詩學研究：解剖一隻九頭詩鵠》㉟《囚徒》㊱《胡爾泰現代詩臆說》㊲王學忠籲天詩錄。

柒、春秋典型人物研究、遊記

㊳《山西芮城劉焦智「鳳梅人」報研究》㊴《在「鳳梅人」小橋上》㊵《我所知道的孫大公》㊶《孫大公思想主張手稿》㊷《金秋六人行》㊸《漸凍勇士陳宏》。

捌、小說、翻譯小說

㊹《迷情・奇謀・輪迴》㊺《愛倫坡恐怖推理小說》。

玖、散文、論文、雜記、詩遊記、人生小品

㊻《一個軍校生的台大閒情》㊼《古道・秋風・瘦筆》㊽《頓悟學習》㊾《春秋正義》㊿《公主與王子的夢幻》51《洄游的鮭魚》52《男人和女人的情話真話》53《台灣邊陲之美》54《最自在的彩霞》55《梁又平事件後》。

拾、回憶錄體

56《五十不惑》57《我的革命檔案》58《台大教官興衰錄》59《迷航記》60《最後一代書寫的身影》61《我這輩子幹了什麼好事》62《那些年我們是這樣寫情書的》63《那些年我們是這樣談戀愛的》64《台灣大學退休人員聯誼會第九屆理事長記實》。

拾壹、兵學、戰爭

65《孫子實戰經驗研究》66《第四波戰爭開山鼻祖賓拉登》。

拾貳、政治研究

(67)《政治學方法論概說》(68)《西洋政治思想概述》(69)《中國全民民主統一會北京行》(70)《尋找理想國：中國式民主政治研究要綱》。

拾參、中國命運、喚醒國魂

(71)《大浩劫後：日本 311 天譴說》、《日本問題的終極處理》(72)《台大逸仙學會》。

拾肆、地方誌、地區研究

(73)《台北公館台大地區考古・導覽》(74)《台中開發史》(75)《台北的前世今生》(76)《台北公館地區開發史》。

拾伍、其他

(77)《英文單字研究》(78)《與君賞玩天地寬》（別人評論）(79)《非常傳銷學》(80)《新領導與管理實務》。

我這樣的分類並非很確定，如《謝雪紅訪講錄》，是人物誌，但也是政治，更是歷史，說的更白，是兩岸永恆不變又難分難解的「本質性」問題。

以上這些作品大約可以概括在「中國學」範圍，如我在每本書扉頁所述，以「生長在台灣的中國人為榮」，以創作、鑽研「中國學」，貢獻所能和所學為自我實現的途徑，以宣揚中國春秋大義、中華文化和促進中國和平統一為今生志業，直到生命結束。我這樣的人生，似乎滿懷「文天祥、岳飛式的血性」。

抗戰時期，胡宗南將軍曾主持陸軍官校第七分校（在王曲），校中有兩幅對聯，一是「升官發財請走別路、貪生怕死莫入此門」，二是「鐵肩擔主義、血手寫文章」。前聯原在廣州黃埔，後聯乃胡將軍胸懷，「鐵肩擔主義」我沒機會，但「血手寫文章」的

「血性」俱在我各類著作詩文中。

人生無常，我到六十三歲之年，以對自己人生進行「總清算」的心態出版這套書。回首前塵，我的人生大致分成兩個「生死」階段，第一個階段是「理想走向毀滅」，年齡從十五歲進軍校到四十三歲，離開野戰部隊前往台灣大學任職中校教官。第二個階段是「毀滅到救贖」，四十三歲以後的寫作人生。

「理想到毀滅」，我的人生全面瓦解、變質，險些遭到軍法審判，就算軍法不判我，我也幾乎要「自我毀滅」；而「毀滅到救贖」是到台大才得到的「新生命」，我積極寫作是從台大開始的，我常說「台大是我啟蒙的道場」有原因的。均可見《五十不惑》、《迷航記》等書。

我從年青立志要當一個「偉大的軍人」，為國家復興、統一做出貢獻，為中華民族的繁榮綿延盡個人最大之力，卻才起步就「死」在起跑點上，這是個人的悲劇和不智，正好也給讀者一個警示。人生絕不能在起跑點就走入「死巷」，切記！切記！讀者以我為鑒！在軍人以外的文學、史政有這套書的出版，也算是對國家民族社會有點貢獻，對自己的人生有了交待，這致少也算「起死回生」了！

順要一說的，我全部的著作都放棄個人著作權，成為兩岸中國人的共同文化財，而台北的文史哲出版有優先使用權和發行權。

這套書能順利出版，最大的功臣是我老友，文史哲出版社負責人彭正雄先生和他的夥伴們。彭先生對中華文化的傳播，對兩岸文化交流都有崇高的使命感，向他和夥伴致上最高謝意。

台北公館蟾蜍山萬盛草堂主人　陳福成　誌於二〇一四年

五月榮獲第五十五屆中國文藝獎章文學創作獎前夕

自序：關於《奴婢妾匪到革命家之路——復興廣播電台謝雪紅訪講錄》

自從一八四八年二月馬克斯（Karl Marx 1818-1883）與恩格斯（Frederick Engels 1820-1895），發表「共產主義宣言」，此後的一百多年整個地球上無數億人，迷上共產主義（含修正），有如現代年青人迷網路，迷得親朋好友父母師長皆可不要，二者真是太像了。大家狂熱的迷，無數學者、專家、教授、知識份子、熱血青年、將軍、戰士、男女老少…犧牲奮鬥，投入追求共產主義，爲實現人民民主專政而戰，他們都錯了嗎？曾幾何時，共產主義成了過街老鼠，這無數億的人都笨嗎？他們都錯嗎？

同理，曾與共產主義「二分天下」的西方資本主義民主政治，到一九九〇年代共產世界紛紛打烊，也幾乎成為地球霸主；但不久後，廿一世紀才不過十幾年，資本主義竟成了「吃人的野獸」，資本主義也錯了嗎？

也同理，三民主義從「聖經」地位跌成「破鞋」，也不過才幾年的事。往昔，也有幾億的人擁護三民主義，無數學者專家智者戰士為三民主義犧牲奮鬥，靠三民主義吃飯，他們錯了嗎？他們笨嗎？

三民主義、國民黨、共產主義、共產黨、人民民主專政、無產階級專政；還有，平均地權、漲價歸公、五權分立…還有誰在講說；還有，誰是資產階級？還有，誰是無產階級？「貧下中農」還是不是最尊貴的階級？凡此等等，不是「舊鞋」，就是「破鞋」！還有誰去鳥他！？

也許還有「價值」的是，蔣介石、毛澤東、蔣經國、周恩來、鄧小平…他們一件件「高價位商品」，為國家、人民，帶來大把大把白花花的銀子，管他什麼「鬼主義」！

「謝雪紅疑惑」在我心中放了半個世紀，廿一世紀初我超越一切黨派、主義，回歸到人性的最基本面，重新理解她的一生，重新詮釋一個真實的謝雪紅。於二〇〇二年上半年，接受復興廣播電台「兩岸下午茶」的節目主持人也是記者的鍾寧小姐訪講，本書本文約九成是當時的講稿，二〇一三年整理成本書(另加附件及一些補充)。

本書因並非學術專著，故不列參考書目，但仍本學術精神，有一分證據講一分話，沒證據不說話，請各方指正。(初講於二〇〇二年復興電台，整稿於謝雪紅一百一十二歲冥誕的二〇一三年十一月五日十三時三十七分。一個老國民黨員 陳福成．台北公館蟾蜍山萬盛草堂。)

奴婢妾匪到革命家之路

——復興廣播電台謝雪紅訪講錄

目 次

第1章　童年・為婢・為妾・為奴

謝雪紅攝於 1942 年 1 月 1 日，在台中她與楊克煌經營的三美堂商店門前。（楊麥女士提供）

上圖：謝雪紅口述，楊克煌筆錄，《我的半生記：台魂淚（一）》，〔台北，楊翠華，1997〕。
下圖：楊克煌遺稿，楊翠華整理，《我的回憶》，〔台北：楊翠華，二〇〇五〕。

第1章 童年・爲婢・爲妾・爲奴

1、復興廣播電台記者鍾寧小姐（本書以下都簡稱「鍾」）：復興廣播電台每週下午茶節目聽衆，大家好！我是鍾寧。多年來，本節目邀請空中大學老師陳福成教授（本書以下都簡稱「陳」）主講，所談過的內容包括兩岸、國際關係、中國政治思想史和戰爭史、中國歷代兵法家、戰略等；乃至文學、藝術…相信各位聽衆印象深刻。從本周二〇〇二年，民國九十一年元月到五月開始，陳老師要為大家談談謝雪紅這個人，這位傳奇女性在兩岸有完全不同的評價，爭議性也很大。在戒嚴時代因「敵我關係」的特殊背景，不能談謝雪紅，現在開放了，先請陳老師說明選擇這個主題的原因。

陳答：也確實，古今中外這麼多英雄豪傑、聖賢神佛及近當代無數金字塔頂層的各界領導精英，都未成爲本節目主角，而獨愛謝雪紅這女子，我總要說出讓聽衆信服，至少有興趣並認合理的原因。

第一、謝雪紅在戒嚴時期，因「敵我關係」的政治需要，被我方宣傳成「女魔頭」，乃至是一個敗德亂行的淫蕩女人。現在事過境遷，兩岸已非敵我關係，應清除所有的政治色彩，回歸謝雪紅這個人一生原來的樣子。

第二、回歸謝雪紅的本相後，才發現她是一個多麼讓人驚奇、可敬的人。驚奇的是她從一個「吃人的社會」中，以身爲「婢、妾、奴」的可憐女子，爬到成爲「台灣地區最高政治代表」（約同台灣地區最高領導人），這是神奇！這是具有永恆性的傳奇故事。可敬的是她的傳奇和古今中外許多頂層領導不同，許多領導如蔣經國、王文洋、小布希等，他們天生就有極高身價，他們只不過從「極高身價」，變「極極高身價」，我不會敬服這些人。謝雪紅從「無身價」，乃至「負債」成爲「台灣地區最高政治代表」，對這樣傳奇女人，能不驚嘆呼？

鍾問：原來如此（驚呼）！這樣的事我們以前都不知道，怪不得陳老師要在本節目講謝雪紅！讓兩岸同胞了解這位傳奇女子。

陳答：第三個原因最重要，古今中外凡是從「低賤」身份出來，經競爭爬到權力高峰，擁有了一切後，通常變爲「邪惡」，因爲他走不出「低賤」的身份背景，而且成長過程中定然吃足苦頭、飽受歧視乃至虐待，人必然會變態，成功掌權後就是可怕又變態的「魔頭」，例如古代的太監、現在政壇上也有類似的案例。

今以李登輝爲案例說明，這位老番癲的出身也低賤，他是倭國派駐台灣警察和台灣女佣不論姦情，所生的私生子，「另說強姦所生，此說亦可靠」，因此李登輝一輩子揮不去變態黑影。他早年加入共產黨，後又背叛共產黨，並以告密、出賣朋友，換取政治利益。後又加入國民黨，再背叛國民黨；成爲中華民國總統，竟又背叛中華民國。縱觀李番癲的一生，爲何始終在出賣靈肉？背叛朋友？正是因出身低賤，產生了心理變態、思想扭曲，才有這麼多變態行爲。（註：二〇〇二年在節目中只引古代太監爲案例說明，未提李登輝，二〇一三年秋整理舊稿，才用李番癲案例。）

爲甚麼要提這些「難看」的案例，因爲出身「低賤、下賤」，是人生最難脫困的「困局」，心裡學家亦如是說。這表示能從出身「低賤」的困局中解脫出來，展現正常的人格，乃至超越正常，達到「人格高潔」，在行誼中散發出人性的美善芬芳，這樣的人，是不是我們該尊敬、學習的地方？這種人在眾生中屬於「稀有動物」！

鍾問：經陳老師這麼一暗示，是不是說謝雪紅就是這樣情境的人。是值得大大尊敬的人？這和我們以往所知道的謝雪紅竟完全不一樣，真是感謝陳老師為兩岸打開了歷

史的「黑盒子」。

陳答：我要說的正是節目主角謝雪紅，她出身台灣倭竊時期的赤貧家庭，可憐的她，童年到少女時代，「爲奴，爲卑、爲妾」，過著「奴隸般的日子」（引楊克煌記述謝雪紅這段生活），這樣「低賤」的出身，她的人格、心靈、行爲，會扭曲到怎樣可怕的程度？她後來攀到權力的高峰，她要以何種邪惡、可怕的報復，加諸於別人、社會或她所領導的組織（台盟）？

沒有，完全沒有，我研究謝雪紅的一生，她雖曾爲奴、爲婢、爲妾，更傳言她被賣入「火坑」。但後來她成爲一位「革命之女」，掌握了權力，她的人格出奇的正常，她一生爲國爲民，堅持正義道德、不腐敗、不墮落，更沒有「權力的敖慢」。這樣的人，百年難得一人，千萬人中亦難出一個，這是我選謝雪紅爲本節目主角人物之主因。

2、**鍾問：還沒開講呢！陳老師就指出了主角充滿故事性，相信聽眾已對謝雪紅充滿好奇，先談談她的出身背景，還有她的童年。文獻有說她是彰化人，有說她是台中人，怎樣才對？**

陳答：以上兩種說法都對，因爲在清代台中地區屬於彰化縣，倭竊時期彰化地區屬於台中州。謝雪紅誕生於一九〇一年（光緒二十七年）十月十七日，她的籍貫，在倭國警察機關檔案登記爲台中，正式姓名登記的是謝氏阿女，外界一般都認爲她是彰化人出生在彰化北門。

根據謝雪紅留在北京的自傳（一九五二年謝雪紅在北京所寫，目前存放北京「台灣民主自治同盟」總部），她說祖籍是福建泉州，祖父是貧農，爲生活所迫，不得已移民台灣，父親名謝匏，是製絲製帽的手工業工人；母親陳銀，也是手工業工人。有的文獻上寫父親是靠勞力維生的挑運工人，母親做手工並替倭人洗衣服、作零工補貼家用。應該都是，窮人沒有選擇權，有什麼工，就幹什麼活。謝雪紅一共有八位兄弟姊妹（五男三女），排行如次。

長女　謝柔（一八八四年生）

長子　謝國泰（一八八九年左右生，已故）

次女　謝阿純（一八九五年生，適陳金山，後爲尼）

三女　謝阿女（後改謝雪紅，一九七〇年歿）

次子　謝民安（一九七二年歿）

三子　謝天生（過繼給黃氏家族）

四子　謝真南（戰後經營大華酒家，一九〇四－一九八三年）

五子　楊泉吉（一九〇七年生，從小送給楊家，一九七〇年歿）

從上面這些資料看，謝雪紅真是出生在一個赤貧家庭中，註定了他早年生活不幸的必然。但同樣面對苦難，有人選擇跳海跳樓，有人勇敢面對苦難，可以熬過去。幼年的苦難迫使謝雪紅思想早熟，生活歷練使她培養出堅定的打拼精神。

鍾問：為什麼愈是貧窮人家，愈是生了很多孩子？謝家已是赤貧，卻一家十口，這日子怎麼過？

陳答：大約謝雪紅六歲時，她開始負責家中煮飯的工作，古老的煮飯方式大家可能見過（在民俗博物館中），灶上放著黑色大鐵鍋，下面要燒木柴，要生火也不容易。六歲的小孩身子不夠高，要站在小椅子上煮飯，很苦的差事而且危險。

除了煮飯工作，六歲的謝雪紅也開始在台中街頭擺攤賣香蕉。七歲那年，謝父因積勞成疾，得了肺結核，不得已將家中出生不久最小的兒子賣給楊姓人家，小雪紅除做家事、擺攤賣香蕉外，又加重了工作，她要利用時間替倭人帶孩子，以補家用。

（註：在節目中仍稱「日本人」，在本書改稱「倭人」以確保身爲中國人、台灣人的尊嚴。）

鍾問：陳老師！那是什麼世界？雪紅才是六、七歲的小朋友，那麼多苦勞，根本是虐待兒童！難到沒有同情、幫助的嗎？

陳答：當時台灣在倭人竊治之下，台灣人不被當人看（文學作品稱那時的台灣人叫「三腳仔」，不是兩隻腳的人，也不是四隻腳的動物，故是三腳仔。）在謝雪紅自己寫的《我的半生記》，回憶她七歲時所看到的情景，是富人見她父親快死而不救的傷痛：

> ……謝仔昆當場罵我父親說：「你是快死在港仔邊的人了，還敢爭辯。」一家人聽到父親被罵，都很傷心，鄰居、朋友也都對謝仔昆表示氣憤不平，我有生以來第一次曉得富人是怎樣來欺負窮人的。

這真是一生揮之不去的夢魘，是心理上很大的摧殘，尤其摧殘這樣小的「幼苗」，長大後的人格要回歸到常態，多麼的不容易，這是我強調謝雪紅了不起的地方。相較於老番癲李登輝同樣出身「低賤」，壯大掌權後成爲台灣大頭目，卻變得更低賤、更下賤、更邪惡、行屍死肉、出賣魂靈，整個人成一塊權力敖慢體，他給雪紅提高跟鞋、洗三角褲，恐還不夠格，因老番癲比女人穿三天未洗的三角褲更髒。（這段批判未在節目中說）

3、鍾問：為什麼同吃台灣米長大會有如此天壞之別？為什麼才六、七歲的小雪紅要飽受如此摧殘？再長幾歲豈不要受到更大磨難？

陳答：正是。才六、七歲的小雪紅替倭人帶孩子，她看到一個景像。這戶有錢的倭人，每餐把吃不完、還是大塊大塊的豬肉，有時是半隻雞鴨等好料，竟然全部倒進餿水桶，而窮得吃不起米飯，只能吃地瓜的她，內心多麼的複雜和不平。謝雪紅在她的自傳說，她心裡發急，直想著要把這些「好料」掏起來帶回家加菜，就像母親幫倭人洗衣服也會那樣做。（事實上，倭人從古至今看不起中國人，而且「消滅中國」一是倭人的歷史使命，至廿一世紀亦未改變，有好料寧可倒給豬吃，也不會給三腳仔吃！）

謝雪紅幫倭人帶孩子，學到一些倭國語，自己拿著樹枝在地上練字。對她日後進行社會主義運動，往來於中台倭之間派上用場，這是後話。

七、八歲的孩子是該上小學了，當時已有小學校，但謝家是在生存邊緣掙扎的赤貧，小雪紅是不可能上學的。未滿八歲的她，給倭人背小孩出去逛，已顯聰明懂事，她背著小孩逛到附近木匠工作的地方，她會替木匠燒水送水，這是她平時會做的家事。工人們覺得她懂事可愛，便把一些木料刨花和不用的木塊、木條送她，小雪紅身上背著倭嬰，開心的把這些木料拖回家。因爲她在家中還要負責煮飯，灶裡要燒柴生火，這些都要小雪紅自己去張羅。

鍾問：古今中外的聖賢中，也聽過有年幼家貧，自力學習，用樹枝當筆在地上練字，只發生在極少對象上，小雪紅才七、八歲，就有這種自力學習的鮮明動力，或許正預示了她未來必成大器？

陳答：我同意鍾小姐的看法，中外都有「七歲看一生」，乃至「三歲看一生」的說法，這在現代心理學上也是有根據的。

八、九歲時，家中經常因故急須用錢，負責跑當鋪，把家中唯一値錢的棉被、衣服拿到當鋪當了，這份差事都落在小雲紅頭上。小小年紀的她不知道原因，但她能體諒大人的處境，在自傳中她寫著：「可能大人們有他們說不出的苦衷吧！」

由於謝父長期勞累，又欠缺休息調養，終於病倒，無力工作，加上家中一度失火，一連串不幸接踵而來，生活重擔全壓在謝母身上。幸好，九歲的小雪紅很能替母親分憂解勞。她能幫媽媽刮林投絲、做林投帽，和媽媽一起到工廠做手工；有時工廠無活可幹，雪紅也會到街上沿街叫賣東西，以補家用。

十歲的謝雪紅，煮飯、燒火、餵豬、種菜、帶孩子、撿柴、擺地攤賣東西、跑當鋪等，她全都包辦了。現在領林投、挑林投也成了她的重要工作。

因謝父病倒，住屋失火要重建，雪紅和母親日夜拼命工作，但龐大的醫藥費和生活費、建材費等，仍使謝家欠下一大筆債。可能因債主逼迫太急，「要錢不要命」，就在謝雪紅十一歲那年，家裡不得不賣掉十七歲的二姊當人家繼室，換取一筆錢還債。而到這年止，謝家已先後賣出三個孩子了！

鍾問：天啊！一個家裡才幾年就賣出三個孩子，那是什麼世界？地獄想必也不會如此！賣一個已不得了，還賣了三個！那是個吃人的社會嗎？

陳答：正是，那確是個吃人的社會，回顧那個年代，倭人竊台，台灣人在一夜之間（指一八九五割台之事），成爲「非中國人」，即不是中國人，但倭人亦不承認台人的國民身份地位。因此，台灣人「兩面不是人」，而是「三腳仔」，人性必然質變、扭曲，社會就了吃人的社會。謝雪紅在她的口述自傳，記述當時人吃人的社會現狀：

> 倘若不是處在那種人吃人的萬惡舊社會，環境使窮人任憑怎樣拖磨、怎麼勞累，如牛似馬流血流汗地勞動也擺脫不了那種饑寒交迫、借債度日的窘境，哪有親生父母、同胞兄弟願意出賣自己的骨肉呢？

我相信若非環境將要逼死人！天底下那個父母願意把親生骨肉當成貨品一樣賣掉。

謝父一病不起，一九一二年這年終於丟下這戶赤貧之家，解脫西去。家裡用賣掉二姊還債所剩的錢替父親買棺材辦後事，一家頓失精神依託，原就臥病的謝母時常哭泣，身體當然是每況愈下，還是得借錢舉債看病。因爲謝母已不能工作，含熬藥在內的所有家事全由小雪紅一手包辦，同時和弟弟（小雪紅三歲）真南，一起敲林投來養家，有時也靠鄰居接濟度日。

對於這時面臨的困境，謝雪紅後來在她的自傳中說：**「這時候，一家人什麼指望也沒有了，我感到一種說不出來的悲愴。」**一個是十二歲的小女生，帶著九歲的弟弟，面對這個死棋般的局面，確是沒指望了。然而，小雪紅還不知道再過幾天，她也要賣給人家當童養媳了，可怕的苦難還在後頭呢！

4、鍾問：什麼！（超驚訝！）才賣了二姊，又要賣掉小雪紅，為何賣她？被賣去那裡？可憐的小雪紅，我眼淚都快掉下來了！

陳答：一九一二年底，謝母病故，這年雪紅父母雙亡。（註：謝雪紅父母雙亡年代，另有一說在一九一三年）爲辦母親喪事，只好將家中僅剩的女孩，才滿十二歲的謝雪紅賣了。（因已父母雙亡，賣身的事由誰做主？史料上沒有說，也可能是雪紅自己不得下的決定，不同的史料也有「賣給債主做婢女」、「姨母收養」，但比較可靠的是十三歲那年被賣爲妾。）按謝雪紅自己的回憶錄記述，她是被兄姊欺騙，賣給洪家做童養媳。

一九一二年底，辦完母親的喪事後幾個月，一九一三年開春，十三歲的謝雪紅生平第一次離開故鄉彰化，被賣到台中洪家爲妾。雖說是童養媳，但到洪家已身不由己的成了妾，娘的丈夫是台中千城町商人洪喜的兒子洪春榮。（在《我的半生記》，記述爲洪新瓠，惟謝本人亦不確定。）

鍾問：其實這時謝雪紅才不過十二足歲，就要當人家的妾，也太離譜了！這永不休止的苦難何時了？

陳答：雪紅到了台中洪家，養父洪喜待她不錯，但人稱「鬼婆」的養母，卻是一個舊社會中極度苛刻殘暴的女人，屬「媳婦熬成婆」再回頭虐待新媳，且變本加厲要復仇、要加倍回本的可怕心態，可憐的謝雪紅在往後幾年的爲妾生活中，飽受養母虐待，一度想要自殺，一死了之。

可憐的小妾，才十三歲，每天包辦所有家事，替十多人煮飯、洗衣、照料洪家雜貨店生意，晚上要滿足丈夫洪春榮的性要求。小雪紅等於是日夜兩頭燒熬。史料上都說她「嬌麗非常」、「長得不錯」，就更引起男人之求索。在那種吃人的舊社會中，有錢的男人娶了老婆，日久生厭，就想要個年青漂亮的小妾，謝雪紅正合這個條件，其實她還是個少女，洪春榮「吃嫩草、吃幼齒」的變態心理，也是謝雪紅以後感情路走的坎坷的起點。

不料，未久洪家雜貨店倒閉，財產大部流失，洪家只好搬到台中郊外的窮人區石頭攤，改做水果涼品零售。雪紅要和養父一起去採購水果工作，另外負責家中雜務，煮三餐、餵豬、照料水果攤生意、到製糖廠打工、上工砍柴…好像要把雪紅的體力、精力炸到乾爲止。

在糖廠做零工、種甘蔗時，十三歲的謝雪紅因看不慣工頭窮兇惡極，吃掉年長女工的工資，她挺身帶頭和工頭吵架，那工頭是倭人，三腳仔無人敢惹，小小的年紀的雪紅卻不怕他，那工頭要追打雪紅。這個小小的事件，後來不少研究謝雪紅的學者，認爲對於雪紅性格中的勇者形像，具有指標性的象徵意義，已開始顯現她不久後成爲一個革命者的鮮明特質。她，天生是個革命者。

鍾問：關於謝雪紅的性格，可否請陳老師再多描述？

在謝雪紅《我的半生記》中提到，她在莫斯科東方大學留學期間，擔任倭人班翻譯的蘇聯人耶洛現克，是個雙目失明者，他看不清謝雪紅的形像。但認識兩年後，他對謝說，「你的性格勝過男子的剛毅婦女。」目前已經公開的台共史料中，也記錄謝雪紅是一位意志堅強的女人，她曾被倭警捉去烤打，甚至被刑以香煙點燃燒灼其陰部，亦絕不招認任何事情，「真是一位大無畏的勇敢女鬥士」！這就是我在前面說過的，像李番癲李登輝這種人，來給雪紅提高跟鞋、洗三角褲也不夠格。李番癲只要爲一點政治利益，親朋好友、同志夥伴、國家民族就全出賣了；反觀謝雪紅，被倭警嚴刑烤打、灼其陰部，亦絕不出賣夥伴。二者的聖潔和下賤，成鮮明的對比，所以謝雪紅應得到後人的尊敬，而像李登輝這種賤種應受批判，人世間才能彰顯公平正義。

鍾問：這些以往我們都不知道，幸好有陳老師在本節目說出來，相信聽衆對謝雪紅的印象必徹底改觀，再回到她當妾的生活吧！

陳答：謝雪紅雖在糖廠打零工、種甘蔗，但所得工資她本人拿不到半文錢。因爲領錢的方式洪家和糖廠已講好，糖廠只給雪紅一張工資單，雪紅領了拿回交給洪家，再由洪家拿工資單到包工頭處領現。對這種情況。雪紅後來在自傳中說：**「是一身同時遭受封建制度和資本主義的雙重壓迫和剝削的具體例子。」**只是更加堅定她追求社會主義的決心。

雖有小妾可以做工剝削，洪家經濟仍是日愈惡化，照理說賣水果涼品零售，加上雪紅也拼命做工賺錢，不能改善也許是大環境的原因。但養母「鬼婆」好像把一切惡果的起因，都算在小雪紅頭上。有一回雪紅上山砍柴受傷，傷口深可見骨，頗爲嚴重，雪紅忍痛趕快回家，想著要找些什麼藥用用。養母見她空手而回，不顧雪紅傷口嚴重亦不准去看醫生，拿起棍子又打得謝雪紅遍體鱗傷，這樣的非人生活，她竟熬了幾年。想起自己的身世、遭遇，她常暗自心酸垂淚。這段小妾不如的「女奴」生活，雪紅後來在她的回憶錄中寫道：

至目前為止，我一生的一切擔憂、苦悶、悲傷、痛苦的情緒，都是由地主婆對我的態度引起的。

我那裡知道世上將要實現一種沒有人壓迫人、人剝削人的幸福社會，更不曉得自己應為爭取實現這種幸福社會而去進行鬥爭。此時，我只知道自己沒有辦法來擺脫這個苦境，也沒有人能把我從這個苦海中救出來。

鍾問：是啊！洪家像極了無間地獄，任何眾生進去了，想必出逃無門、求出無期，陳老師是不是？

陳答：確實是，幸好，謝雪紅還是脫困了，否則就沒有「革命之女」，但那是一年多以後的事，現在她命中的災難尚未結束呢？

十七歲那年春天，某回雪紅和養父出外挑貨回來，養母又無故打罵，養父看不下去替謝講話，惹得養母如一條發瘋的母狗，變本加厲痛打雪紅。不知何來的勇氣？雪紅第一次反抗養母，掙脫跑了出去。此事也引起鄰居不平，帶雪紅到派出所備案，以防雪紅那天真被養母打死了！

不久又有一回，某日雪紅天未亮要起來煮飯，因白天太累、睡眠不足，她在灶前生火時打盹。正好養母進來看見，竟撿起一根大木棍，對準雪紅的腦袋夯下去，雪紅險些當場暈過去，當日雪紅照常工作，但心裡浮現一死了之的念頭，她第一次自殺，臥軌。

她真的去臥軌，幸好鄰人和一些姊妹及時發現而救回一命。此後，雪紅想起要如何逃離洪家。

5、**鍾問：她早該逃離了！為何不逃？逃到天涯海角，也比在無間地獄好！陳老師你說是不是？**

陳答：是啊！凡是有腳的都想逃，我想洪家的桌子也在想著要怎樣逃離洪家，各位復興電台的聽眾們！你說是不是？是你也早逃了！

一九一七年底，謝雪紅終於決心要找機會逃離洪家，但身無分文，養母連一毛也不准她擁有，惟人只要有想法就必定有辦法。她至少要有台中到彰化的車票錢，她有了，她選一個適宜安全的日子，偷偷搭火車回到彰化大哥家。結束了長達五年童養熄，實際上如奴如婢還不如的小妾生活。

這五年的非人生活，謝雪紅在《我的半生記》形容爲**「默默無言、渾渾噩噩，奴隸般的日子」**，這段謝雪紅口述，楊克煌筆錄的記述，二人都有意引列寧的話詮釋，按列寧之言，奴隸有三個等級：

> 意識到自己的奴隸地位而與之鬥爭的奴隸是革命家；未意識到自己的奴隸地位而過著默默無言、渾渾噩噩的奴隸生活，是十足的奴隸；津津樂道地讚賞美妙的奴隸生活，並對和善好心的主人感激不盡的奴隸是奴才、是無恥之徒。

列寧之言真是一針見血，按此標準來看今日台灣許多獨派反對學校教科書用「日據」，要用「日治」，至今仍在感激倭國「建設台灣有功」，正是十足的奴才心態，是無恥之徒。李登輝、陳水扁、蔡英文、蘇真昌、陳菊……都是這種奴才心態，現在還在感謝倭人殖民有功，尤其李登輝更是下賤、邪惡，十足的皇奴心態。若再擴而大之看，二〇一一年倭國「三一一天譴大災難」，台灣人竟捐款近百億給倭人，全球第一，說是倭人以前建設台灣多好等。凡此，都是尚無自覺、自悟的奴才心態，才會把奴主當成恩人孝順，實是人性中最可悲的一面。

用謝雪紅的例子檢驗現在台灣獨派媚日份子，可謂謝過了幾年奴隸生活，她不僅自覺成「革命之女」，更進而覺他追求社會主義，期待國家民族社會的覺圓滿，這已是一種「政治菩薩道」。反之，台灣獨派至今仍說「日治」合法，倭人有功，仍在感恩奴主的「奴化、殖民」台灣，真是給謝雪紅提高跟鞋、洗三角褲還不夠格！

鍾問：陳老師！我們回到謝雪紅逃離洪家，回到彰化大哥家，但不久她又嫁人為妾，到底是怎麼一回事？難得一回為妾不夠，還再為妾？

陳答：很難解釋到每人可以接受，爲謝雪紅第二次又爲人妾，雪紅自己形容「剛跳出火海又被扔進刀山」，是註定要再過幾年受人蹂躪的生活。而史學研究者則認爲奴隸覺醒前，尙有苦難沒有結束，人生的絕望尙未到盡頭；未經窮途末路的淬鍊，便不可能誕生一個義無反顧的革命之女。

實際的人生舞台上，謝雪紅走上政治之路，成就女革家的形像就在第二次爲妾時，這很奇妙，世間法說不清楚也講不明白。

雪紅逃回彰化大哥家後，洪家當然要追討贖金，她大哥謝國泰也窮困。爲要償還洪家贖金，經人介紹，有台中東勢富人張樹敏願娶雪紅，並爲她贖身，雪紅在後來的自傳形容張樹敏是「採花蜂」，一生都在玩弄女人，只因迫於還洪家贖金，才再嫁他爲妾。

雪紅和張樹敏認識另有一說，一九一七年雪紅曾離家出走，跑到台南倭人糖廠做女工，認識工廠甘蔗委員張樹敏，二人發生戀情，從而結婚，樹敏有錢爲雪紅造千圓木床，意謂金屋藏嬌。故這二人經自由戀愛而結合，應是比較可靠的。

謝雪紅在《我的半生記》明確記載，她和張樹敏之婚姻原是蒙受張的欺騙，初結婚是以爲是妻，以後才知是妾。但這第二次爲妾比之第一次好的太多，完全沒有受到不平待遇，而且張帶她到倭國，開啓她的政治智慧。

鍾問：這麼說張樹敏是謝雪紅的恩人，雪紅為妾應也值得吧！陳老師如何看待？

陳答：只能是事後諸葛的解釋，從實況看，張對雪紅也有幾分真情。據謝雪紅自己的說法，直到一九二八年五月，謝因案自上海被送回台灣監獄時，張仍爲謝雪紅「差入飯」（送牢裡的飯），謝堅不與其恢復關係而拒之，出獄後便離婚了。

謝雪紅要離婚的動機很清楚，她覺醒了，她知道自己要走革命之路、要成革命家，怎可能回頭當人妾！

第2章　契機・啟蒙・獨立・婦解

謝雪紅攝於 1950 年的上海，當時擔任台灣民主自治同盟主席。她所穿的衣服，大部分都是自己剪裁縫紉的，這張照片中的衣服，便是她手製的。（周明先生提供）

上圖：翁澤生攝於 1920 年代廈門集美中學的時期，他後來加入中國共產黨，是台共裏上大派的主腦，在背後促成台共的「改革同盟」陣線，對抗謝雪紅領導。

下左：王敏川並未特別強調左派的色彩，在新文協裏，他自始至終都站在小資產階級的立場，而主張與工人階級聯合。他這樣的觀點，後來就獲得謝雪紅的支持。（取自黃煌雄，《兩個太陽的台灣》，〔台北：時報文化，二〇〇六〕）

下右：連溫卿。1927 年 1 月，以連溫卿、王敏川為首，以及以上大派青年為主幹的社會主義派，奪取了文協的領導權。（取自黃煌雄，《兩個太陽的台灣》，〔台北：時報文化，二〇〇六〕）

第2章　契機・啓蒙・獨立・婦解

1、鍾問：復興廣播電台兩岸下午茶的聽衆，大家好！陳福成老師在空大上中國政治思想史、台灣史等課程，對謝雪紅的研究也很深入豐富，已經講完謝雪紅的童年到少女時代，只是很感傷！正如陳老師說的，為婢、為妾、為女奴，幸好如陳老師言，她二度為妾也是一個重啓蒙契機，使她打開「政治慧眼」，陳老師！到底她是怎樣得以啓蒙的？

陳答：上回講到謝雪紅悲慘的身世，爲婢、爲妾、爲女奴的五年童養媳（妾）黑暗生活，逃回彰化大哥家後，爲還洪家追討贖金，又嫁張樹敏爲妾，婚後兩人去了倭國神戶，這段結婚和到倭國的時間，史料說法不一，有說一九一七，有說一九一八。動機也說法不一，有說去做生意。有謂「謝不欲與大婦同居，仍相率逃往倭國」，我以爲諸種原因都有。「果」並非單純一個「因」形成，何況還有張樹敏的動機！

一九一八年張謝二人正好在倭國，張要到神戶做大甲帽的材料製造生意。這一年謝雪紅見識到「米騷動」的革命運動，雪紅生平第一次目睹窮人也有方法可以形成力量，與富人鬥爭並叫人不能忽視，在她思想中留下極深刻印象，可謂開啓她政治智慧的第一個重要契機。所謂「米騷動」，是倭國發生的第一次全國性大暴動。第一次世界大戰後，因米價高漲，糧食被投機商人囤積壟斷，導至窮人無米可食，於是窮人組織起來，將糧商的米倉搬出來分給所有窮人。據陽克煌在《我的半生記》補述，此次全國性暴動有一千萬人參加，衝擊倭國四分之三地區，是倭人工人運動的一大勝利。

鍾問：陳老師所言極是，通常「果」並非單純一個「因」形成，而是多種因造成一個果，這個讓謝雪紅有機會到倭國見識政治運動的果，對她太重要了，因為她被壓迫太久了！

陳答：在倭國待了多久，史料記載不確定，可能在一九一八年底或一九年初，因生意未談妥，二人回到台灣，或從倭國直接去中國也說不定。

肯定的是，一九一九年四月，謝雪紅也是隨張樹敏到青島做帽子批發生意，這次中國之行的重要性大過倭國之行，對謝雪紅的政治意識產生了啓蒙作用。在她自己的回憶錄這樣記述：

這是我第一次踏上祖國的土地，它給我印象很深刻，對我思想上的開展起了相當大的作用…我聽到祖國有一天會強大起來，不再受人欺侮，就覺得能有這一天真榮幸啊！

平心而論，這段話出自任何人所言，我不一定會感動，但出自一個十九年來「爲婢、爲妾、爲女奴」且從未進過校門的苦命女子謝雪紅，我深受感動，我讀這段文字雖已和謝雪紅的臨場，相距快一百年了，但我仍感覺到我的心是和謝雪紅一樣感動的。謝雪紅這裡所說「思想上的開展起了相當大的作用」，是指在中國大地上正如火如荼進行的「五四運動」，提起「五四」，許多人眼睛都亮了！尤其是知識份子，心也亮了！啓蒙了！

2、鍾問：「五四運動」，這太重要了！許多知識份子都在這時啓蒙，傳統的「讀書人」變成思想家、政治家、作家、詩人、革命家、愛國者…他們至少有了「知識基礎」，

但謝雪紅至今沒有讀過一天書，小時候替倭人背小孩會一點倭話，另外自學一些漢文，現在和張樹敏來青島，身份上也還是個「妾」，不知道她如何受到當時的思想啓蒙？及怎樣去吸收當時流行的政治思想？

陳答：按照我個人認爲，任何能成就自己一方事業的人，或心理學上能完成人生之「自我實現」的人，或佛法說的能「明心見性」的人，多少和「天份、天賦」（科學說「基因」）有關。台灣亦有俗話說，「牛牽到北京還是牛」，也就是說「豬在台大校園放養四年還是豬」，這些話雖有幾分罵人不知長進之意味，卻也很真實、很現實。

我以爲謝雪紅天生就有幾分成爲革命者，乃至革命家的特質，加上她個人堅定的學習意志，還有客觀環境出現的機會她能適時把握，或做正確的選擇，都是成功立業的「諸緣和合」。

這回謝雪紅到祖國（註：謝在回憶錄中稱中國「祖國」），在青島親眼看到各地都在排斥日貨，倭人走在街上也被群眾扔石頭，她大受感動，原來面對入侵的倭人——強大的盜匪，貧弱的中國人是有方法可以對付，弱者也可以團結起來形成力量。

謝雪紅還常到一位山東人家中聽大學生演講，她第一次聽到「打倒日本帝國主義的侵略」口號，她內心無比興奮，她胸中怒潮澎湃。而在她心中留下最深刻的印象，思想上產生影響的，是這些大學生介紹俄國的「十月革命」。他們展示圖照，俄國的農民、工人和士兵攻打反動的臨時政府，推翻腐敗的俄帝。有一張群眾攻打冬宮的照片，白茫茫一片雪景上，一批革命者向遠處的冬宮衝去，還有砲彈不斷對著冬宮轟炸，這是熱血沸騰的戰場，謝雪紅看得心跳加速，血也沸騰了！

鍾問：陳老師，這場景也像我們的武昌起義，只是時空不同，但謝雪紅因這次的感動，陳老師說她連自己名字也改了！

陳答：俄國的十月，大地一片皚皚白雪，衝鋒陷陣的戰士們有許多犧牲躺下了，鮮紅的熱血染紅了雪白的世界，而赴死的勇士們一波波向前衝，雖一波波倒下，前倒後上又補位向前衝⋯這悲壯的畫面，令謝雪紅內心激動得平息不下來，她覺得自己有如大夢初醒，開始對革命寄予無限嚮往。她後來在《我的半生記》記述這段重要的啓蒙：

看了革命戰士的鮮血灑在滿地的雪上，我知道這就是革命，革命就必定要流血，要革命就會有人犧牲。看那灑在雪上的戰士鮮血，對這個印象我決意不要忘記它，於是，我就決定把「雪紅」兩個字做為自己的名字……

此刻，「謝氏阿女」，瞬間成了「謝雪紅」，在青島就刻一枚「謝雪紅」的私章，從此後五十多年她始終用這個章以惕勵自己。她警示自己，一生都要如雪般清白、乾淨、不腐化、不墮落；一生都要如血般感動、如血般熱誠。

謝雪紅是在一九七〇年走完人間的「革命之旅」，至今才不過四十多年，許多研究已證明她一生做到了自己「雪．紅」的期許。相較於台灣一些政客（李登輝、陳水扁、林益世、游錫堃等），有了大權就貪污腐敗，露出權力敖慢的死相，真是給謝雪紅提高跟鞋還不夠格！

鍾問：這麼說青島對謝雪紅有最大的意義，她對社會主義理想，確定就是在青島得到的啓蒙嗎？有那些內涵可以論述？

陳答：據我研究謝雪紅的生命歷程，一九一八、一九到二〇年間，她雖在倭國、祖國見識到當時的政治運動，受到啓蒙是必然的，但說她的政治意識（思想）有多麼俱體，應該是言之過早，共產黨也遲至一九二一年才成立，謝雪紅怎可能比共產黨先進？只能說她政治意識覺醒了。

據謝雪紅自述，她經「青島啓蒙」後，對社會主義有了嚮往，主要內涵有漢民意識、階級解放和婦女運動三方面，她有了初步的想法，但難說有多具體。

謝雪紅和張樹敏在青島待了多久？已不可考。惟這幾年她做了兩件重要的工作，一是她加入台灣文化協會參與公開的政治活動，再是她開洋服店爲政治掩護做些秘密工作。

先說她學裁縫、開洋服店事。一九二〇年間，她參加台中錦町勝家裁縫機商會開辦的講習課程，三個月結業後，成爲商會（公司）正式職員（外務），使她成爲中部地區最早騎腳踏車上班的職業婦女。到一九二二年春天，她竟有能力在台中榮町獨資經營一家「嫩葉屋」（わがぼや）洋服店。她開洋服店很明顯有兩個動機。

第一個動機，她這時所認識的婦女運動主要內涵是生活自立和經濟獨立，因此她嚮往成爲一個職業婦女。在她的自述中清楚的表達這個想法，她想要尋求經濟上的獨立，免於依靠男人生活：

> ……據說那種職業婦女依靠自己的勞動在經濟上能夠獨立，免受男人的束縛，自由自在地掌握自己的命運。

鍾問：平心而論，這在將近百年前，以謝的背景和時代，算是極為先進的思想，走在時代潮流的先鋒了，這麼先進的思想還有什麼因素可以促成？

陳答：除了客觀環境的因緣外，她自己從小受盡經濟等各方面壓迫也是重要原因。畢竟「作用力等於反作用力」，人身上也看得到。由於當時謝雪紅的前衛形像，林獻堂也曾慕名拜訪過她，認爲她從一般家庭婦女，走出來參加社會活動（含台灣文化協會政治活動），是了不起的前進人士。

謝雪紅開洋服店的第二個動機，是掩護她所從事而不能公開的政治運動，因爲是一種「地下活動」，故難以說明她做了那些事。但在史治著《鐵幕人物》（香港，一九五五年），書中〈紅色的「神秘女性」：謝雪紅〉一文說：

> 一九二一年台灣的抗日運動相當澎湃，革命者都在從事地下活動，他們經常展開秘密工作。謝雪紅以洋服店為護身符，正式參加當時台灣文化協會，從事婦女運動。

這個說法很可靠，也很合乎基本常識。白古以來，中外的革命者或僅有志於政治運動者，許多事情是不能公開、不能說的，只能在「地下」一步步幹的，至今廿一世紀走遍全球都一樣。例如，現在美國以其強大的科技能力，監聽整個地球上的每個人通話，也是秘密的幹。

3、**鍾問：是啊！好恐怖！我們講什麼都被美國人聽光光，有什麼辦法可以解決？再談談謝雪紅參加台灣文化協會的事，對她有何重要意義？**

陳答：我想這大概無解，美國目前是「新帝國主義者」，目前不僅掌握而且有能力「殖民全球」，一種隱形殖民，讓人難以覺知。中、俄雖已掘起，但距離可以制衡或制壓美國的邪惡勢力，至少是二十年後的事。所以，我們還是談謝雪紅吧！

這幾年謝雪紅做的第二件最有意義的事，是參加台灣文化協會。這個和共產黨同在一九二一年成立的文化組織，實際做的工作是對台灣人進行政治啓蒙宣傳，台協標示著台灣社會各階層的首度政治結盟，也算是軟性的抗日組織，正合謝雪紅所要。台協一成立，謝就加入，這也是她第一次加入政治運動的行列。當時，台協在全台各地成立許多讀報會和講習會，主要在提高島內人民的政治意識，使台民了解殖民地解放的終極目標，謝在台協獲得很多政治、社會知識。

前面講過謝雪紅從無接受正式教育的機會，這裡說她得到很多政治和社會的知識，完全由於她的自學和苦讀。這段時間記已領悟到婦女獨立問題，除了是經濟獨立外，知識和文化水平也是重要一環。

在《我的半生記》裡，全書多次提到她早年失學，飽受知識份子歧視的情境。因此，當她成爲職業婦女有點獨立自主時，她幾乎是拼了命的勤學、苦讀，從目前已發現的一些謝雪紅手稿，看得出她自學的成就。台協提供了學習機會，謝雪紅自然要緊緊把握，如海綿吸水一樣的吸收知識。

鍾問：謝雪紅開洋服店是為掩護她的地下工作，參加台灣文化協會目的也是參與政治運動，這麼說她現在已經開始「搞政治」？

陳答：搞政治本來很崇高的，但在台灣搞政治變得很下流、醜惡，這完全歸罪於台獨毀了台灣的「政治市場」，沒有台獨，台灣很能確保兩蔣時代的「政局清淨」。所以，台獨毀了台灣，台獨也毀了台灣政治市場，從此只有黑和亂，黑、黑、亂、亂……還是回到謝雪紅，她現在確實開始搞政治了。

舉一例。倭國總督府於一九二三年十二月十六日，發動「治警事件」，相關台灣人士有九十九人被捕，並搜查百餘戶人家，審判後蔡惠如、林幼春等人被判三個月禁錮，由清水搭火車被送到台中入獄。是時，許多民眾和文協都到台中車站迎接表示敬重，也是入獄送行。謝雪紅聞知此事，騎著腳踏車追趕隊伍，到達後扔下車子衝入人群，對蔡惠如握手致敬，可見此時謝對政治已十分熱情。

此期間，謝積極參加文協各種演講會，參與擴大人際關係面。文協講座以社會問題居多，而婦女問題又佔一半以上，謝又特別關注於婦女問題，因爲她在此之前的「爲婢爲妾爲奴」，正是封建社會體制下的痛苦印證。對她而言，社會問題、婦女解放正是她自己的問題，有社會主義理想的她，很自然的能全心力投入這股潮流。

4、鍾問：那麼，這一節就請陳老師為大家介紹謝雪紅的婦女解放思想好嗎？

陳答：所謂的婦女問題要先理解時代背景，在倭據時期的一九二〇、三〇年代，婦女問題包含戀愛、家庭、婚姻、性、婦女地位、婦女運動等內涵。當時台灣文化協會的四大婦解言論就是教育、經濟、政治和婚姻。另外，台灣殖民地的三大解放目標，分別是民族、階級、婦女解放。當時的政治、社會運動團體，如農民組合、工友協會、民眾黨、台共等，都設婦女部或列有婦女政策。可見婦女問題是當時社會之「顯學」，是社會上的重要議題。

一九二三年十月，文協召開成立三週年紀念會中，再提出一條概念不清的「尊重女子人格」。這類似一句口號，內涵雖然模糊，則是當時的創舉。

謝雪紅的婦解思想，就是在這樣的時代和社會背景下，以她的政治意識明確左傾的一九二五年爲前後期。基本上受到當時馬克斯主義、社會主義的婦解思想影響。謝雪紅在經濟獨立和政治啓蒙有了成果後，以未受教育難以參與「高層」社會運動爲由，張樹敏也願意提供學費，張謝二人有了一九二三年的上海之行。接下來的兩年，一九二四、二五年是謝雪紅政治和婦解重要的「升等」階段。（這兩年多期間，謝到底是一次或兩次中國行，時間和次數均不確是。）

鍾問：現在謝雪紅思想已經得到啓蒙，自不同於一九一九年四月的青島之行，這回收穫一定更大，尤其在婦女解放問題上，是否有更俱體的主張？

陳答：這兩年的中國之行，有兩次「實戰經驗」，對謝的政治、婦解都有進一步俱體化的作用。先是一九二四年參加上海務本英專的「恥政紀念日」，再是一九二五年參加上海「五卅運動」。

一九二四年六月十七日，謝雪紅參加台灣人在上海務本英專舉行的「恥政紀念日」，這是台灣人的反倭集會。因爲當時尚無台灣女性在上海求學，謝是唯一的女性，她被推上台代表發言，面對平生第一次公開「演講」，竟激起全場喝采，她清楚標示鮮明的主張「婦女也得參加革命，支援男人的運動，才容易成功。」。這個觀點，與二十多年後謝雪紅用筆名「斐英」，在《新知識》雜誌（一九四六年），發表「婦人與新知識」一文仍有相通：

> 極度的貧窮使婦女必須付出汗水和勞力，也有人最後甚至出賣了自己的肉體：所以目前最迫切需要解決的便是民生問題。對婦女解放的要求，現在都集中在民生問題上。如果民生沒有解決，又何來的解放。民生問題不單單是婦女的問題，而是全面性的問題。

謝雪紅這篇文章用倭文發表，她同時談到台灣社會（一九二〇、三〇年代）極度貧窮，苦果都是婦女承擔，有好日子男人先享受，都是因婦女沒有受教育機會，經濟不能獨立，社會活動就備受限制。

鍾問：這些問題在現代看都是基本常識，但在謝雪紅的時代可謂極為先進，以她的背景（知識）能有這種表現，真是當時婦女的典範，也可以說中國之行使她再昇華是不

是？

陳答：鍾小姐說的極是。這段時間謝在上海的接觸，完全是當時已很風行的社會主義思想，並尊照共產國際的婦女解放原則全般吸收。這只要看謝雪紅在一九二八年擬定台灣農民組合的「婦女部組織提綱」，就能清楚呈現她的婦解思想：

……臺灣婦女為了解放自己，非參加無產階級運動並在其指導下團結不可。換言之，婦女運動應該成為無產階級運動的一支部隊。否則就毫無意義。俄國的現況就是證明它的顯著事例。我們婦女已經可以擔任與男性相同的重要任務，不必忍受過去的習慣與因襲的束縛，應該逐漸走上解放運動，與無產工農兄弟攜手並進。

……婦女工作人員應清算過去所犯的繆誤，即婦女運動與無產運動的分離，以及對男性要求莫名其妙的女權。因為這些不過是出於小資產階級婦女的空想的口頭禪而已。此類口頭禪欺瞞人家，不合乎現實。於歐洲，女權運動的發生甚早，甚至已達兩世紀，但論其效果，除了俄國以外，沒有一處達成的。甚至在所謂民主的美國，也無法實現。因此我們斷言，若不參加無產階級革命，婦女解放運動絕對不能成功。我們預先打破這種貴族偏見，始能走向有意義的運動。

從前面這段提綱，顯見謝雪紅至此已完全接受無產階級革命理論，並以俄國革命成功爲唯一的實踐範例，婦女運動只是無產階級革命的一部份。女權運動雖已進行兩個世紀，論其效果，民主如美國也無法實現，只有俄國以無產階級革命實現之。因此，若不參加無產階級革命，婦女解放運動是斷然不能成功的。以後的多年中，謝雪紅發表過多篇文章，對婦解的觀點和立場，大致並無改變，如：

△以「謝雪紅氏」之名發表，「以組織的力量奪回自由」，《台灣新民報》（一九三〇年七月廿六日）。

△以「斐英」筆名發表，「婦人與新知識」，《新知識》（一九四六年八月十五日）。

△以「斐英」發表，「一個台灣婦女的申訴」，《新台灣叢刊》第二輯《勝利割台灣》（一九四七年、香港）。

△以「一斐」筆名發表，「婦女們的出路」，《新台灣叢刊》第四輯《自治與正統》（一九四七年十二月）。

鍾問：這是謝雪紅的婦女解放思想，可以獲得當時台灣左翼運動人士的認同和支持嗎？

陳答：這時的謝雪紅在台灣左翼運動者中，算是「要角」，但仍不是一個領導者。台共認爲謝的婦解思想有其先進性，而有如下的批判：

> ……這種團體僅屬於婦女團體的獨立組織。容易傾向自由浪漫派的理論，脫離全盤性的國民革命。
>
> 其組織因建立在小資產階級的基礎上，很自然不會注意到女工農婦等主要問題，且極易陷入自由主義偏見。
>
> 第三國際在原則上嚴禁婦女獨立組織政黨、工會或農會。男性與女性其實站在同一利害關係下，婦女當然要加入同一條戰線，如此才能獲致最後的解放。……更精確地說，婦女唯有打倒資本主義的革命運動，在無產者奪取政權後，婦女所承受的一切壓迫始有可能解除。……

台共對謝雪紅的婦解思想存有顧慮，怕婦女團體成爲獨立組織，產生浪漫主義，脫離了全盤性的國民革命；組織因建立在小資產階級上，陷入自由主義偏見。台共有些成員的顧慮，或許對謝雪紅也是一種提醒。由謝所執筆的「台灣農民組合婦女部組織提綱」中，她引列寧說的「政治鬥爭是婦女免除壓迫的第一步」，已十分肯定，她是一名馬克斯主義婦女解放運動者，她亦如此「自覺、覺他」參與所有政治戰役，「覺圓滿」的期待解放目標完全達成。

補註：謝雪紅在一九二五年參加上海「五卅運動」下回講。另民國九十年十月廿三日到廿四日，在國家圖書館有一場「二十世紀台灣歷史與人物學術討論會」，林瓊華有一遍「女革命者謝雪紅的真理之旅」，該文第十七頁註44關於謝雪紅婦解和女性主義的說明，可爲本文補註，引註如次。

有關謝雪紅的婦解主張，其實正是典型馬克思主義者對婦女問題一次性地欲以階級革命運動「畢其功於一役」的想法。由於俄國革命的成功帶給當時各國革命者莫大的鼓舞，再加上臺灣工農婦女身處民族、階級、父權三重壓迫的社會，從階級問題入手，使婦女首先擁有經濟力是最切身的益處。然而婦女做爲推進階級革命的工具或助力，一方面反映了當時世界性的馬克思思潮，另方面，這樣的思考與實踐，並非三〇年代的左翼婦解者獨具。

一九四九年出版《第二性》的西蒙．波娃，在該書結尾時，仍否認自己是一個女性主義者。七〇年代，她接受訪問時談到她篤信社會主義，因而不承認自己是個女性主義者的過往時，與一九二〇年代的謝雪紅無異：「因爲我相信在社會主義的發展中，婦女問題將自動獲得解決。」直至走訪俄國後，她觀察了俄國婦女的工作與生活狀況，認爲社會主義國家實施的並非真正的社會主義，「他們並沒有達到馬克思夢想中那種改造人類的社會主義境地。他們只是做到改變生產方式…單改變生產方式並不足以改造社會及改造人類。因此儘管經濟制度不同，男人和女人仍受傳統角色的支配。」西蒙．波娃所界定的女性主義，是指「獨立於階級鬥爭之外，專門爲女性問題而奮鬥的主義」，「在我看來，女性主義是結合階級鬥爭，但獨立於階級鬥爭之外，力求改變婦女處境的女性——甚至男性。她／他們謀求的改革並不完全依賴整個社會的改革。」

在以上的解釋下，西蒙．波娃承認如今她是一個女性主義者，「因爲我了解：在社會主義的美夢成真之前，我們必須爲此時此地的婦女地位奮鬥。」（參閱《拒絕做第二性的女人——西蒙．波娃訪問錄》（台北：婦女新知雜誌社，1986），頁25-29。）

西蒙．波娃的改變歷程，對照著當年如謝雪紅等主張階級革命爲婦女解放唯一出路的想法，於今日臺灣仍有參考啓發之處。

一九二四年這年，謝雪紅也曾到杭州瞻仰秋瑾墓，秋瑾是謝雪紅所敬仰的女性典範，她認爲秋瑾爲國家民族犧牲殉難的精神，和岳飛同樣是「做人的最高境界」。在此之前，不清楚何時謝有機會接觸到中國歷史，尤其民族英雄的事蹟，何時對她產生了影響？均不得而知。

但此時，謝雪紅決心以岳飛和秋瑾爲榜樣，「使自己決心要做一個這樣的愛國者」。她希望自己對國家民族奉獻的情操，要超越婦女層面，不要單單只在婦解上的供獻。我深入研究謝雪紅的一生，就算謝在文革時被打成右派、被鬥爭到生命不保，她仍保有最初的理想性。這是我以一個擁有四十五年老國民黨員身份，願意稱謝雪紅是「革命家」的主要原因。

第3章　革命者的形成

——五卅運動・上海大學・莫斯科東方大學

謝雪紅（前排右二）與林木順（後排右一），於一九二五年赴莫斯科留學前夕，與上海大學同學合影於上海。（周明先生提供）

前圖局部放大，可以看出謝雪紅秀麗的風姿。

第3章 革命者的形成

——五卅運動．上海大學．莫斯科東方大學

1、鍾問：陳老師，幾個星期以來，我們針對謝雪紅出身、童養媳、為妾等悲慘的命運一路講起，到現在她已經二十五歲的女性，但身份上仍是張樹敏的妾，只是看她的表現，好像脫胎換骨，成為完全不一樣的謝雪紅了。尤其這節開始，陳老師要談她在「五卅運動」驚人的政治才華表現、讀上海大學及到莫斯科東方大學留學，真是要誕生一隻驚世的浴火鳳凰嗎？

陳答：確實是一隻震驚神州大地的浴火鳳凰要誕生了，從現在開始到未來的兩年多，謝雪紅經「五州運動」、上海大學、莫斯科東方大學，經驗和理論的淬鍊。當一九二八年她重回故鄉，她是台灣唯一且第一位女革者。

回顧一九二三年，張樹敏以供應謝雪紅到上海學習經費爲條件，二人有上海之行，

此行航程的輪船上謝雪紅認識日後同赴莫斯科的林木順。林對謝的影響也很大（後說），林謝二人一起在上海目睹租界地種種中國人被外人欺辱之事實，身經不平等條約之受害，更激發二人的民族大義情緒，都增強他們要爲革命而奮鬥、爲中國人爭一口氣的信念意志。

一九二五年四月，謝雪紅再到上海（可能單獨一人），目的是找讀書進修機會，也有說爲逃避倭警特務的注意和張樹敏的追蹤，我以爲是多重因促成上海行之果。當時林木順已改名「林木森」，就讀杭州一中；謝雪紅也化名「謝飛英」，也去讀杭州一中。當時在杭州尙有陳其昌、黃中美等，黃中美表面是「國民黨浙江省黨部」負責人，實爲中共黨員，經黃的安排，謝林二人住進當時的國民黨省黨部。

鍾問：為什麼共產黨人都住進了國民黨省黨部？

陳答：這問題若要來龍去脈說完，可能得講一整天，不過簡言之，當時正逢國共合作，雙方有某種「合法交流」的關係，了解近現代史的人都知道，很複雜、很微妙。謝在杭州接觸到的全是左傾刊物和思想，且革命意識日益堅強，使她日後所走的路線，自然和台灣文化協會分道揚鑣了。文協只追求政治改革，而謝追求的是社會革命，所以謝在杭州積極投入政治革命運動，求學成了次要任務。

當是時，正逢孫中山先生逝世，謝和一些台灣青年在杭州參加多次追悼大會，並以「台灣青年」名義向大會獻弔聯。謝在她的回憶錄中提到強調「台灣青年」，而非往昔的「福建人」，乃因當時倭人據台，爲消滅台灣人的民族意識，製造兩岸人民的矛盾仇視，使用很多手段，其中之一是製造兩岸人民的「離間政策」，也爲倭人有利統治。

具體做法是，放縱一批地痞流氓到大陸某些地區，幹些殺人放火、破壞治安、敲詐良民等罪行，因「治外法權」、「領事裁判權」等不平等條約限制，中國政府不能逮捕這些人，只能將他們移送倭國領事館，倭人再將他們遣送回台，只做些形式裁判又放出來，再到大陸去作姦犯科！兩岸人民的矛盾誤解更深了。閩南一帶便罵台灣人是「台匪」、「亡國奴」。

鍾問：小日本鬼子從來不安好心，真是亞洲的禍害，世界的亂源，真是一個很邪惡的民族，我看過小日本鬼子姦殺中國婦女的照片，好可怕！好邪惡！會受到天譴！

陳答：倭人遲早會受到亡國滅種的天譴。謝雪紅深知倭人的邪惡，認爲不能中了倭人的離間之計，要公開自己是台灣人，大家都認同謝的想法，在孫中山先生追悼會上以「台灣青年一團」之名參加，果然改變很多人對台灣人的印象。謝在《我的半生記》

有如下的追憶記述：

> 這件是影響許多善良的台灣人到大陸當醫生的、教書的或經營各種企業的商人不敢承認自己是台灣人，只好說是福建人或閩南人…
>
> 讓大陸同胞知道台灣人是愛祖國的，大多數台灣人是善良的。

由於中山先生的逝世，全中國掀起了大規模反帝愛國運動。謝雪紅說，「我回到祖國馬上投入這個運動中，這促使我很快決意參加革命…」她放棄原來在杭州一中的學業，積極參與各項政治運動，從紀念「五四」、「五九國恥日」（袁世凱簽廿一條件）、廢除不平等條約運動。謝幾乎無役不與，在遊行中高喊「打倒帝國主義」、「打倒封建主義」、「打倒軍閥」、「收回租界」等口號，謝雪紅形容自己真是無比的痛快、自由：

> …傾吐受帝國主義、封建主義等舊社會壓迫、剝削的痛苦，因此，我毫無拘束地、毫無顧忌地、盡情地叫喊啊！衝啊！覺得無比痛快。

我想在任何時代，從古到今，凡是群眾中出類拔悴的人，一定有很多「眼睛」看著，這些眼睛有的叫「星探」，他們有敏感度可以發現人才。謝雪紅從杭州、上海到後面的「五卅運動」，這一系列的表現，中共方面必然「盯住」了她，否則她怎可能很快進入上海大學，不久又到莫斯科東方大學留學？

2、鍾問：對！她一定被中共發現是個人才，始有可能立即進入上海大學，不久又到莫斯科留學。但很奇怪！她為什麼沒被國民黨發現？而她住在國民黨的浙江省黨部！接下來表現就更精彩了！

陳答：對這問題問得很深入，幾可「一刀切入」當時國民黨和共產黨的心臟，不容易說的清楚，例如潮流、黨性和個人思想，還有因緣等。故不說，留給聽眾一些想像空間。

一九二五年五月三十日，上海工人顧正紅（一說也是革命者），爲了向倭人紗廠的資本家爭取積欠的工資，倭人在英帝支持下，竟公然槍殺顧正紅，並逮捕前往請願的群眾，擴大殺害範圍，造成中國子民生命財產嚴重損失，舉國震驚。史稱「五卅慘案」或「五卅運動」。

當時國民黨省黨部在黃中美（共產黨員）安排下，派謝雪紅參加各工團的工作，她被命爲「宣傳幹事」，這是她參與革命的第一個頭銜，且是國民黨頒給她的，可惜她終未能爲國民黨效命。後來她還成了國民黨的敵人、匪類。

按黃中美、謝雪紅當時思想都已左傾，之所以能在國民黨陣營任職，其源頭自民國十二年元月廿六日，孫中山先生和俄國代表越飛（Aodlf Joffee）聯合發表的「孫越宣言」，這是國共合作之始，其實共產黨人並無意和國民黨合作，而是要分化進而瓦解國民黨，奪取政權。謝雪紅當年只是一個小幹事，對這些高層謀略算計，想必是不太知道的。

鍾問：謝雪紅現在算不算國民黨員？她是國民黨最基層的幹事，不過她在「五卅慘案」後一連串的反倭、反英帝政治活動，定有出色的表現！

陳答：謝雪紅雖只是宣傳幹事，但她在支援上海罷工工人的基金募款表現出色，而這項籌募捐款的工作由上海大學所支持。在近現代史料慢慢公開後，後人始知上海大學是俄國布爾雪維克黨的宣傳機構。因此，判斷謝雪紅任國民黨幹事，而問她是不是國民黨員，她必然會受到黃中美等人的「指示」，雖有國民黨幹事之名，仍要保持社會主義思想的純正性，所以她此時不算國民黨員，何況也沒有任何入黨儀式。由謝所帶領的募款隊伍表現突出，不久謝調升參加「上海五卅慘案救援會」，負責把募到的救濟金、物質等，分發給罷工的工人。判斷大約這時候，中共高層不僅注意到她，而且已在考慮送她進讀上海大學，她的才華已被「星探」看到。謝雪紅思想的深遠超過當時許多搞政治的，此刻也顯現出來。她投入全國性的反帝運動，她發現大家的口號只有「打倒帝國主義」、「廢除不平等條約」等，卻忘了要「收回台灣」。她曾請林木順（或陳其昌），以「謝飛英」名義寫信給「浙江日報」，在《我的半生記》可確知此事，該信大意說：

> 愛國同胞啊！豈不是把台灣忘掉了？為什麼只提出收回租借、收回海關、收回領事裁判權、收回一切不平等條約，而卻沒有提到要收回台灣啊！

翌日，該報以斗大的標題字「**不忘，不忘，不忘**……」回應了「謝飛英」的信。儘管收回台灣也是國民黨重要目標，但未把握這千載難有的良機。對廣大的人民群眾適時宣傳和教育，反而由謝雪紅警覺出，也反映國民黨的群眾性和敏感度不足。

此後的政治活動，無論報紙、刊物、壁報、傳單等，口號都加上一條「收回台灣」。因優異的表現，一九二五年六月，謝雪紅、林木順和陳其昌等台灣青年，正式被中共吸收，加入成立於一九二二年的「共產主義青年團」。一九二五年九月，謝進讀上海大學社會學系，系主任正是中共領袖瞿秋白。

3、鍾問：啊！謝雪紅要進入上海大學了！這真是奇緣，她生平第一個正規教育，但不久她以「畢業」高升了，先為聽眾們談談她在上海大學情形吧！

陳答：先是一九二五年八月間，在黃中美安排下，由他任介紹人，中共正式批准謝雪紅的入黨申請，因當時環境特殊並未填寫書面表格，亦無第三者在場，成爲日後黨內同志鬥爭的爭議點之一。

謝進入上大時間，應是在一九二五年九月三十日上海總工會被破壞之後的事。先是九月底，黃中美拜訪謝雪紅，說黨要她進入上大就讀，起先謝並不同意，認爲自己文化水平尙不足。黃中美不斷說服她，謝在自述中回憶：

我當時心中很害怕，自己是一個沒有文化的人，怎能去和那些知識分子在一起上課呢？因為我不同意，黃中美接連幾次來說服我，最後，他對我說：「黨正是要培養像你這樣窮苦出身、文化很低的黨員……」

這裡先說明上海大學所代表的時代意義，其前身是「東南高等專科師範學校」，原來只是一個學店，上海人的土話譏爲「弄堂大學」，即所謂「野雞大學」，時中共正要找一所大學做爲幹部、黨員養成所。

一九二二年春，東南師範發生學潮，政府考慮由國民黨接辦較方便籌款，一些有政治意識的師生代表決議改制，更名上海大學，並請國民黨的「左派」于右任出任校長。

鍾問：上大明明是國民黨接辦，怎又成了共產黨的幹部養成所？這也太詭異！

陳答：政治本來就是很詭異的事。于右任上台，聘請鄧中夏（中共中國勞動組合書記部主任、中共工運領導人）任教務長，這等於是讓中共承接上大所有的課程安排及教師聘任。不久左派教授陸續進入上大，該校即成爲中共直接控制的大學，在中共黨史上，向有「北有五四的北大、南有五卅的上大」，于右任到底是不是中共的「卧底」（暗的），或爲中共行「瞞天過海」之策（公開的）？已無從查考。

當我在整理本書時，正是二〇一三年九月的「馬王鬥爭」，立法院長王金平是國民黨籍，但爲何和民進黨人及獨派交情如魚水，這幾年來王金平和民進黨以裡應外合之計，阻止統派所有重要法案的通過，有點政治智慧的人都看得出王金平想和台獨聯手幹掉馬英九，小馬定是受不了，要反擊！但政治很黑、很詭，公平正義仁義道德不一定佔上風！于右任讓我想起王金平，這兩個人太厲害了。

當時中共重要人物如瞿秋白、蔡和森、惲代英、張太雷等都執教於上大，瞿秋白更擔任社會系主任，社會學系以教授馬列主義學說爲主。早期中共領導階層大多出自莫斯科東方勞動大學，他們深知理論研究和思想傳播對建黨的關鍵作用，要使上大成爲左翼理論之重鎮，而這是國民黨籍大老于右任促成，于到底是誰？是當時國民黨內的「王金平」乎？

鍾問：謝雪紅在上大讀什麼科系？學習情形如何？她有何能耐不久又被送到莫斯科東方大學深造？

陳答：謝雪紅進入上大讀社會學系，該系所開課程有社會學、社會進化史、社會運動史、社會思想史、政治學、經濟學原理等。這些課程沒有一些底子，當然是讀不下去，何況謝雪紅在上大只待了大約二到三個月，當然是讀不完，讀了也不可能全部吸收。

事實上她讀上大最重要的意義不在知識，在思想的確立，以及認識台共重要成員，如許乃昌、翁澤生、蔡孝乾、洪朝宗、李曉芳、莊泗川、陳玉瑛、潘欽信等人，他們日後對台灣文化協會的左傾和分裂，都產生了決定性的力量。

中共高層是在何種情境下，讓才讀上大兩個月的謝雪紅留學莫斯科！此雖已不可考，但已證明了謝的才華和能耐。根據現在所知道的研究，（李玉貞譯，《聯共、共產國際與中國（1920—1925）第一卷》，台北：東大出版社，一九九七年。）一九二五年十月，中共中央委員會總書記陳獨秀，於十月二十八日，致中共莫斯科區委的信中，說「現派24名中共黨員，67名共青團員，12名中共黨員兼共青團員到中山大學學習。共103人」。謝雪紅和林木順就是陳獨秀信中103人之一，他們分批前往莫斯科。

按照陳獨秀信中時間推知，謝雪紅在一九二五年九月底十月初進上海大學，才一個月，她已是陳獨秀派留俄學生名單之一，中共確實要栽培重用她。

4、**鍾問：這些事都快過了近百年，也因近百年的沈澱，我們才更清楚看到一個耀眼明星的成長軌跡，以更冷靜公平，以應有的高度去評論謝雪紅，是不是陳老師？謝何**

時到莫斯科？

陳答：一九二五年十二月十八日，謝雪紅和林木順等人（這批同行有12人），抵達蘇聯莫斯科，由中共的「旅莫支部」來接待他們。謝雪紅和林木順皆入東方大學，並且一直是同班。（另：也有的書說謝讀東大，林讀中山大學，這是史料尚未公開前的說法，謝林二人皆入東大，已從謝本人的自述得知，他人如楊子烈或倭人風間丈吉的回憶旁證可知悉。）

這裡先說明「東大」和「中大」的不同，東大全稱是「東方共產主義勞動大學」（Communist University of the Toilers of the East，簡稱「東方大學」），屬黨校性質。學習課程主要有經濟學、哲學、世界史、工人運動史、聯共黨史、蘇維埃建設等，教師都是蘇聯人，上課要通過翻譯。

中大是中山大學，俄名「孫逸仙大學」，因正值國共合作時期，大多收國民黨的學生。據可靠的研究，東大和中大都是免費的。

謝雪紅、林木順之能留學俄國，中共方面很清楚的要他們未來能在台灣建黨。而這也是一九一七年蘇聯革命成功後，即於一九一九年成立「共產國際」，準備在全世界發動共產革命，解放所有被帝國主義壓迫的弱小民族，台灣也須要被解放。

鍾問：真不可思議！現在謝雪紅已經走進世界舞台，邁向世界革命之理想，一個苦命的台灣赤貧人家女孩，有了世界觀，將會是怎樣的謝雪紅？

陳答：可以確定的，當謝雪紅到了莫斯科東大，以她的聰明悟力，必然就開啓了她的「世界眼」，因爲她接觸到世界七十多個弱小民族，大家共同生活、學習，培養宏偉的世界觀。在台灣只看到台灣人民的苦難，到中國看到中國人民的苦難，到莫斯科看到世界所有受壓迫人民的苦難。

初到東大，謝雪紅和林木順都被編到中國班。不久，共產國際決定把謝林二人轉到日本（倭人）班，因台灣是倭人殖民地，考量未來在台灣建黨須要日共配合，這是適宜的安排。後來謝雪紅籌建台灣共產黨，也因這層關係和日共關係密切。也因謝林二人都編在倭人班，中共黨史並未提及此事，有學者就說此時謝林二人並未加入中共，也未接受中共領導，這是不對的，勿忘，他二人是陳獨秀推荐信中之一。

此後的兩年多，謝林二人多在倭人班學習，過著正常而充實的學校生活，強調紀律和訓練。上午九到十二時、下午二到五時是上課時間，晚上六時用餐，十時就寢，如同軍事學校一般。學生也必須到工廠做工，蔣經國亦如是說，顯然有意使勞動和教育結合，將知識在生活中實踐。

鍾問：謝雪紅在東大一定結識了不少各國政治領袖、要員等，有那些？陳老師有沒有可以介紹的？

陳答：謝雪紅在她的自述中，只講到莫斯科東大的學習，而且不詳細，可能年代久遠，人物交誼更少提到，只能從別人的著作所述。因謝雪紅和林木順都在倭人班，故和倭人左翼重要領袖接觸最多，這也是共產國際的安排，要倭人共產黨員協助謝林二人以後建立台灣共產黨，現在編成「同班同學」，日後好辦事。

根據謝雪紅在北京的口述歷史，她在莫斯科時常步行去探望日共領袖片山潛（Katayama Sen），片山潛是倭國早期左翼理論家，一九一七年俄國成爲共產國際的祖國後，他便前往莫斯科，後任第三國際（後註）的執行委員，一九二〇年後未再回倭國，一九三三年卒於莫斯科。謝和他關係很好，也從他獲益良多。所以，當一九三一年謝和其他台共被捕入獄時，聽到片山潛去世誤傳消息，他們在獄中高唱「國際歌」來追悼他。

另一位和謝雪紅、林木順很友善的倭共，是相馬一郎（Soma Kazuo，在莫斯科化名秋田，一九二八年回到倭國即被捕，一九三九年自殺亡。）因秋田對謝林二人格外親善，引發其他倭共學生的質疑。那些質疑者認爲，不論殖民地或母（倭）國，成爲共產黨員就不再區分，一律平等看待，不必考慮其出身。秋田則認爲忽視現實，在現實環境中殖民地受到母國壓迫，對母國當然不信任，所以對他們要謙讓以取得信任。

鍾問：雙方好像都有道理，爭議是因謝林二人而起，謝雪紅有什麼看法？

陳答：這個爭議對謝雪紅是有衝擊的，因爲未來台共和倭共到底是聯合或區隔，是很重要的問題。謝雪紅引列寧之言，**「無產階級要幫助資本主義國家的殖民地人民及落後民族起來革命，不應歧視、疏遠或拋棄他們。」**企圖爲平息爭議的理論原則。這個爭議不久因倭人班拒絕到車站歡迎宋慶齡而鬧得更大，（附記：我對宋慶齡有批判，她老公中山先生一走她就左傾成爲共產黨員，後又放棄「國母」之尊，改嫁侍從，據聞她呈文到毛澤東，毛批准她改嫁，宋的格調低謝雪紅太多，網路資料待查。）後來上級指導員從共產國際原則，糾正倭人班一些錯誤，也使謝雪紅進一步理解，國際主義和民族主義有了衝擊，左翼者要如何看待民族問題。

謝雪紅在東大結識倭共領袖人物還有風間丈吉（Kazama Jokichi）、德田球一、渡邊政之輔、佐野學、鍋山貞親（Nabeyama Sadachika）。其中德田球一在離開莫斯科時，把隨身手提包送給謝雪紅，以後謝總把這個手提包帶在身邊。

由於謝是倭人班唯一的女性，當時正是共產國際的委員片山潛很照料謝。他曾給謝一本《日本帝國主義鐵蹄下的台灣》，要她蒐集台灣資料，用以未來回台建黨的須要，並訂一份「台灣日日新聞」供他們參用，可見他有心幫謝林二人回去解救台灣。

鍾問：有沒有其他的著作寫到謝雪紅在東大的情形？尤其中國人自己的著作，也可以做旁觀，清楚呈現謝的性格或生活！

陳答：當然有，國民黨在《附匪份子》一些資料上有，但這因「戰爭原則」的關係，必須醜化敵人（古今皆然），不可能客觀，本書不引用。我認爲較客觀的是張國燾的夫人楊子烈，她是謝雪紅同學，她在《張國燾夫人回憶錄》（香港：自聯出版社，一九七〇年）一書，「莫斯科東方大學」一文中說：

日本學生在東方大學不過十數人，謝雪紅是由上海到海參威轉莫斯科的，她是台灣人，瘦長的個子，嘴裏鑲了一隻金牙，另外還有一個男子跟她一道，說是她「表弟」。她對「表弟」是很嚴厲的，動輒咬牙切齒用台語斥罵。中國男女同志看不慣她那驕橫樣兒，言語之間，對她不免有些諷刺，但她個性倔強，仍罵如故。大家不懂台語，見她橫眉怒目、聲調高吭，知道她又發了雌威。大家都討厭她，奇怪的是她那位臉黃身瘦的「表弟」始終一聲不響，異常馴服。他們會說國語，日本話講得更好，到了莫斯科，她就入日本學生班上課。日本班那時沒有一個女生，她是非常受歡迎的。之後，她和日本青年打得火熱，早把她那位「表弟」給拋棄了。

我認爲，張國燾夫人楊子烈筆下的謝雪紅，才是展現性格本相的謝雪紅，個性鋼烈，關鍵時刻也能專斷驕橫，行事果決。若不如此，如何在男人的世界打下戰績，還不如回家當妾、當個幸福的小女人，煮飯做家事侍候男人，談何革命大業！楊子烈說的「表弟」，正是林木順，小謝雪紅兩歲，台中草屯人，個性較溫順，一九二五年到上海留學就未再回台灣。他在謝的生命史上扮演情人和夥伴的角色，對謝的支持、影響很大。

鍾問：陳老師，對於謝雪紅在莫斯科東大留學兩年，還有什麼重提示？

陳答：從一九二五年十二月十八日，謝雪紅一行到俄國東大，一九二七年十一月回到上海，她已然建立了完全不同的世界觀，正式成爲一個世界革命者，台灣第一位革命之女。對於俄國留學，尚有三點值得注意。

第一、中共領導人李立三、蔡和森，上海大學向警予，均同一時間到達莫斯科。

第二、倭共領導人德田球一（Tokuda Kyuichi）、佐野學（Sano Manabu）、渡邊政之輔（Wafanabe Masanosuke），也同時到達，謝和他們建立了良好關係。

第三、一九二五年十月，蔣經國也到莫斯科讀中山大學。有些書說蔣和林木順是同學，並非事實。

補註：國際共產主義發展史上，有以下四個國際，若能弄清楚，有助本書各章內容之理解。（接《雲五社會科學大辭曲》，第四冊，《國際關係》，商務出版，民國七十四年四月，增訂三版。）

第一國際（First International）

第一國際係「國際勞工協會」（International Workmen's Association）之通稱，爲馬克斯（Marx）和恩格斯（Engels）所創，在一八六四年九月廿八日倫敦國際工人集會上正式成立，一八七六年在美國的費城會議中正式撤銷。

根據俄共的說法：「由於馬克斯、恩格斯和首批無產階級革命者——馬克斯主義者的緊密核心的加入，使第一國際能夠在國際工人運動中佔極重要的地位…第一國際開創了國際無產階級爲社會主義而進行的群眾鬥爭，爲世界工人共產主義運動奠定了基礎。」（蘇俄歷史百科全書，莫斯科，一九六五年，第六卷，一三三頁）

顯然，這對第一國際的重要性評價過高。即使在當時，英國的大部分工會和歐陸興起的工人運動的重要部門都對它敬而遠之。實際上，第一國際除了抵制所謂「破壞及反罷工的人」（Strike Breaker）從外國進口外，並未獲致任何實質的成就，對較大國家之工人運動的成長與理論發展也無真正的影響。不過它所舉起的旗幟，確曾刺激西班牙、意大利、比利時、荷蘭和斯堪的納維亞的社會主義勞工組織的出現與成長。（Encyclopaedia Britannica, Chicago London; Tononto, William Benton, 1958. Vol. 12, P.509）

第一國際每年或兩年一次的代表大會變爲辯論的講壇。一八七一年三月，當巴黎公社（Paris Commune）成立，馬克斯在一本小冊子中以第一國際的身份解釋說，巴黎革命政府的政策與他本人的原則相同。這引起了兩方面的激烈反對，英國工會不願意做暴動的共犯，而無政府主義者則認爲馬克斯對公社的解說是篡奪行爲。

第一國際在一八七二年海牙（The Hague）代表大會上分裂爲馬克斯主義者（Maxist）與巴枯寧主義者（Bakuninist）。後者，實際上控制大多數黨員，但由於全屬巴枯寧主義者的義大利分部於會前與第一國際決裂，在代表大會上遭到失敗。於是，巴枯寧主義者創立其「無政府主義國際」（Ananchist Inter-national），並採用「國際勞工協會」爲正式名稱，該國際於西班牙內戰（Spanish Civil War, 一九三六—三九）結束時完全瓦解，但在此之前，對南歐洲與拉丁美洲之工人運動發生不小影響，對美國、澳洲、荷蘭與斯堪的納維亞之工人運動亦具有若干程度之影響。馬克斯則將其第一國際殘存部分挪到紐約市，與此第一國際已近乎滅亡。（吳俊才）

第二國際（Second International）

自第一國際解散後，馬克斯派（Marxist）和巴枯寧派（Bakuninist）之間傾軋如故，但馬克斯思想較巴枯寧思想更爲歐洲人所歡迎，故能獲得普遍發展。當時德國因拉薩爾之努力，勞工運動勃起。馬克斯派與拉薩爾派合作，成立「德國社會民主黨」（German Social-Democratic Party），且在會議中取得多數席位。同時，英法之工會運動亦應時而興，至一八八九年，在巴黎會舉行兩次社會主義大會，一爲法國改良派，一爲馬克斯主義者，後者有美、法、德、俄、奧、荷、比等國代表參加。兩者爲共同抗拒無政府主義，實施合併，宣佈成立「社會主義國際」，此即「第二國際」。

第二國際成立後，即通過一項章程，給予各國附屬黨以極大的獨立性，因此獲得比第一國際較多的皈依者。由於當時幾乎遍及全歐各國的勞工運動在幅度上和經驗上皆已成長，且能自立，故第二國際的真正影響力也許比第一國際小。然而，由於那一時期內各國社會主義運動和勞工運動彼此之間的接觸頻繁，全歐社會主義和工人黨皆視爲第二國際之會員身份爲工人利益真正代表的證明，故能以不承認或開除其會員身份爲威脅以阻止某一國內之各工人團體的分裂，且有時強使一國內之各工人團體合併爲一。

第二國際先後開過九次大會，參加者計有廿餘國之代表。像第一國際一樣，第二國際也成爲國際社會主義各種傾向的辯論之所。十九世紀末年，德國出現一新人物伯恩斯坦（Eduard Bernstein），彼謂時代進步，馬克斯主義應隨之而修正，此即所謂「修正派」（Revisionist），與以考茨基爲代表的「正統派」（Orthodox Maxist）相互抗衡，不久又產生了以列寧和盧森保（Rosa Luxemburg）爲代表的新極左派。

第一次世界大戰前夕，第二國際通過一項「反戰」議案，并號召在戰爭爆發時，應「變帝國主義戰爭爲國內戰爭」，推翻本國政府，實現社會主義革命。一九一四大戰發生，各國社會主義政黨皆支持其本國政府，各國工人亦熱烈爲保護其祖國而戰，第二國際亦因之一度宣告解體。

戰爭結束後，社會主義者力圖重整旗鼓，但是愛國者與和平主義者之間的仇視，無法克服。由德國社會主義右派英國、比利時、荷蘭、瑞典和丹麥社會主義與工人黨所支持的愛國份子重建了第二國際。受德國左派、英國獨立勞工黨（Independent Labour Party）等之支持的和平主義者於一九二〇年在維埃納的一次會上組成另一個國際。（吳俊才）

第三國際（Third International）

一九一九年元月俄共（布爾什維克）邀請各國社會黨前往莫斯科舉行會議，三月決定成立「共產國際」（Communist International，簡稱 Comintern）列寧的支持者季諾維耶夫（Grigory Zinoviev）當選主席。此即第三國際。

當時列寧創立共產國際之目的：（一）、發動歐洲各國工人階級起而革命，使蘇俄免於孤立；（二）、通過此一組織使歐洲社會主義黨派，遵循俄共之組織原則與路線，聯合互助，以推行世界革命。自布爾什維克奪得政權之後，其主要目標是赤化德國與中歐，並以當地之蘇俄使館直接提供經濟援助和指揮之責。當時在德國策動者越飛，但德國暴動因受政府鎮壓，終告失敗，斯巴達卡斯團（Spartacusbund）領袖李卜克內西（Karl Liebknecht）與盧森保（Rosa Luxemburg）於暴動中被殺。同時，匈牙利暴動亦告失敗。

而最大的失敗則在波蘭。一九二〇年列寧派紅軍進攻華沙，擬組織波蘭傀儡政府，結果蘇俄工農紅軍為波蘭之畢蘇斯基所擊潰。庫西寧（Kuusinin）在芬蘭所發動之暴動，亦遭逢同一命運。

一九二〇年，共產國際舉行第二次大會，季諾維耶夫在檢討其一年工作後，認為共產國際並未發揮革命作用，僅僅作了一些宣傳工作。他將「革命失敗」歸咎各地共黨缺少良好組織與鐵的紀律，且特別指出，彼等未服從共產國際之命令與指揮。在此次大會上，通過了「廿一條」（21 Stringent Conditions），作為各國共產黨加入共產國際的必需條件。廿一條係為防止和平主義領袖之加入，並使可以加入的群眾直接納入莫斯科領導之下；而其中最主要者乃是要使各國共黨接受共產國際執行委員會（E. C. C. I.）之控制，而該委員會實際係由俄國政治局所控制；易言之，要使各國共黨成為俄共之支部。列寧並在大會上發表「共產主義幼稚病」之演說，指示各國共黨，應熟諳狡猾、偽裝、欺騙、機動等各項策略。

蘇俄利用「廿一條」為枷鎖，按照布爾什維克之方式，培育各國共產黨。

一九二一年共產國際舉行第三次大會時，歐洲局勢日益穩定，托洛茨基乃向各國共產黨表示應準備長期鬥爭。

一九二二年共產國際舉行第四次大會，各國共黨未如俄共（布）所預期，俯首聽命。季諾維耶夫表示「廿一條」未能完全實現；直到史達林獲得獨裁地位後，「廿一條」始完全實現。

一九二四年共產國際舉行第五次大會，此時列寧已死，俄共（布）內鬨甚烈。始則史達林聯合季諾維耶夫、加米湼夫等反對托洛茨基之「左派」，其後季諾維耶夫加入托派，而史達林則聯合布哈林、李可夫等與之對抗。一九二六年冬，季諾維耶夫與布哈林與托洛茨基均被排出俄共（布）政治局，史達林以布哈林爲共產國際名義上之領袖。

一九二八年共產國際舉行第六次大會，此時史達林權威已立，成爲「世界革命最高領袖」。此後，各國共黨在布爾什維克化口號下，完全馴服於蘇俄權力，成爲蘇俄外交政策之工具或第五縱隊。在大會中，布哈林仍爲共產國際主要發言人，但一年後，布哈林以「右派」罪名被排斥，此後共產國際先後由莫洛托夫與庫西寧主持。

一九三五年七月共產國際在莫斯科舉行第七次大會——即最後一次會議，當時有鑒於局勢之惡劣，決議成立國際反法西斯統一戰線。

第二次世界大戰發生，史達林爲爭取美援，於一九四三年宣佈解散「共產國際」。

（吳俊才）

第四國際（Fourth International）

全名爲「世界社會主義革命黨」（Socialist Revolution World Party），又稱「第四國際」，俗稱「托派」（Trotskyist）。

一九三四年三月，托洛茨基發表「第四國際與戰爭」一書，提出「第四國際」之組織，一九三八年九月正式出現，以反對俄共的「第三國際」。俄共指稱，它結合了各色各樣的托洛茨基派的團體、以及一九二八—三八年間因反列寧活動而被共產國際開除的，各別的修正主義份子而組成的。一九四〇年托氏被刺身亡，其組織延續迄今。在英國、美國、法國、日本、錫蘭、印度、阿根庭等皆有其組織。中國之托派全名爲「中國革命共產黨」。

其政綱要點爲，聯合全世界無產階級實行社會主義革命，以馬克斯主義及列寧革命經驗爲指導，以托洛茨基不斷革命論之方法。建立社會主義社會，以無產階級革命消滅史達林式官僚主義。俄共則指責：「實際上，破壞世界共產主義運動，宣傳反共思想，同蘇聯以及其他社會主義國家進行鬥爭才是第四國際領袖們的主要務。」（「蘇聯歷史百科全書」，莫斯科，一九六五年，六卷，一五〇頁）

第四國際從其產生時起，內部就存有矛盾和鬥爭。一九五三年發生分裂，而使第四國際內產生了兩個相互敵視的派別。一個在巴比洛（M. Pablo）下以「國際書記局」的名義活動，另一個在美洲分部領袖克隆（D. Kennon）領導下以「國際委員會」的名義活動。據俄共稱，這兩者的歧見在於他們反社會主義陣營和國際共產運動的鬥爭方式和方法不同。後者，主張公開實行反俄和「反共」路線，前者則不然。（同前）

十年後，第四國際於一九六三年在意大利召開第四國際再統一的世界代表大會，成立聯合書記局。在形式上，大會使前述兩派大多數力量作了一次原則上的團結，但各方面仍保持自己不同的觀念。（法瑞爾與韓生合著《第四國際的再統一》，原載「國際社會主義觀察」，一九六三年秋，一三一頁）

事實上，第四國際並沒有因此而統一。目前，較具影響力的派別至少有四個。茲按其影響力之大小，分別於後：

（一）第四國際聯合書記局，成立於一九三八年，一九五三年因分裂而消失，一九六三年世界再統一代表大會上再度產生。其領導機關是「國際執行委員會」，總部設在歐洲。主要刊物有：「國際社會主義觀察」（International Socialist Review）（在紐約出版）；「國際季刊」（Quatrieme Interna-tionale）（在巴黎出版）；「世界展望」雙週刊，法文版在巴黎出版，英文版在紐約出版。

（二）第四國際「國際委員會」，一九五三年分裂時分出，自認是真正的「革命馬克斯主義者」，總部亦在歐洲。主要刊物有：「第四國際」在倫敦出現，從一九六三年代替「勞工觀察」。

（三）第四國際「國際書記局」，因其最著名之領導人叫裘恩。波沙達士（Juan Posadas），故一般稱它是「波沙達士運動」。在拉丁美洲具影響力，於彼處設有「拉丁美洲局」，另有「歐洲局」。主要刊物有：「國際季刊」（Cuarta International）；「拉美洲馬克斯主義者觀察」，「紅旗」。

（四）巴比洛運動，一九六三年巴比洛份子隨「國際書記局」與其他托派組織合併組成「聯合書記局」。後來，有人指責巴比洛所採取的是與蘇俄官僚妥協的「右傾方針」，巴比洛即脫離第四國際聯合書記局。按：巴比洛，即密契爾．拉勃提斯（Micheal Raptis）的筆名，希臘人。（吳俊才）

第4章　台灣共產黨建黨始末

上圖：一九二八年謝雪紅回到台灣，立即重建台共組織，把台灣文化協會當作外圍組織。圖為左傾以後的台灣文化協會總部，設於台中市。（取自泉風浪，《台灣の民族運動》，〔台中：台灣圖書印刷合資會社，昭和三（一九二八）〕）

下圖：謝雪紅在一九二八年利用台灣農民組合改組之際，派員參加該組織，使台共奪得領導權，圖為設於台中的台灣農民組合本部。（取自泉風浪，《台灣の民族運動》，〔台中：台灣圖書印刷合資會社，昭和三（一九二八）〕）

與謝雪紅息息相關的三位日共領導者：佐野學（左），把台共綱領交給謝雪紅的人；福本和夫(中)，他的共黨菁英論是謝雪紅反對的；渡邊政之輔(右)，與台共聯絡的關鍵人物，被日警槍殺於基隆。（取自立山隆章，《日本共產黨檢舉祕史》，〔東京：武俠社，昭和四（一九二九）〕）

第4章　台灣共產黨建黨始末

1、鍾問：陳老師，謝雪紅從莫斯科東方大學留學回來，是不是就要大顯身手？在台灣要建黨何其困難？能不能先向聽衆介紹一下當時背景？

陳答：謝雪紅到莫斯科東大留學兩年，最重要的任務是回台灣創建共產黨。此事和當時國際環境、國際共黨的全球戰略目標有關，謝所執行是國際共黨任務的一環。但主要是俄共，一九一七年俄共革命成功，國際共黨的司令台、總指揮都是俄共。按共產國際（參閱前章補註第一、三、四國際）規約，各國共產黨的共同目標：

第一、以一切手段，打倒各國資產階級，消滅帝國主義，建設作爲消滅國家的過渡階段的國際蘇維埃共和國而戰鬥。

第二、消滅資本主義制度及以資本主義同體共生的民主政治體制，由無產階級專政才是解放全人類的唯一手段，只有蘇維埃政府才是歷史賦予的無產階級專政的形

式。（補註）

謝雪紅接受共產主義從啓蒙到進行革命任務，正好是「第三國際」（Third International）時期（一九一九年—一九四三年）。一九二〇年第三國際主席季諾維耶夫（Grigory Zinovier），檢討各國共黨問題，利用當年第二次大會通過「廿一」（21 Stringent Conditions），其中最重要之部，是各國共產黨必須是俄共的支部，完全接受共產國際執行委員會（E.C.C.I.）的領導，而該委員會受制於俄國政治局。一九二一年第三次大會、二二年四次、二五年五次會，廿一條基本規章不變，只是執行難題很多。到一九二八年，史達林權威已立，各國共黨在「布雪維克主義」號召下，完全成爲俄國共黨的支部，史達林成爲「世界革命最高領袖」。

謝雪紅要完成的建黨任務，按當時國際共黨的布局安排，應受倭共指導，但實際上受中共領導，又要合乎第三國際規章，而島內情勢險峻，很困難！

就在謝雪紅要離開莫斯科時，共產國際已和倭共達成決議，要在倭共指導下成立台灣共產黨。因爲按照第三國際在一九二二年第四次大會，通過的「東方問題的綱領」規定：「殖民地母國的各國共產黨，必須擔負起殖民地無產階級的革命運動，在組織上、精神上、物質上給予各種支援的任務。」

負責和倭共取得密切連繫的責任，自然就是謝雪紅和林木順。可惜後來發展都沒有照計畫走，真是計畫趕不上變化，變化不如某人的一句話！

鍾問：陳老師一口氣幫我們講完共產國際發展史，相信大家對謝雪紅要回台建黨的背景有些了解，他們要怎樣進行第一步工作？

陳答：謝雪紅和林木順於一九二七年十一月回到上海，時間大約是月初。她們如何展開工作?各種研究小有出入，但大體不外透過各種關係連絡台灣左翼運動人士，進行建黨的準備工作。

透過林木順之弟林松水介紹，謝先認識翁澤玉（一九〇三年生，台北市人，一九二五年也就讀上海大學），謝在上大時間很短，故不認識他，此後都保持密切的關係。是時，翁已實際參與中共黨內工作，因一九二四年讀廈門集美中學，故其活動在閩南一帶。

翁當時在上海負責「上海台灣學生聯合會」，使該會漸趨左傾；另有一說，該會是謝從莫斯科回來立刻著手成立的。應以前者較可靠，理由是謝才回上海不久，不太可能快速成立這個組織。

謝翁二人有共同目標，故能配合的很好。他們利用上海台灣學生聯合會爲核心，集合左傾學生江水得、楊金泉、林松水、劉守鴻、張茂良、陳粗皮、陳氏美玉、黃和氣等人，於一九二七年十一月底，成立「台灣青年讀書會」。這是一個秘密組織，表面上讀書會研究社會科學，實際上做建黨準備工作。

2、**鍾問：一九二七年中國大地也仍很亂，國軍正在北伐，各地有共黨動亂，國民政府也已下令撤銷各地俄領事之承認，中止對俄外交，而上海租借地自從五卅慘案後，白色恐怖亦籠罩整個地區各角落，要搞秘密組織怎有可能？**

陳答：從不可能中尋找可能，那是驚世、驚奇！這個秘密的讀書會，他們最初在上海源里集會，十二月改往協興里；一九二八年元月發行一份《屋內刊》的機關誌，只是內部通訊。三月，該會辦事處設在法國租界，聯絡處則在租界外的青雲路，秘密集會點在閘北寶山路。凡此大費週章，都爲保密之故，他們也知道倭警緊盯著他們！此期間，原本按照共產國際安排，倭共代表鍋貞親負責指導台共成立，因其國內情勢委由中共指導台共籌備事宜。現在中共黨員和朝鮮左翼都和謝雪紅等有連繫，許多活動次第開展，如國際婦女節、朝鮮三一紀念節、反日、反帝等，他們的口號是「打倒日本帝國主義」、「日本、台灣、中國、朝鮮革命大眾緊緊握手」、「擁護中國革命」等。

謝雪紅和林木順一九二七年十一月初回到上海後，十七日林木順即動身先到倭國東京，「讀書會」事沒有參加；謝則就緒後於十二月上旬也到東京。謝林二人參考中共、倭共的文件，草擬台共的總綱。按謝的自述，由她起草，林木順寫成，再交由倭共中央委員會渡邊政之輔、德田秋一和鍋山貞親審查修改。另據後來倭共領導者佐野學被捕後在東京受審，有如下表示：

> 是由一台灣同志自上海赴東京向渡邊報告台灣情勢，並參加日共中央委員會後，渡邊依此同志報告，草擬政治綱領和組織綱領，經日共中央委員會決議後，送交該名同志，並指示其返回後組織「馬克斯主義俱樂部」，

該台灣同志即謝雪紅，所見到這些倭共領袖人物，都已在莫斯科東大與謝有了良好關係，一切就緒，就等謝林二人回到上海，台共就可以正式成立了。

鍾問：這也正合共產國際的安排，當時台灣是倭國殖民地，故台共的成立由倭共指導，台共也是倭共的支部，但好像不久都變樣了，為什麼？

陳答：謝林二人在倭國，也會見「東京台灣青年會社會科學研究部」會員陳來旺。大約謝林二人在東京時，上海的準備工作也在積極進行。翁澤生連繫台灣島內文化協會的蔡孝乾、廈門讀書的潘欽信，及林日高、洪朝宗等人到上海，準備未來建黨擔任幹部。

謝雪紅、林木順和陳來旺回到上海，應是一九二八年年初的事，不久倭共代表鍋山貞親也來上海。按謝的說法，鍋山到上海「委託中共負責台共黨成立大會的領導任務」，鍋山即刻回倭國。三月一日起，謝、林、翁三人同時開始審議倭國帶回的文件，討論工人、農民、青年、婦女運動及赤色救援會等行動方針。所有倭文政治和組織綱領，都由翁澤生翻譯成中文，討論決議後由林木順起草。

鍾問：這麼說原先按照共產國際安排，由倭共指導台共成立大會，只做了一半不到，其他都丟給中共！

陳答：是。其實我認顧中共指導台共成立是對的，有共同的歷史文化和語言，至少溝通方便。台共成立大會前兩天，一九二八年四月十三日，謝雪紅和林木順面見中共中央指派爲此次大會領導的彭榮，他即彭湃，一位農民運動領袖。按彭榮傳達中共中央指示，籌備會以「台灣共產主義者積極份子大會」爲名，參加人數少爲原則，地點在翁澤生宅，出席者有謝雪紅、林木順、翁澤生、謝玉葉（翁澤生妻）、陳來旺、林日高、潘欽信、張茂良、劉守鴻、楊金泉、中共代表彭榮。遠在台灣的蔡孝乾、莊春火未能趕上參加。

根據林江在「回憶父親翁澤生烈士」一文，籌備會議是一九二八年四月十四日。不論十三或十四日，年代久遠記憶有落差，但確定的是四月十五日就是台共成立大會。

鍾問：台共就要在明天成立了，謝雪紅、林木順留學俄國，及左翼人士的理想明天就要走出第一步了！

陳答：是。一九二八年四月十五日，這一天在台共發展史上是重要的日子，建黨大會的地點是中共代表彭榮選定，在上海法國租界內「霞飛路的橫街金神父某照相館之樓上」，召開「台灣共產黨」建黨大會。

會議主席是謝雪紅，出席者總共十人，分別是中共代表彭榮、朝鮮代表呂運亨、謝雪紅、林木順、翁澤生、謝玉鵑（即翁澤生妻謝玉葉）、林日高、陳來旺、潘欽信、張茂良。另有代表未克出席，蔡孝乾、莊春火、洪朝宗、林松水、劉守鴻等十人。

大會由林木順、彭榮致詞後，會中逐條討論工、農、青年、婦女及救援會的基本綱領，亦逐條通過。隨後進行中央委員選舉，翁澤生發言表示「中央委員，特別是主任委員，應該是能夠回台灣領導工作的人。」投票結果，林木順、林日高、蔡孝乾（缺席）、莊春火（缺席）、洪朝宗（缺席），而謝雪紅和翁澤生，只獲選候補中央委員。為何三位缺席者能夠成為中央委員？核心人物謝雪紅只是候補委員，到今日仍是懸案！可能這個黨尚未在島內生根，急須三位本土黨員任中央委員，才好進行島內工作。

按謝雪紅回憶，翁說是針對她而來，因謝正是被敵人通緝不能回台之人。一九二八年四月二十日，謝雪紅在住處舉行第一屆中央委員會第一次擴大會議，成員和職務做了如下安排：

姓名	黨內地位	職務
林木順	中常委	書記長、組織部
林日高	中常委	婦女部
蔡孝乾	中常委	宣傳部
莊春火	中委	青年部
洪朝宗	中委	農民運動
翁澤生	候補中委	駐上海聯絡中共
謝雪紅	候補中委	駐東京聯絡倭共
陳來旺	黨員	駐東京聯絡倭共

3、鍾問：台共建黨大業至此不就是大功告成？但就在大功告成之日，一九二八年四月二十日之後幾天，就全被倭人警察逮捕，倭警為何跑到中國土地上捕人？台共是否就此結束？

陳答：從滿清末年到謝雪紅所處的時代，列強在中國土地上殺人放火、強姦女人、大屠殺⋯不計其數，國家衰弱，人民就有永無休止的苦難，逮捕人還算「仁慈」！

實際上在四月二十日之前，在倭國、朝鮮、台灣和中國的倭警，早已盯上了所有左翼組織和個人動向。台共成立前一個月，倭共就遭到警方大破壞，前五天倭國勞動農民黨被迫解散；上海讀書會成員在朝鮮參加「三一紀念會」，高喊中、台、鮮解放運動，以及台共前的活動頻繁。

由於謝雪紅等人活動集中在上海法國租界，倭警先取得租界「法蘭西工部局」的諒解，先後進行三次逮捕。第一次在一九二八年三月十二日，逮捕了黃和氣（旗山人）、江水得（潮州人）、陳氏美玉（台北人）；第二次三月三十一日，逮捕陳粗皮（北斗人），這兩次都在台共成立前。四月廿五日，建黨後才十天，謝雪紅被捕，同時被倭警捕去還有張茂良（竹山人）、楊金泉（台北人）、林松水（南投人）、劉守鴻（潮州人）。緝捕過程中，林木順僥倖自屋頂脫逃，這屋頂是法租界「辣斐德路東昇里三八九號」，也是謝雪紅和林木順同居的地方，在倭警檔案說，謝雪紅是林木順情婦，大概根據這項證據。

鍾問：謝雪紅被捕大概就送回台灣受審，至少她是回到台灣了，不久她又獲釋並找機會東山再起，聽陳老師說過，其他的男性黨員跑的跑、逃的逃，只有謝雪紅有心要叫黨重生，她真是可敬的革命者！

陳答：這次的挫敗，在台共史上稱「上海讀書會事件」，初創的台灣共產黨瀕臨瓦解。幸好他們發揮了智慧，最初拘禁在法國領事館便相互套好口供，送到倭國領事館亦否認和台共有關，謝雪紅化名「吳碧玉」，遣返回台受審時，成功地使倭警罪證不足。結果，謝雪紅、黃和氣和陳美玉三人證據不足，同年六月二日在台北獲釋。其餘有六人按治安法判刑一至三年，這個事件對台共有兩大影響。

第一、事件使建黨時分配的任務停擺，以謝雪紅爲例，她原應到倭國東京，負責倭共和台共連繫，現被逮捕送回台灣受審。

第二、事件後所有男性黨員紛紛逃跑，留在上海的翁澤生潛逃到廈門；而留在台灣的蔡孝乾、洪朝宗、潘欽信，則逃到大陸，蔡孝乾化名「蔡前」逃到江西瑞金，並參加了二萬五千里長征。

台共面臨崩盤危機，但謝雪紅被後人稱道之處，也就在危難當頭，男性黨員紛紛潛逃，她開始重新把一個個離散的力量又凝聚起來，在台灣島內重建一個左翼革命黨，展現她一生中更精彩的一面。這是她的胆識和智慧，後人研究者都給她肯定，筆者給她最高評價，她俱有革命家的特質。

4、鍾問：黨的機制被瓦解了！人跑了！如何東山再起？倭警也必定要盯著她！

陳答：一九二八年六月二日謝雪紅在台北獲釋，回台中暫住在她姊姊的夫家陳金山家裡。面對已經崩解的黨，她原可以像其他黨員遠逃他鄉，或從此遠離政治，當一個平凡的女人，以她留學俄國東大的能耐，日子可以混的很好。但謝雪紅不做如是想，她打算重整黨的組織，策略是先把黨「隱形化」，寄居在台灣文化協會和農民組合中，進而使這兩個組織逐漸左傾，相機重建台共，執行國際共黨任務。

一九二一年成立的台灣文化協會，大約到一九二六年後分左右兩派，林獻堂和蔡培火代表右翼，他們和倭人總督府政策相互依存，因涉及資本家利益（不能造反）；連溫卿代表左翼青年；蔣渭水、石煥長則代表中間偏左。至一九二七年元月，以連溫卿、王敏川及上大派青年左翼社會主義派，奪取了文協的領導權。右翼和中間偏左（林獻堂、蔣渭水），退出文協並聯合組成台灣民眾黨。一個左翼的新文協，自然和謝雪紅較易於建立關係，能夠成爲台共的合作目標。

至於台灣農民組合，是當時最有活力且總是站在抗倭第一線的團體。凡有抗倭意識的青年都想和農組合作，台共選擇和農民運動合作，是正確的選擇，也是時代潮流所驅使。

謝雪紅釋放回台中的第三天，林日高專程南下與謝雪紅密商黨的現況，謝認爲黨雖暴露了，但黨組織並未暴露，仍然可以按第一次中央委員會決議進行工作。林日高也提議，林木順已無法回台，建議謝遞補正式中央委員，並由林日高北返後，負責召集第二次中央委員會。

鍾問：謝雪紅對當前客觀環境能很快做出正確判斷，進行正確選擇，她不僅有膽識，反應也快，第二次中央委員會結果如何？她開始進行那些工作？

陳答：這次會議中，蔡孝乾、莊春火和洪朝宗三人，無異議維持上海時所分配的任務，推林日高爲中央委員會委員長，會中通過由謝遞補中央委員。

另一方面，從出獄到六月底，謝積極連繫文化協會和農民組合，企圖建立工農同盟的統一戰線。一九二八年七月三日，亦即出獄後才一個月，她就在文化協會本部的樓上，召集台中地區左翼團體開會，第一步建立了聯合陣線，參加團體和代表如下：

農民組合：簡吉、莊萬生
文化協會：賴通堯、周永福
台中總工會：張景元、蔡潤卿
台中店員會：謝永春、蔡寶卿
台中木工工友會：張龍、楊木生
台灣民眾黨：吳泗滄、陳玉、陳瓊玖

這次謝所串連起來的統一戰線會議，代表台灣抗日在一九二七年元月文協分裂後，首次嘗試聯合，會中同意謝所提的成立「台灣解放運動團體台中協議會」，此一協議後來還是失敗了。至少表示謝有能力和智慧，把左翼和中間偏左人馬召集起來。

鍾問：我的看法和陳老師一樣，謝雪紅真的有不凡的組織能力，有很高的社會革命熱情，接下來她要如何改變農民組合的體質？

陳答：農民組合不僅是有活力，也是當時最有力的抗倭團體，謝雪紅自然要積極接觸，也從農組吸收黨員。先是在謝出獄不久，農組的趙港、簡吉、楊春松、楊克培等人來訪謝，雙方立場相近並有共識，先於七月間開辦一個與社會科學研究有關的青年幹部培訓班，研究的書籍有《台灣現實問題》、《台灣農民運動》、《農民運動相關法規》、《共產主義》等，另安排專題演講，題目和講員如下：

簡吉：農民運動的問題、殖民政策的由來與資本主義。

楊克培：政治經濟學、社會主義政治機構無產階級專政

謝雪紅：世界工人運動的歷史及現在的情況、西來庵事件的批判、國際無產階級運動

這是一個類似讀書會性質的幹訓班，維持了兩個多月，到一九二八年十一月八日正式結束，因爲謝要上台北籌開一家「國際書局」，做爲台共進一步發展的基地，也做爲表面上的掩護。

從以上看，謝雪紅已經和農組成爲統一戰線，接著謝打算要重組農民組合的組織。一九二八年八月廿九日謝參加農組的中央委員會，促使農組「支持台灣共產黨」，並在農組內設立青年部、婦女部、救濟部三個組織提綱。

5、鍾問：哇！謝雪紅太厲害了！農民組合任由她玩，陳老師能不能說明一下那三個提綱大致內容？

陳答：這三個提綱也正好說明謝雪紅這時的政治思想，而且是她親自擬訂。依循上海建黨時台共農民綱領，作爲農組的基本路線，針對農組內部三個組織提綱簡介。

第一是「青年部組織提綱」。無產階級青年運動形成的直接原因，就是資本主義制度下，所有生產機構（農、工、礦…）的勞動者，完全受到資本家高度的壓搾和剝削，爲維護自身利益，乃起而組織團體反抗壓迫。世界各國的無產青年反抗運動已有成果，如第二國際（見前章補註），提出反對欺瞞無產階級的反帝戰爭；一九一五年國際無產青年大會召開，反對軍國主義等。謝雪紅也以中國經驗爲例，說明自五四、五卅運動以來，青年已成爲解放運動的先鋒。因此，她指出台灣農組要動員起來，擔負起青年運動的任務。

第二是「婦女部組織提綱」。這個提綱反映出謝雪紅對台灣婦女命運和女權運動的看法，尤其出身自「奴婢妾」童養媳的她，深刻的體認台灣社會的黑暗。她指控，資本主義下的台灣婦女，受到經濟、社會和倭人的多重壓迫，也受到飢寒、恐嚇、歧視等迫害，加上封建殘餘之毒害，已到了非人生活的地步。她批判當時的一些婦女組織，婦女共勵會、婦女共進會、文協婦女部、工會婦女部等，都很幼稚，屬小資產階級的婦女，其組織缺乏戰鬥性，不可能產生覺醒和解放。

謝指出，台灣婦女的覺醒和解放，必須在無產階級運動下才可能達成；她提到往昔婦女運動的失敗，是與無產運動分離，而向男人求女權，這是空想。謝引列寧之言，「政治運動，是婦女爲了擺脫其壓迫的第一步。」婦女解放運動若沒有無產階級革命，是絕對不可能成功的。由此觀點就能深刻了解謝雪紅，她一生獻身革命，堅持追求社會主義的原因！

第三是「救濟部組織提綱」。這是謝在建黨時期「赤色救援會」的延續。因爲她所處的環境，面臨倭、台兩地，統治者對左翼組織不擇手段的攻擊，成立救濟部的目的，在碰到成員被捕時進行救援，使組織活動維持下去。農組能維持到一九三六年，歸功於救濟部的成立。

鍾問：從一九二八年六月二日，謝雪紅出獄，黨還有那些活動？台共要怎樣重建？

陳答：謝利用農組「寄生」台共，策略上是成功的，數月間她不僅掌握了農組的指導權，也把農組的內部結構幾乎「台共化」，出獄後只花了四個月時間。這種能力是身爲革命者很重要的能力，乃天生加上後天努力、訓練、覺醒才有的。

一九二八年八月下旬或九月上旬，謝雪紅北上和林日高、莊春火召開黨第三次中央委員會。此次會議，將四名逃避崗位的四位黨員，蔡孝乾、潘欽信、謝玉鵑和洪朝宗開除黨籍。對照謝雪紅和這四位逃離者，除膽識、堅持不同，也因對情勢判斷不同。

在蔡孝乾、洪朝宗：因恐懼而誤判情勢，認爲黨綱文件已被查扣，本欲觀望狀況再決定是否回到崗位；但可能意識到危險性增加，未及觀察結果，就因害怕被捕而逃到大陸。

在潘欽信、謝玉鵑：原應潛回台島內，分別負責高雄、新竹地方工作，也應恐懼被捕，相約離開台灣逃至廈門，以策安全。

在謝雪紅：她認爲「黨的存在暴露了，幸虧黨的組織並未暴露，案件也大概這樣結束了……我們可以開始工作……按照第一次中央委員會的決定展開工作。」

對照謝和四位逃離者最大不同，謝是向危險的地方前進，無懼被捕，置個人死生於度外，這是革命者的氣質，勇於面對危機，化危機爲轉機。

而四位逃離者，向安全的地方前去，恐懼被捕，過於珍惜自己生命，這是搞革命的致命傷。怕死，就別來搞革命，回家去做好丈夫才對。

我這幾十年來，研究國共兩陣營的一些革命（造反）人物，其實基本道理並無太多差別，死後的春秋定位能否被肯定，原理亦同。

同年八月間，王萬得和林木順到倭京，與駐倭的陳來旺和台灣來的林日高會面，交換彼此所知狀況，然後交給林日高一份「密令」。（據謝雪紅的回憶，這份密令是林日高至倭共中央，見到山本懸藏等同志所交付。）

台共重建時機逐漸成熟，十月六日，謝雪紅與莊春火及自倭回台的林日高會面，林將密令交謝保管。也在這天，來台與謝雪紅等會面密謀的倭共渡邊政之輔，在基隆碼頭射殺欲搜查他的倭警，且當場舉槍自殺。謝雪紅回憶，十月六日是個極其悲痛而令人難忘的日子。

除四位逃離者，原計畫要潛回島內的林木順，因讀書會事件潛到倭國東京，與陳來旺組成「台共東京特支部」後，預訂十月下旬回台，也因預感到危險而作罷。遂歸返上海，從此未回台灣，他也是逃離者。

鍾問：逃離者都是重要幹部，對黨傷害很大！

陳答：對！而且結下很多恩怨情仇，例如開除了謝玉鵑，她老公翁澤生一定不會放過謝雪紅，這些是後話了！第三次中委會除開除四個黨員外，另吸收楊克培、楊春松爲黨員。決議林日高任書記長兼組織部長，莊春火任勞動部長兼宣傳部長，其餘工作由謝雪紅負責承擔，爲掩護黨的活動，也決定在台北開設國際書局，做發展的基地。一九二八年十月十八日，中國共產黨台灣支部在台北成立。原來按照共產國際安排，台共是倭共支部，真是計畫趕不上變化。謝雪紅走出台北監獄，以四個半月的努力，讓台共在島內重生，她的決心、意志、膽識和執行力，不讓鬚眉。

補註 1：

無產階級（Proletariat）

係由拉丁文（Proletarius）轉來，其原始意義係古代羅馬一種貧窮沒有土地的自由人，包括技工小販，爲羅馬公民中之最低階層。就字面意義說爲「生育兒女的人」（proles），其他位之被承認似始於 Servius Tullius 。這種人的生活雖苦，但因其爲自由人，具有羅馬公民的權利，在幾次貴族與富有的平民權力鬥爭中，此種人常爲雙方所欲爭取，故亦甚爲重要。因羅馬時代的生產工作都是由奴隸爲之，此種人在經濟上只是一種寄生的生活。有時饑餓無以生存，只有仰賴國家賑濟，勉維生活。

無產階級之現代意義和共產主義有其不可分解的關係。依照馬克斯的說法，此一名詞之嚴格意義，專指從事工業生產的工資工人，其主要之收入來源爲在市場出賣自己的勞力。因在資本主義社會，工資和就業有其週期性的變動，致使無產階級的生活經常陷於貧困狀態。但他又和窮人、勞工階級和無業游民有所不同。無產階級也有精細熟練的技工，所謂工人中的貴族，其生活並不窮困，企業家也不是盡人皆富。雖然在宣傳文字上都說是無產階級，無產階級和勞工階級並非一個屬類。前者專指從事工業生產者，後者則包括一切靠工資薪水資生的農業工人，白領工作者，有事時雇用幫工等等，在財富分配中屬於工資項目的人。無業游民則指染有惡習，品行不端，邊際和不易找到工作的工人，包括流氓地痞乞丐罪犯在內。

這種意義的無產階級，從歷史上看可以說是近代的產物，是跟着現代資本主義的發展以俱來的。至其產生的原因主要是由於圈地之故，而使小農被迫出售土地，或因破產之故，只好進入都市以出售其勞力。故無產階級純是一種都市現象，因工業革命而大量增加的。在助成無產階級人數擴展的許多因素中，如中世紀行會組織之解體，寺院的分離，農奴的解放，以及人口增加超過各行業需要的人數等等，因各地情形不同，其發展經過在歐洲各國亦不盡相同依照馬克斯的分析，無產階級之成爲一個確定的階級，是因有有產階級的存在。假如沒有有產階級，或由其他社會階級控制生產，沒有自由市場，也不會有無產階級。此一結論和資本主義社會中必然會產生如兩極對立的階級社會，經過二十世紀在德國、蘇俄，和美國發展的經驗，發現其中仍大有問題。其另一預言認爲無產階級將佔社會人口之壓倒多數，證以生產機械化與合理化加強之後，非熟練工人與體力勞動已在相對地減少，從事管理職務與分配服務的人數大量增加，也和他所指陳完全相反。

無產階級之社會心理概念，在馬克斯的共產主義理論中亦佔有甚爲重要的地位。從勞苦工作和爲改善生活與增加工資之鬥爭得到的教訓，工人們會逐漸感到僱主資本家是和他們敵對的另一階級。爲對付此一敵對階級，他們第一步會在現社會中組織如工會一類的工人團體，作爲自衛工具。第二步是接受共產主義，了解他們不能在商品生產的社會中繼續改善他們的生活，因爲無法避免失業和經濟恐慌與戰爭的威脅，便無法獲得穩定的物質生活。第三步是由他們組織政黨，不是爲了改善個人的生活，而是改造整個社會，不只是消除了現有的剝削階級，連無產階級也沒有了。

爲了無產階級需要一個共同信仰和目的之意識形態，馬克斯乃更進一步要把不同種族，宗教，和國籍的無產階級聯合起來以加強他們的團結，爲共同的經濟利益而凝成一體。在聯合不同宗教與種族上，馬克斯曾有相當成就，要使階級利益超越國家利益，經過兩次世界大戰結束，證明完全失敗。各國的無產階級照樣是和他們的布爾喬亞並肩作戰。

自經兩次世界大戰，知識分子與具有眼光之社會領袖同情無產階級運動者逐日加多，這些人本有都不是無產階級。爲了正義與公平分配的社會，經過數十年之多方奮鬥遂使這一世紀的後半期無論在內容與外表上，整個社會都有急劇的改變。因此使人想到：第一，假如無產階級運動是由無產階級本身擔任，其成就可能仍在工會運動的階段。第二是多數人同情和參加的結果，把無產階級的意義擴大了，從一個狹義的經濟階級，伸延到整個社會成爲增進社會福利的運動。

爲無產階級一詞帶來惡感的是「無產階級專政」（dictatorship or prole-tariat）。馬克斯的原意是在由資本主義到社會主義中間的過渡時期，由無產階級選舉代表組成的統治機構。專政的目的是使用政治權力消除產生利潤和地租的生產的社會關係。馬克斯以爲無產階級將在全人口中佔壓倒多數，和布爾喬亞成爲南北極的對立，因此無產階級的專政亦可說是工人民主政治的一種形式，既不是少數人的專政，也不是共產黨的專政，更不是共產黨統治無產階級的專政。「共產主義者宣言」是如是說法，恩格斯在評論巴黎公社時也曾表示相同意見。

等到一九一七的十月革命，無產階級專政的意義變了。列寧、托洛斯基和史大林都曾公開表示，這主要就是一個由少數人組成的共產黨的專政。不管他們本身是否無產階級，做了共產黨員就是無產階級的前鋒，他們的言語動作都是爲了無產階級的利益，最後也就是爲了全體工人的利益。因爲沒有人有權可以反對共產黨，因此工人只能接受統治，沒有權能夠反對他們。因爲無產階級專政的意義變了，儘管蘇俄自稱他們是沒有任何階級的社會主義的社會，可是他們的無產階級專政照樣繼續下去，一去就是五十幾年。處此情況，無產階級專政乃變成一空洞名詞，專政的是他們，接受專政的也是他們。（羅時實）

補註2

布雪維克主義（Bolshevism）

俄國社會民主黨極左翼之政治主張。一九〇二至〇三年間俄國社會民主黨在布魯塞爾與倫敦間開會，發生爭執，由列寧領導之一派獲得勝利。另一爲少數派孟雪維克（Menshevik），暫時退出組織。

先是普勒肯諾夫（G.. V. Plekhanov）與奧塞羅德（P. B. Axelrod）於一八八三組織工人解放會，正當馬克斯的學說傳至俄國，奧塞羅德深受影響，在此以後成立之社會民主黨即以馬克斯學說爲其中心思想。

據列甯自稱，社會民主黨的發展可以分爲三個階級：自一八八三至一八九四爲孕育時期，一八九八爲成長時期，至一九〇三從魯塞爾遷至倫敦舉行會議，黨的外觀與內部俱已成型。第一時期只有集會討論，印發小冊子，有領袖而無羣眾。因俄國工業落後，工人運動不易組織。至第二時期稍有進展，黨的主義明白清楚，脫離民粹黨獨立組織，和工人階級建立明確關係。因工業已在成長，可以發動罷工，地方組織也開始有了。像列甯，加拉辛（L. Krassin）馬爾托夫（L. Martov）等人都屬中堅份子，許多都市逐漸有了社會民主黨的支部。

在發展途中黨的構成份子逐漸複雜。一八九七加入的有波蘭和立陶宛猶太籍的工人組織，這班人除受到經濟壓迫外，加上宗教上被人歧視，情緒非常激烈，組織亦甚堅強，一八九八社民黨爲他們在明斯克舉行黨的第一次大會，選舉中央委員，發表由司徒魯夫（Struve）草擬的宣言。

關於黨的性質和思想，這時亦有幾種不同意見。一派主張爲爭取工人階級的支持，應從改善工人待遇做起，不宜侈談奪取政權。另一係以列甯居首，認爲要消除經濟的不平，故須組黨，好向資產階級手中奪取政權。前者認爲推翻沙皇不是工人階級的任務，他們爭的是提高工資，縮短工作時間。他們被稱爲經濟學家。反對他們的人爲列甯，馬爾托夫，普勒肯諾夫等人被稱爲 **Iskrists**，因爲他們發行（**Iskra**）的刊物。

這時黨員增多，學生和知識份子大量加入，其中不少自由主義者如米留可夫（**Milyukov**）一類人物，他們要求黨要有明確的政治路線，如對激進資產階級的關係，對到處發動的恐怖行爲應持何種態度，因爲黨的組織鬆懈，意見不易一致。

列甯，普勒肯諾夫，馬爾托夫，奧塞羅德等人認爲黨的態度應該鮮明，他們第一要打擊經濟學家，第二要決定是聯合所有各派社會主義者推翻沙皇，還是由無產階級的黨單獨進行此一任務。列甯於一九〇二發表一篇「我們應該怎樣」的文章，主張要集中一切革命力量，組成一個權力集中的黨，每人擔任一固定工作如軍隊士兵一樣，不能有散漫的個人行動，黨內應有革命的核心，由一羣職業革命者受中央戰略委員會之直接指揮，以其一生精力從事革命任務。由於當時的世局變動，他們決定在比利時的布魯塞爾舉行第二次表代大會。因受到警察干涉，乃遷往倫敦舉行。

這次大會共有代表六十人，所有黨內重要人物都包括在內。從開始即有兩大相反意見：第一，猶太的工人聯盟要求在黨內須保持此一猶太人的組織，因此便和以階級爲黨的核心主張，發生衝突。列甯認爲聯合（federation）本身就是戰絡的弱點。假如黨的組織要考量到民族上的不同，即不可能有無產階級的革命。關於此點，未來孟雪維克的領袖馬爾托夫和列甯持相同見解。

第二是對黨的看法。馬爾托夫和奧塞羅德又和列甯發生烈痕。列甯認爲黨員必須參加組織，服從黨的命令。馬爾托夫認爲同情主張便是黨員。列甯認爲只有堅定凝固的組織，服從命令，一心一德的黨員才能使黨有力量，否則便無意義。馬爾托夫則以這樣會使許多大學教授和知識分子不願加入。但這時只是爭論而已，黨內理論家一向是以普勒肯諾夫居首，普勒肯諾夫並不認爲十分嚴重。經過表決馬爾托夫的自由派反而佔了上風。接上又遇着另一難題。馬爾托夫提議，只要自由主義者表示贊成普選，即可暫時與其合作。列甯與普勒肯諾夫對此都強烈反對，認爲關鍵在只能有無產階級的革命。自由主義者是要利用社會主義者推翻沙皇。社會主義者只有單獨行動才能完成社會主義的革命。在此以前列甯都和馬爾托夫站在一線。等到列甯主張黨的組織必須集權，馬爾托夫仍主維持聯合形式，讓猶太工人組織保持完整，他們二人便完全對立。在決定對 Iskra 控制權時，列甯要求投票決定，結果是二五與二三之比，列甯得到勝利，從此便稱爲布雪維克。

另一為孟雪維克。

布雪維克的核心主張是把無產階級領導的革命作為一切基礎。為達成此一目的必須犧牲資產階級的自由，廢除依照民主精神選出的機會，要使革命成功，須有獨裁。

分裂之後社民黨的中央委員和 **Iskra** 全歸列甯一系人掌握。馬爾托夫返至俄國另起爐竈，開始小冊子的對戰。一九〇五的日俄之戰和曇花一現的革命行動正是兩派對立的時候。普勒肯諾夫和中央委員會好幾位從前都和列甯一起的，不久又轉變為孟雪維克。加上有數人被捕，補上的都是孟雪維克，又使馬爾托夫取得掌握黨權的優勢。列甯被迫退出，也另起爐竈，發行名「前進」**For-ward** 刊物，並在好幾處成立分支委員會。

一九〇五年十月突然爆發了革命，列甯一派主張馬上成立臨時革命政府，俾便進行無產階級的革命。孟雪維克認為無產階級革命的時機未熟，只能希望由專制改為立憲政府，主張由密林可夫領導，支持自由主義的資產階級。列甯認為罷工和武裝叛亂是革命戰術的基本，應該儘力利用。孟雪維克認為這兩者皆未成熟，不能作為階級革命的工具。關於參加都馬 **Duma**（國會）問題，雙方也有相反意見。這樣相持一直到一九五〇的革命失敗，又對革命失敗責任互相推諉和指摘。

一九〇五以後俄國政治表面上很有步西歐後塵，走上君主立憲的趨向。因此孟雪維克主張顯然是佔了上風。不過列甯態度繼續堅持，經過一九〇七的倫敦會議，和一九一〇的巴黎會議，直到一九一七的革命，在分裂十五年後，一直無法復合。

經過一九一七之二月革命，至是年十月列甯從克倫斯基手中接收政權，布雪維克的歷史和蘇俄歷史已無法分開。大致說來布雪維克是代表馬克斯主義，加上俄國的特有經驗，相信無產階級的革命勝利將是無可避免的。因無產階級和資產階級沒有共同之處，所以鬥爭也是無可避免的。鬥爭是事實的邏輯，這兩者間既不能用和平方法，使一方放棄鬥爭，也不是用民主憲政方法可以解決，因此鬥爭才是無可避免。又因政府機構和生產工具都在資產階級的手中，所以不能適用民主政治。他們認爲這是無產階級的歷史任務。

他們在奪取政權之後馬上要求建立無產階級專政的政府，其理由是非此無以消除反對者，及摧毀舊政權留下的一切制度。革命就是戰爭。在勝利者承認消滅反革命的阻力以前，只有戰爭才是適當的方法。托洛斯基說：「爲使敵人不能發生危害作用，必須在戰時將其消滅」。遲疑不決，軟弱，憐憫，和對民主之僞裝崇拜，只能刺激反革命的力量，妨礙新政權的團結。專政是由共產黨執行，因爲一、他們是受過考驗，可以信賴的，二、他們是代表工人的真實意願，這種意願過去是被資本主義壓制和隱蔽了的。

自列甯死後（一九二四）經托洛斯基與史大林的權力鬥爭，結果是史大林獲得勝利，托洛斯基亡命中東，再至墨西哥定居，二次大戰時在其住宅被人砍殺。在一九三六至三八年間又經過一段流血的清算鬥爭。此時已無所謂階級，但仍使用暴力對待同志，和對待階級敵人一樣，儘量殘殺，和中國有過關係的人物如布哈林、拿達克（莫斯科國際學院院長）卜魯輸爾（加侖）俱在此時被加以托派罪名，相繼處死。（羅時實）

第5章　台共重整後的工農運動與挑戰

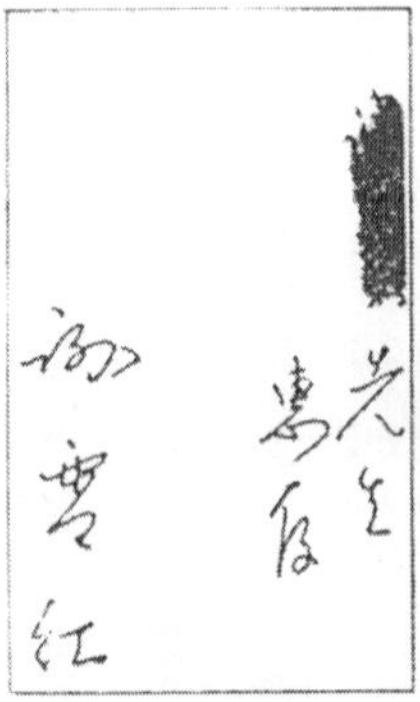

左圖：謝雪紅的簽名式，係一九四八年香港會議以後，她寄相片給東京的朋友，簽名於照片背後。（黃文雄先生提供）
右圖：謝雪紅攝於一九四八年的香港，《華商報》使用過這幀照片。（黃文雄先生提供）

謝雪紅（右一）攝於約一九三〇年的國際書局門前。書局合夥人楊克煌站在最左邊，其餘人物不詳。（楊麥女士提供）

第5章　台共重整後的工農運動與挑戰

1、鍾問：謝雪紅從一九二八年六月出獄，以四個多月的時間，不僅挽救了崩潰的台共，重整組織陣容，而且也幾乎掌握了台灣左翼陣線的領導權，她是怎麼做到的？

陳答：追根說她怎麼做到的？真是一言難盡，通常是很多正確的「因」，才會結出一個善「果」。例如她的信念堅持和智慧判斷是最基本的。她暫住姊夫家後不久，爲方便工作在台中寶町單獨租屋，從台中農組著手吸收黨員，簡吉、趙港、簡娥、楊克培、張道福等人，都這時吸收入黨。在黃師樵的《台灣共產黨秘史》，對謝出獄後的活動如下記載：

第一、「釋放後，她在台中寶町租了一間房屋，當時因爲農民合本部在台中市。所以一些的女鬥士，如簡娥、侯春花、葉陶等人，都時常出入於她處。」楊克培就是這時與她相識的，那是一九二八年的夏天，她們計畫設立一間販賣左翼書籍的書店。

第二、趙港在農民運動中，受台共謝氏阿女的指導，共鳴共產主義，一九二九年十二月，加入台共，自是努力在農組內擴大共黨勢力。

第三、簡吉在一九二八年六月，認識謝氏阿女和楊克培，簡之思想愈左傾化。其周圍有簡娥、劉建業、潘欽德等皆急進分子。彼等在農組內開設社會科學研究會，以謝氏阿女及楊克培爲講師。

第四、張道福於一九二八年末加入文協和農組，努力參加社會運動。後受謝氏阿女、王萬得之指導，轉而信仰共產主義。

第五、林樑材與謝氏阿女、楊克培交遊，受其指導，共鳴共產主義。

謝雪紅在如此艱困境地中，仍能有這麼多收穫，證明她投身政治並非一時的熱情，也不是單憑勇謀，而是有堅定的思想信仰，決定要走下去的革命之路，才會置生死於度外，堅忍不移把黨的任務執行下去！

鍾問：謝雪紅要開國際書局，做為掩護黨的基地，在台共重整有了結果後，書局進行的怎樣？

陳答：謝在台中農組本部成立的「社會科學研究部」（讀書會性質），是在一九二八年九月廿三日結束的，結束的原因就是她要上台北開國際書局。所以，書局開辦是這年底努力的工作。

國際書局有五個重要工作夥伴，林日高、莊春火和謝是上海建黨時期的創立者，出獄後吸收的楊克培、楊春松，形成「國際書局同仁」，以後被視爲台共內部的一個派系，黨中央就設在這個書局。

籌建國際書局爲發展基地，是謝重整台共後最重要的工作。她原先打算將書店做黨中央的掩護，專賣左翼書籍、雜誌、報紙，同時在書局內設喫茶店（即咖啡店）。

鍾問：哇！她真是有生意頭腦，這種想法不僅很有創意，也是非常先進的構思，現在台北最吸引人潮的書局，不就是邊買書、看書，邊喝咖啡，沒想到謝雪紅在八十五年前，一九二八年就這樣經營，如果她不要搞革命，去經營生意事業，也許是大企業家！

陳答：我想當然是，按我對謝雪紅的研究，我對她很有信心，若她不搞革命，專心經營事業也定有大成就，甚至是大資本家，大大的剝削勞動大眾！但她不爲，我認爲這是她有智慧、有大仁大勇的地方。有所爲有所不爲，明知不可爲而爲，十足革命者的特質。

書局由謝雪紅和楊克培各自出資五百圓，按當時倭人竊據台島的規定，開書店要先加入「書籍商組合」，還要有人做保。謝找到經營文化書局的蔣渭水，也是台灣民眾黨的領航人，爲謝的書局做保。申報結果，書局獲准開設，兼營咖啡則未獲准，書店設在台北太平町二丁目，就在蔣渭水的文化書局對面。到一九三〇年，書局又搬到京町三丁目。因爲公開的只能賣書，黨的活動是秘密的，只能透過新文協和農組去擴張台共的發展。

書局另一位合夥人楊克培，他也是彰化人，一九二七年畢業於倭國政治科，同年到中國在武漢政府工農部服務。（民國十八年，蔣總司令率北伐軍克復武昌和南昌後，俄國顧問鮑羅廷 Michael Barodin）策動汪兆銘，在武漢另立國民黨中央和中央政府，史稱「寧漢分裂」。楊克培思想左傾，選左傾的武漢政府工作，武漢政府受第三國際指導，準備擴大判亂。國民黨政府乃決定在民國十六年七月十五日下令清黨，楊克培應是在這種情況下，盡快逃離武漢回到台灣。

鍾問：陳老師講起「寧漢分裂」我就知道了，相信大家對我國現代史有點印象，左傾的楊克培回到台灣很快被謝雪紅吸收！

陳答：謝楊合夥經營書店，外界傳言他們有戀情，因二人都是單身。實際上，二人從未有戀情發生，楊傾心於謝是事實，謝則從未動心。讓謝雪紅心動的，是小她七歲的楊克煌。

楊克煌是楊克培的堂弟，台中商專畢業，國際書局需要店員，經堂兄介紹來店裡工作，後因台共遭倭警逮捕，楊克煌也在名單中。二二八事後件，他和謝逃到大陸成爲終身夫妻。

鍾問：書局經營的情況如何？

陳答：國際書局專賣左翼書籍，當然爲宣傳社會主義。另一個目的是希望對台灣人有啓蒙作用，至於要啓蒙什麼？不能明說反倭，自然就是文化之根本、社會之根本源頭。但左翼思想在當時受到統治者打壓，專賣左翼書籍的書店也不好經營。據楊克煌的回憶，書店很快得到人民群眾的歡迎和支持，我以爲這種現象多半是人的好奇心使然。就像台灣在戒嚴時期，「黨外刊物」（左傾台獨）都熱賣大賣，等到解嚴開放，丟在地上都沒人要了。

樹大招風，何況左翼組織是倭人要追捕的對象。楊克煌回憶，很快受到敵人的橫暴鎮壓，書店被搜查、書籍被沒收、店員被逮捕，鬥爭充滿著危險⋯

2、**鍾問：陳老師說謝雪紅重整台共後，掌握了工農運動的主導權，她的指導原則為何？**

陳答：首先我們先講農民運動的指導原則。一九二八年十二月，台灣農民組合召開第二次大會，謝雪紅遵循上海建黨時的原則，提議如何指導島內農組的發展！以台共中央之名在農組大會提出十大政策要點：

㈠台共和農組有共同的奮鬥目標，打倒倭人帝國主義，廢除反動地主及其他一切封建殘餘。

㈡強化農組思想武裝必須發行全島性機關刊物，一方面爭取政治言論自由，並對農民展開思想訓練。

㈢土地是農民決生死的根本目標，提出「土地還給人民」、「土地公有化」的政策是正確的。

㈣就階級結構言，勞動者應掌握台灣革命指導權；農民雖未掌握革命指導權，卻是革命的同盟軍。

㈤農組應成立「自衛團」組織，用以守衛各種大會的召開，也可與倭警對抗。

㈥各地成立短期青年農民講習所，講授白話文、共產主義，無產階級等入門知識。

㈦發展全島性農民組合救濟部，擴大組織和救援範圍。因爲倭警對農組鎮壓和逮捕日益升高。

㈧台灣農民運動必須擴大視野，而與中國、倭人、朝鮮的農民攜手合作。

⑼吸收更多農民參加組織，包括貧農、雇農、青年農民和農村婦人。

⑽在農組內策動對連溫卿派系的鬥爭，連是機會主義者，也是反共的，他的勢力留在農組是台共的不利。與連同派系的楊貴、謝進來等，都必須清除。

鍾問：這十大政策，看起來很好，聽起來也動人，但能否執行？這比較重要，光用說的誰都會！

陳答：執行當然有很多困難，有的是客觀環境不成熟。例如第五條成立「自衛團」時機不宜，可能「頭將伸出即被砍掉」，因爲這類似「建軍」，統治者絕不會容忍。以共黨成立後建「紅軍」爲例，須要有很大的群眾基礎，有了地盤才能幹，才有能耐和當局對抗下去，以當時台共所處的環境，尚不可能自建武力。所以，農民運動不久就產生重大敗陣，這些待後面相關情節再說。

鍾問：陳老師再談談謝雪紅對工人運動的指導吧！

陳答：以謝雪紅爲首的台共，在工人運動的指導原則，是根據林木順所寫的一篇文章，「台灣勞動組合統一運動與當前左翼的任務」，這篇文章先在上海建黨演說，就由陳旺來譯成倭文，以「林先烈」筆名發展在東京《馬克斯主義》月刊（一九二五年三月）。

該文指出，一九二七年高雄機械工人罷工失敗，因沒有一個工人組織，停留在傳統的「共濟會」和「扶助會」的原始組織。再進而說，民眾黨在一九二八年二月成立的「工友總聯盟」，只是右翼布爾喬亞（Bourgeois，即資產階級）的改良，是資本家的「忠臣良民」，不可能和左翼工會站在統一戰線。以上諸種也因左翼工會太弱，克服之道在工會聯合成統一戰線，才能與資本家鬥爭以解放勞動階級。

但關於統一戰線，同是左翼者有不同主張，一派要立刻完成全島左翼工會的統一，另一派主張先組成同盟協議會。林木順也認為要立刻把左翼工會統一起來，而在島內實際負責領導台共的謝雪紅，提出完全不同的反對意見：

第一、勞動者無左右之分，對資本家的利害關係概同。左右未統一前，僅結合左翼工會，將增加左右尖銳對立，而使統一成為不可能。

第二、左右翼統一成單一工會，非經長期鬥爭不可。是故，只有左翼總工會完成，沒有真正的群眾基礎，頂多是幹部的集結而已。

第三、雙元的工會主義（左右分開發展），從國際主義看是錯的，一個地區只能有一個工會。

第四、連溫卿的只聯合左翼不可行，連受倭共山川主義影響，主張先解散共黨組織

（後說），這嚴重違反第三國際，台共亦不能接受。

鍾問：這裡面學問太大了！我不知道那一種合理或可行？陳老師以為呢？

陳答：我不能以結果論說那一種合理或可行！尤其政治運動更是難說，因爲連第三國際也在一九四三年就打烊了！

但我可以看出謝雪紅的構想如何的突出！如何的宏觀！她是由第三國際教育訓練培養出來的，她的思維正是第三國際的思維。一個地區一個工會才有力量，她聯合左翼也要團結右翼工會，這不僅是台共的發展，而是考量整個反倭運動的成長。換言之，謝要統一左右翼工會，也要掌握左右工會之領導權。

如何實踐完成謝的構想？就同是左翼同志，也有很多反對謝的主張。根據林木順以「林先烈」之名發表那篇文章，可知一些概梗：

首先：前衛者加速參加左右工會，教育大眾起來鬥爭。

其次：各地方協議會建立起來，促進左右共同鬥爭。

再次：組成統一聯盟，上而下，下而上，各地共同鬥爭。

最後：多數勞動者左翼化時，全島代表會議組成單一工會。謝的構想是漸進、有群眾基礎的，林木順不同意這種做法，認爲陷於「階段主義論」和「自然成長論」，在林木順的文章說了他的看法：

㈠左右對立尖銳化，是必然也是必需的。同意工人無左右之分，但左右翼幹部的劃分是存在的，左翼力量不結合起來就會分散掉。

㈡所謂「沒有群眾基礎」，等於證明代表群眾的台共沒有獲領導權。右翼有群眾，左翼難到沒有嗎？

㈢打破連溫卿的工會，左翼工會的結合是必須的。避開與右翼的接觸，才是真正犯了雙元主義的錯誤。

㈣連溫卿的主張不值得反駁。

鍾問：各家都有主張，對謝雪紅有何影響？

陳答：只能說謝雪紅是漸進的，林木順是急進的。林重視台共領導權，要激烈的鬥垮右翼，左翼的統一戰線才能完成；不鬥右翼，容其存在，才是犯了雙元主義大錯。此外，林重視上層領導權問題，謝關注基層群眾問題，這一點也顯示林遠在上海，不了解台灣基層群眾，已和現實脫節了。在對連溫卿的態度上，島內同志也認爲林不了解台灣近況，林也發現自己的錯，又寫一篇短文發表在次月的《馬克斯主義》月刊。（註一）

林在該文糾正自己的錯誤，也等於確立謝雪紅在黨中央的領導地位和策略正確；對於連溫卿也有新的主張，同意謝雪紅批判並鬥垮連的分裂論。這無異是台共向新文協下攻擊令，緊張關係於焉拉開。

經過以上林木順和島內中央的論辯，可以理解謝雪紅爲首的台共和其他政治團體的恩怨情仇，但也就此確立謝雪紅在台共的領導權威。

3、鍾問：陳老師，講完謝雪紅的農工運動指導原則，接下來要看她實際的執行成效了，首先農民運動的執行成效如何？

陳答：一九二八年十二月三十、三十一兩天，台灣農民組合全島代表在台中「樂舞台戲院」，召開第二次全島代表大會。計有一千多人參加，盛況空前，大會議長由楊春松擔任，議程基本上由謝雪紅在幕後指揮，議題也遵照台共的農民運動指導原則進行討論。

大會依照台共「農民問題對策」（這份文件是由林木順和陳來旺在東京撰寫，由新吸收的黨員林兌事前回台灣面交謝雪紅，謝再傳達給簡吉。），在大會議決議。是故，農組在謝雪紅奔走操作下，已經成爲完全被台共掌握的外圍組織。大會選出中央委員，名單如下：

簡吉、楊春松、黃信國、張行、陳德興、周渭然、莊萬生、陳崑崙、顏石吉、陳海、譚延芳、陳結、侯朝宗、林新木、蘇清江、江賜金，候補中央委員有劉建業、趙港、張玉蘭、曾金家、陳啟瑞、謝武烈、陳良、廖奕富、溫勝萬、劉溪南等。

這份農組的中委名單，簡吉、陳德興、趙港、顏石吉、陳崑崙都是台共幹部；而楊春松、陳結、江賜金、張玉蘭、侯朝宗等都是親台共的，謝雪紅完全台共重建後第一個革命大業。

鍾問：看起來容易，這麼快就使這麼大的組織完全質變，謝雪紅一定費了很多工夫，只是我們後人不知她如何穿針引線的，只能說她確是了不起！

陳答：是，許多穿針引線的細節吾人不得而知。但必是困難重重的，此次大會就受到倭警干擾，甚至在討論議案時也和倭警發生衝突，而有簡吉等八人被捕，大會決議未受影響，尤其最後大會發表的宣言非常精彩，對反帝、解放很有啓動性：

> 做為殖民地反帝國主義運動一大主力的台灣農民組合，為了有組織、有計畫、有意識的準備反擊萬惡帝國主義與反動地主，為了清算過去一年鬥爭運動的適用與不適用，遂排除了一切鎮壓與障礙，召集數百名勇敢而精銳的鬥士代表，在此狂風暴雨的壓抑下，召開了第二次全島大會。戰鬥的工人農民！一切被壓迫的民眾！台灣農民組合第二次大會的任務及其意義，是巨大而重要的。在我們的公敵帝國主義者尚未垮台、封建餘孽尚未殲滅、民族解放尚未成功的現在，不論是從民族的、政治的反帝國主義的戰線來看，或是從農民本身的土地、民主主義的解放運動來看，在這次大會所提出的工人結社問題，台日鮮共同委員會問題，大眾黨組織促進問題，機關誌問題，救援會問題，青年部、婦女部確立，關係到農民生存的耕作權之確立、生產物管理權之確立及小作料減免…等等問題，都是極其重要，也是在殖民政策蹂躪下的我們未嘗須臾或忘的問題。

這是農組的宣言，何嘗不也是台共的宣言。從內容看，合乎當時第三國際的政策和目標；考量農民工人的利益，也有國際的宏觀視野，把台灣的反帝解放運動，和共產國際的無產階級運動，緊密結合在一起。

鍾問：看樣子謝雪紅的反帝運動已經搞大了，反帝也等於要打倒小日本鬼子，把倭寇趕出台灣，而倭國已控制了全台灣，牠們能容忍嗎？

陳答：侵略者以其強大武力搶奪到的大餅不可能放手，更何況佔領台灣是進一步入侵中國和南洋的跳板，倭人數百年來以「消滅中國」爲其民族之天命。那允許殖民地上（台灣、朝鮮）有絲毫反倭勢力！

統治的倭人爲制壓左翼運動，並查清農組和台共的關係，於大會後二個月，一九二九年二月十二日，假「違反出版法」之名，對全島各地農組進行大搜查大逮捕行動。農組慘遭重挫，對台共也是重大打擊，史稱「二．一二事件」。

此事件中，全島各地農組各單位，及主要幹部住處三百多地方被搜查。傳訊了五十九人，結果有十三人，侯朝宗、陳崑崙、顏石吉、蘇清江、簡吉、楊春松、江賜金、張行、陳德興、譚延芳、陳海、黃信國、林新木，都被判十個月有期徒刑。

這回農組的重挫，使原有一萬一千多會員，降到九千多人。不幸中的大幸，倭警突然來查，謝雪紅把手中的文件藏入糞坑，台共在這次搜捕才未暴露出來，但國際書局許多書被沒收，使得謝不得不思考新做法。農組成員顏錦華，事後不久寫了一份報告，「二．一二事件的歷史意義」說：

> 二．一二事件，其實是台灣無產階級運動中偉大的、劃時代的事件。我們要把現在這個事件，當做台灣階級鬥爭史上生死存亡的轉換期。台灣有階級鬥爭歷史以來，兩階級陣營內像這樣大規模的敵對與變化，是未曾有過的。而且，這也是對台灣唯一的大眾團體台灣農民組合，所加諸的最大鎮壓。

正當謝雪紅領導的台共重挫之餘，她思索新的策略準備有所突破。又因倭國發生「四．一六事件」，台共再一次受到重大打擊，倭共亦全軍滅頂，台共只能獨自奮鬥了。

4、鍾問：謝雪紅如何思索新策略脫困？提出怎樣的新方針？「四．一六事件」有多嚴重？

陳答：「二．一二事件」不論對農組、台共或謝雪紅，都是重大打擊，但也就在這個受到嚴重挫敗的當頭，才能真正看出身為革命者的情操，及與眾不同之處。例如，孫中山的革命大業，若在前幾回挫敗就退縮，也許沒有未來的成功、沒有中國的新生，今日未必就有中國的崛起。我研究謝雪紅的一生，發現她和中山先生有類似革命者的特質，差別僅在信仰主義不同和功業大小。

根據楊克煌在《台灣人民民族解放鬥爭小史》一書，「二．一二事件」後，謝不僅未退縮，且判斷整個當面情勢，在一九二九年春提出台共的新奮鬥方向，在黨內也形成新共識、新政策：

第一、與倭共中共取得緊密聯繫，進一步和倭國無產階級革命運動配合，須派黨代表到倭國聯繫。

第二、右派工會統一後，左派工會也要統一起來。自倭國、大陸回來的留學生，應派到礦山、鐵路、工廠去從事組織工作。聯合右派工會的進步份子，對「墮落幹部」展開批判鬥爭。

第三、強化對農組的領導，北部農民仍未動員起來，台共要積極協助其組織動員。

第四、確立對新文協的指導，使該會在小市民和勞苦大眾中普遍建立起來，進行政治宣傳。

第五、對台灣民眾黨中最反動的份子，應在大眾中揭發其「投靠倭帝、實行改良主義」的反民族利益的欺騙政策。對其黨中的民族主義者，爭取他們的合作，共同參加反倭陣營。

鍾問：為什麼想到要和倭共聯繫？沒想到要和中共聯繫？但就新方針看，確實有新意，只是難度也很高，她不是已成倭警的眼中釘嗎？

陳答：可能按照當時第三國際全球布局，殖民地台灣由其統治的「母國」負責指導。正當謝要和倭共聯繫之際，倭共也慘遭當局毀滅性的蹂躪。遠在東京的台共支部，也遭受到前所未有的大逮捕。

先是一九二八年三月十五日，倭警發動大逮捕，倭共領袖佐野學、渡邊政之輔、市川正一（Ichikawa Shoichi）、鍋山貞親等，幸而躲過逮捕得以逃亡。史稱「三・一五事件」，倭共積極重整中。但此時，倭國正加速要侵略中國，也要對倭共展開全面鎮壓。

一九二九年三月十八日，倭共東京領袖菊池克己（kikuchi katsumi）被捕，倭警獲得一批倭共中央直屬成員資料。三月廿六日，間庭末吉（Maniwa Suekichi）在家中被捕，並查獲重要文件，台共東京支部陳來旺、林兌、林添進等均被捕，台島內台共文件都暴露。

間庭末吉落網後，幾乎所有倭共情況都被倭警掌握。於是，四月十六日，倭警進行全國全面大逮捕，佐野學、德田球一、鍋山貞親、市川正一、高橋貞樹，領導階層要員全部落網。其中，佐野學和鍋山貞親逃亡到中國，倭警透過國民黨的情治系統，捕獲這二人送給倭警。

鍾問：按第三國際的布局。倭共負責指導台共成立和發展，現在倭共等於被全面毀滅，台共是不是成了孤兒？只有孤軍奮戰！

陳答：倭共受到全面破壞，對台共或謝雪紅都是重大打擊，但也因爲如此，台共和中共有了更緊密的連接，可以說中共逐漸因倭共的衰敗而掌控台共指導權。此雖違反第三國際布局，客觀情勢卻這樣發展，可能另有一個重要因素使台共受制於中共。

當時第三國際東方局設在上海，倭共想要和第三國際聯繫要到上海，自然不能避開中共；台共更要經由中共才能聯繫上第三國際。等到倭共受到大毀滅後，中共等於獨佔了第三國際的通路，殘餘的倭共和孤立的台共全被中共所掌控。這除了叢林中大魚吃小魚的自然生態外，或許中共感受到台灣和中國的關係重要，必須掌控是一個可以解釋得通的理由。

當時中共負責和第三國際聯絡的人是瞿秋白，留在上海的台共聯絡人是翁澤生，翁是瞿秋白在上海大學時的學生，這也重要因緣。翁澤生的兒子翁黎光（後改名：林江），在「回憶父親翁澤生烈士」一文回憶說：

那時瞿秋白同志是父親的老師，很喜歡父親。而父親受到秋白同志的教誨後，思想進步也很快：日本在本國遭到嚴重破壞，共產國際遂委託中共領導台共。當時的中共中央書記是瞿秋白同志，而父親又是秋白同志的學生，所以其中聯絡工作，便多由父親來擔任。

鍾問：這麼說，中共領導台共是時局創造的機會？

陳答：從一九二八年十月六日渡邊死亡，十月十八日「中國共產黨台灣支部」在台北成立，台共就不是一個獨立的黨，客觀情勢使然，致於說中共意識到台灣的重要，只是一個推論。

前面翁澤生之言有學者質疑，謂翁是中共黨員，惟台共從上海建黨就有中共黨員加入，且「雙重黨員」身份的人愈來愈多，有學者解釋中共向謝雪紅奪權。但也有濃厚的「私仇」成份，例如謝雪紅開除了謝玉鵑台共黨籍，她是翁的妻子，翁能不復仇乎？

5、鍾問：謝雪紅的另一個重大任務是工人運動，她如何介入台灣工運並也取得主導權？

陳答：農組和台共經「二．一二事件」挫敗，使得一些意志不堅者退出，在謝雪紅看來等於做了一次「清黨」工作，使台共對農組的領導權更穩固，更富理想色彩。謝雪紅下一步要幹的是奪工會領導權，使台灣的工農群眾完全接受台共的領導。工人運動的領導者是新文協的連溫卿，他也是左翼運動的領導者。按謝雪紅的計畫構想，鬥垮連溫卿是既定方針；根據林木順在「關於台灣勞動組合統一問題的訂正和補充」一文，也主張對連溫卿展開最強烈的批判鬥爭，逐出新文協。

鍾問：連溫卿和謝雪紅領導的台共，同屬左翼陣營，應該要聯合、統一，為何要鬥垮他？

陳答：這是因爲連溫卿是受到倭國「山川主義」影響的左翼運動者，所以這裡要先講山川主義是什麼？才能理解台共爲何要鬥倒新文協工會領導人連溫卿？

時間回到一九二二年倭國共產黨成立，倭共有關國際關係有如下主張：㈠停止一切對外干涉；㈡由朝鮮、中國、台灣及庫頁島撤軍；㈢承認蘇聯。這和倭國的對外侵略國策相違背，尤其違反倭人數百年來「消滅中國」的歷史傳統。於是，次年倭共菁英全被當局逮捕關起來，僥倖逃亡者面臨「解黨」和「重建」的選擇。

主張解散倭國共產黨的是山川均（Yamakawa Hitoshi）爲首。他主要觀點認爲：㈠

倭國資本主義尚未完全成熟，革命時機不對。㈡共產黨須以「合法」方式成立，進行合法活動。㈢無產階級意識的成長應自然發生，不是宣傳使其發生。㈣倭國應發展適合自己社會條件的革命路線，不是照用列寧主義。這就是「山川主義」的核心思維，根本已違反共產國際主張，尤其主張解散倭國共產黨，爲第三國際不能接受。

鍾問：原來如此，解散了共產黨就沒了！台共當然也不能接受。

陳答：確實連台共也沒得玩了。一九二四年那些被關的倭共次第出獄，一些主張「重建」者成立了委員會，一九二六年十二月舉行重建大會。這次大會決議採「福本和夫」（Fukumoto kazuo）路線，通稱「分離」和「結合」兩個途徑（也是策略），透過理論鬥爭把動搖的馬列主義分離清除出去，把純粹堅定的馬列主義者結合起來。結論是要走純淨的馬列路線，遵守共產國際的決策和指令。

當謝雪紅還在莫斯科東大進修時，山川主義和福本主義已然展開強烈的理論鬥爭，她必也「親自觀戰」或也涉入戰局。當時莫斯科的「日本委員會」執行委員片山潛，把兩派代表召集到莫斯科。一九二七年七月，在共產國際指導下，兩派進行辯論檢驗，也研究福本主義的缺陷，重新制訂一個「一九二七年綱領」，等於是一個重建新黨的指導要鋼。新黨的委員長是德田球一，政治部長是福本和夫，組織部長是渡邊政之輔，渡邊就是後來倭共和台共的聯繫者。

鍾問：陳老師說到這裡，相信聽眾已經了解台共為何要批鬥同是左傾的連溫卿，因為他受山川主義影響，整個路線違反了第三國際的基本政策！

陳答：是。包含新文學的楊貴（楊逵）和新文協的連溫卿，都是山川主義的左翼運動者。

當此時，台島內工運有兩個系統，一是台灣民眾黨蔣渭水領導的台灣工友總聯盟，屬右翼工會，成立於一九二八年二月十九日；另一是文協連溫卿領導的台灣機械工會聯合會，屬左翼工會，成立於一九二八年元月一日。台共準備先奪左翼工會領導權，再和右翼談聯合。

連溫卿因受山川主義影響，強調要合法的活動。因此，他領導的文協和工會，都想只在殖民體制內從事活動，基本上已不反日、非共產的團體。台共要鬥垮連，除了有思想上的衝突，還有權力鬥爭的衝突。連在組成台灣機械工會聯合會後，進而要組建台灣總工會，與右翼爭工運領導權，這構想和台共籌建「台灣赤色總工會」相衝突，台共那能坐視！

謝雪紅一面利用文協和台共從外進攻，一面利用連溫卿內部以王敏川爲首的「上大派」，弱化連的勢力。一九二九年十一月三日，新文協第三次全島代表大會在彰化舉行，五十二人出席，來賓四十人，列席六十多人。這次大會謝雪紅並不親自出馬，而是透過農組內的台共成員出戰，大會任務就是要把連溫卿除名，逐出新文協。在大會中，出現一份以「台灣農民組合本部」之名的檄文，題爲「關於排擊左翼社會民主主義者連溫卿一派致代表諸君檄文」，主要內容指控連派洩露組織機密、擾亂農組重整，是分裂主義者。大會也順利按照議程進行，通過了除名提案。

接著，十一月十九、廿兩天舉行中央委員會，正式對未出席的連溫卿提出譴責，公告連的五大罪名：

(一)連溫卿污辱了文協的體面。

(二)連溫卿擾亂了文協的體面。

(三)連溫卿濫用職權，傷害文協的威信。

(四)連溫卿一派捏造會員的資格。

(五)連溫卿派人士擾亂了反抗運動的戰線。

鍾問：謝雪紅大獲全勝，台共現在掌控農民運動的領導權，又掌握工運領導權，台共成了左翼盟主！

陳答：到一九二九年底，農組和文協都成了台共的外圍組織。此外，剩下右翼的台灣民眾黨，此時正陷分裂，到一九三〇年，林獻堂、蔡培火、葉榮鐘、蔡式穀等人，認爲蔣渭水已經左傾，退出民眾黨，另組「台灣地方自治聯盟。」

但人很奇怪，外部敵人打敗了，通常敵人就從內部出現，內鬥分裂於焉開始。只是政治團體的內鬥，總會有些「冰凍三尺非一日之寒」的恩怨情仇。就像二〇一三年「九月政爭」，馬英九爲何要鬥垮王金平，這是多年積怨啊！

註釋：

註一：林木順這兩篇以「林先烈」筆名發表的文章，都由陳來旺譯成倭文發展。㈠林先烈，「台灣に於ける労働組合統一運動と左翼当面の任務」，《マルワス主義》，第五五號，（東京：一九二九年三月）；㈡林先烈，「台灣労働組合統一問題につへの訂正と補足」，《マルクス主義》，第五六號，（東京：一九二九年四月）。

第6章 台共的路線鬥爭與分裂

■左上：潘欽信是台共大逮捕中被判刑最重的一位，有期徒刑十四年，攝於一九二五年左右上海大學的時期。（潘欽信家屬提供）

■右上：潘欽信攝於一九五一年的上海。中共懷疑他的政治立場，於一九五二年病逝（一說餓死）。（潘欽信家屬提供）

■下圖：潘欽信妻與女兒潘秀貞攝於潘欽信墓前，中國蘇州。

■左圖：楊克皇攝於一九三〇年被日警逮捕之前，當時是國際書局的店員，他也是書局的合夥人之一。（楊麥女士提供）
■右圖：楊克煌於一九三八年的台中。此時他已出獄，並結婚育女，當時謝雪紅仍在獄中。（楊麥女士提供）

第6章 台共的路線鬥爭與分裂

1、**鍾問：陳老師，這節開始你要為本節目聽眾講台共的路線鬥爭和分裂，再往後還有台共的極左冒進和黨的滅亡，為什麼台共快起快落，激烈的鬥爭、分裂，也很快覆沒？這和台灣歷史或處境有關嗎？請陳老師也談談大環境、大歷史和台共的關係！**

陳答：從大歷史、大環境來看台共，我認爲台共的快起快落，很快的鬥爭、分裂到滅亡，本質（結構）上是大環境、大歷史使然，非謝雪紅之過，就算神仙也不能改變大歷史、大環境的限制。所以，台共的快速分裂和覆沒，根本是宿命的、命定的，這是我研究台共起落所得到的一個觀點。

鍾問：陳老師！何謂大歷史？大環境？

陳答：所謂大歷史，是在一個空間（地緣）關係內，觀察二百年以上時間，找出真發展限制，所呈現有規律的特別現象。所謂大環境，自身環境以外不能掌握的環境因素，以台共所處環境爲例，倭國、中國和第三國際、俄國等政局，都是大環境。從大歷史看台灣，它永遠在分歧、分裂、滅亡（被統一）的過程中輪迴。四百年前鄭成功走了，他的兒孫便有統獨兩派，鬥爭必到滅亡（被統一）爲止。台灣成爲倭國殖民地五十年，也必然出現三種思想：回歸中國統一、獨立、當倭奴皇民；當年台島內部也不外這三種思想的衝突，就是台共內部也有依倭依中或自主的路線之爭。現了現在二〇一三年我在整理復興電台訪談錄時，觀察台灣內部政爭，還是這三種思想鬥爭相持不下。《遠望》雜誌第三〇一期（二〇一三年十月），旅美作家阿修伯有「外省人皇民化」一文：

> 今年六月十七日臺北市長郝龍斌委託「南村落總監」美食家韓良露女士策劃主持北投公園百歲生日及北投公園創立人日人井村大吉紀念碑揭幕式，表演變裝歷史劇，肯定日本人對台灣的建設和貢獻。由臺北市官員觀傳局長趙心屏穿著日本和服出場。更令人吃驚的是，神風特攻隊的後人與和服少女出場說明，少女奉獻處女初夜給報效皇國視死如歸的特攻隊員勇士，就在現場眼前的「佳山旅館」進行（現北投文物館）。台灣人重溫了日本統治時浪漫悲壯又溫馨的歷史，再發

皇民思古之幽情，對日本崇拜懷念感恩不已。

郝龍斌和韓良露都是外省人（江蘇）第二代，郝父郝伯村還是國軍抗日將領，今天居住在臺北市北投演出如此不堪的媚日皇民醜劇，真是不可思議呀！外省人果然直接皇民化了。

話說一八九五年三月二十三日，日本皇軍混成支隊佔領了澎湖，五月二十九日近衛師團能久親王率部登陸臺北澳底，南下掃蕩殺戮十萬台灣人。六月十七日平定全台，第一任總督樺山資紀在臺北隆重舉行始政典禮。原來臺北市政府慶祝紀念北投公園百年是這樣的一個日子！是台灣人被征服、被屠殺、被奴役的日子！是應該哀傷痛哭的日子！

在兩蔣統治台灣時，每年十月二十五日都隆重慶祝台灣光復節。輝扁台獨時代，廢止了紀念台灣光復節。馬英九當選總統國民黨再度執政卻不敢恢復紀念台灣光復節，自己承認了中華民國只是一個名不正言不順的流亡政府！

也是外省人（湖南）第二代的馬英九，心懷原罪情結處處討好李登輝，第一次當選首先向李拜年，阿修伯就勸他不必如此，想不到第二年他還是首先向李拜年。更可笑的是李開刀手術入院，他竟硬闖醫院探病，被李斥：「玩政治！不懂禮貌！」多年來李一直對他恥笑戲弄，罵他是HI JAR GAW。

馬英九也討好台獨皇民媚日衷情不遺餘力，為八田與一立碑立像還要建紀念公園，卑屈的太過份了，失格失調令人痛心。看看同樣被日本統治過的韓國人，做為台灣人怎能不慚愧見羞！

可以想見，「皇民化」餘毒多麼可怕！絕大多數仍是不知不覺的，連馬英九、郝龍斌之輩都還搞不清狀況；或者搞清也還考量政治利益無法擺脫倭奴皇民糾纏，而配合演出媚倭醜劇，也真是悲哀。所以，我看台共的內鬥、分裂，和現在台灣政局內鬥分裂，本質上無差，馬英九和謝雪紅的「唐吉訶德」堅持如同一人，王金平和那些機會主義者有何差別？

我先談這個大歷史、大環境的限制，想讓大家對後面的情節，台共大內鬥、分裂，謝雪紅被無情的鬥垮了，不要覺得太悲情。四百年台灣史，悲情已是一種常態，即是常態就勿須感傷。

2、鍾問：那麼我們就進入台共內鬥、分裂，大致有那些情節？

陳答：台共的內鬥、分裂遠因追到建黨之初，按第三國際的安排，要成爲倭國共黨的支部，就已經產生矛盾，加上中共也要掌控台共領導權，這就加速台共的分歧，等於台共有三個老闆（倭共、中共、第三國際），謝雪紅要聽誰的？何況三個老闆也在鬥爭，謝在這個男人掌控的世界建立自己的領導地位，難啊！

爲簡化內容，避免太複雜，方便大家理解。我從三方面講：（一）翁澤生授意王萬得等上大派迂迴第三國際推翻謝雪紅的領導權；（二）激進左翼蘇新鬥漸進左翼謝導至工運路線分歧；（三）松山會議鬥垮謝雪紅。

鍾問：陳老師說台共分裂很早就種下因苗，有那些較早的因素？

陳答：回顧一九二八年四月台共在上海建黨，當時中央委員和後補委員有林木順、林日高、蔡孝乾、莊春火、洪朝宗、翁澤生、謝雪紅、陳來旺等八人。其中翁澤生在一九二五年讀上海大學，並加入中國共產黨，他是瞿秋白的學生，瞿當時是中共中央書記。

建黨幾天後發生「上海讀書會事件」，黨員被捕的被捕，逃亡的逃亡，謝雪紅被遣送回台，同年六月二日在台北獲釋。出獄後的謝重整台共，開除蔡孝乾、洪朝宗、潘欽信、謝玉鵑（翁澤生妻），從此結下解不開的仇恨，翁澤生和蔡孝乾成了謝雪紅的天敵，其他人也想出一口氣。我認爲這裡很大成份是兩性問題，別說百年前，就是現在的台灣，男黨員被女黨主席開除了黨籍，也絕對忍不下那口氣，是非對錯根本不重要。

還有一個遠因，一九二八年十月渡邊政之輔在基隆身亡，倭共對台共的指導權從此中斷；十月十八日，「中國共產黨台灣支部」馬上在台北成立，加入台共的黨員有多位是中共黨員或共青團員，包括王萬得、吳拱照、劉守鴻、翁澤生、潘欽信等人，這些人後來隨時磨刀，都在找機會向謝雪紅奪權。按我的研究，我認爲中共不顧第三國際的布局規定，根本早已有意要掌控台共的領導權，使「中國共產黨台灣支部」名實相合，從歷史檢驗，這是正確的做法。

話頭回到一九二九年十一月，連溫卿被逐出文協，由謝雪紅在幕後一手策畫指揮，由從中國回來的王萬得、劉守鴻等「上大派」青年完成任務。表面上看，王劉等人回來幫謝打敗敵人，實際上他們已得到翁澤生「授權」，要向謝雪紅奪權。

鍾問：謝雪紅算一黨之主席，台灣左翼最高領袖，要怎樣奪權？一定很精彩了！

陳答：台共鬥垮了連溫卿勢力，並將連逐出文協，台北地區的左翼領導權出現空虛狀態，王萬得被指定爲台北地區負責人。從歷史的蛛絲螞跡觀察，王萬得等上大派之敢於對謝雪紅奪權，除了有翁澤生授權，與第三國際的激進左翼和中共政策應該有關的，故瞿秋白應也知道這個奪權計畫。

原來謝雪紅雖是堅定的無產階級革命戰士，但她是一個漸進主義者，從她重整台共、掌控農組和文協領導權，就清楚了她的策略，她往往先用滲透使政治團體慢慢質變，成爲左翼組織。

當謝雪紅成爲左翼最高領袖後，必須再奪取之目標只剩下右翼的台灣民眾黨，謝也用滲透方法要使其左翼化。她先介紹上海大學出身的陳其昌認識蔣渭水，不久陳其昌擔任蔣的秘書，蔣受影響而左傾，到一九三〇年，林獻堂、蔡培火、葉榮鐘、蔡式穀等人，都以蔣渭水左傾爲由，退出民眾黨。從以上那些成績，看得出謝雪紅的辦法緩慢漸進，但能有一定且比較可靠的成果。

但從王萬得等一批上大派青年來說，謝雪紅的漸進等於不進，而是「不動主義」和「閉門主義」，太過於保守。王萬得等人一定受到第三國際評估當時世界經濟大恐慌的影響，認爲全面出擊、立即發動革命的機會到了；又受到中共左傾冒進影響，以爲可以「這裡暴動、那裡暴動」，佔領一個地區就可以自成獨立的「蘇區」，建立紅軍。殊不知在大陸可以，在台灣則行不通，台灣太小，微小得任何一個小點想造反，都會被統治者以無情的優勢戰火，徹底的鎮壓和消滅，我認爲是上大派誤判情勢。

鍾問：是啊！台灣太小了，要革命沒機會，想造反更不可能，一下就被抓去關起來！

陳答：的確是，有史以來，台灣還沒有經由革命或造反的方式推翻統治者的記錄，這和台灣地理環境易於鎮壓和控制有關。對統治者大有利益，對革命者則大大的不利。

王萬得等上大派和謝雪紅的分歧，同時也體現在對文協的處理態度上。儘管連溫卿已被逐出文協，王敏川成爲文協的新領導，忠誠的作爲台共的外圍組織，可以掩護並協助台共擴張，謝雪紅認爲這是很好的「合作」模式，文協應保留持續發展，才是對台共發展最有利。

但上大派不做如是設想，而主張要解散文協。理由是現階段要加速全面左傾化，文協存在妨礙中共發展，故須解散文協。按我研究，這也是上大派受第三國際和中共影響而誤判情勢，故看不清文協對台共的利基（掩護、協助）。以爲中共的左傾冒進可套用在台灣，以爲台灣的革命情勢不斷高漲，以爲可以不斷革命，可以發動一波的革命風潮。

3、鍾問：左傾冒進王義確實是上大派奪權的理由，是否還有一些私人恩怨？或許也很複雜了！

陳答：私人恩怨很濃厚，謝雪紅開除那四位黨員都成了謝的天敵；還有兩性間傳統關係破裂，男人竟被女主管開除了，嚴重傷害男人的自尊，那些男人無論如何要假公（第三國際或中共）報私仇，在人性中是最難結開的結，尤其政治鬥爭更能合理化所有的私慾和惡行，乃至仁義道德都在政治私慾的腳下了。這可以想見謝雪紅在那個純屬男人的世界，要領導革命是困難而孤立的。

根據謝雪紅在獄中的口供，她送給翁澤生的報告，要轉達給中共，但到他手上都斷了，因而中共完全不知道台共實情，王萬得從大陸回來也帶著挑戰的態度。因此，種種徵候顯示，在背後策畫分裂台共並向謝雪紅奪權，進而掌控台共領導權，就是翁澤生。

鍾問：這到底是報仇雪恨還是執行第三國際指令？或中共指令？恐怕很難說清楚講明白了！還有更大的殺傷力嗎？

陳答：後來的發展對台共產生更大殺傷力。台共在一九二九年十月召開中央委員會，因倭共聯繫中斷，決議派組織部長林日高到上海連繫翁澤生。（另依楊克煌在《我的回憶》說，是一九三〇年六月林去上海。）就在林日高赴上海之際，翁澤生派人和謝雪紅接洽，要她派兩個適宜的人，參加海參威「赤色職工國際」（PROF INTERN）第五次大會。謝派農組會員陳德興和林朝宗前往與會，後林中途因故又回台，陳德興於七月到達上海。

根據史料所示，林日高以台共代表身份到上海見了翁澤生，目的要和中共高層或第三國際東方局聯絡，但飽受翁的冷落。林日高向翁報告台島內黨的活動現況，翁說「台灣的黨幾乎已和群眾脫離，而且以目前這種不過是讀書會小組的情況來看，有必須予以根本的改革。」翁等於否定了謝在台灣的努力，也對島內情況有很大隔閡。林日高寫的台島情況報告，請翁轉第三國際批示，均無下文。林日高挫折之餘，七月回台向謝報告，十月就退黨了，不久莊春火也退黨。他二人的退黨，莊春火在他的回憶另有別說：

> 「林日高無功而返，謝雪紅頗為不滿，就質問他到上海辦了些什麼事?林日高答以買了些給太太的用品，謝雪紅諷刺他是在為太太辦嫁粧。更嚴重的是，謝雪紅未經會議議決，竟以蠻橫的口吻要林日高把台共的書記的職務交給她。林日

高受此侮辱，頗難以忍受；加之與日共的聯絡工作不順利。台共的經費當時又非常拮据；林日高把家中分得的土地變賣殆盡，出了不少錢。台共黨又不比文化協會林獻堂、羅萬俥等資產階級有萬貫家財，故對黨的資金難有挹注，台共已至羅掘俱窮的地步。而第三國際在國共分裂後，代表、顧問紛紛從中國調回來蘇聯，東方局也只得轉入地下，這都對台共的發展不利。謝雪紅既想橫加奪權，林日高也就退出台共了。」至於莊春火本人的退黨，他說：「我看到謝雪紅霸道、蠻橫的態度也頗為不滿。再說，當時林日高拿台共黨綱給我看，我便反對。我認為，台灣當時的階級分化還沒那麼明顯，地主還有其可利用的價值。因此，我也就退出台共，繼續從事在台共成立之前就已在做的基層群眾工作。」

鍾問：莊春火所言應有幾分真實，畢竟謝雪紅並非那種溫柔體貼侍候男人的女人！

陳答：林莊二人退黨，台共中央剩謝一人，王萬得本欲給她最後一擊，想到台共她一手建立，其他基層一定會反擊。決定迂迴，經由第三國際名義推翻她的領導，謝雪紅最聽從第三國際的指令。

要鬥垮謝雪紅的，另有一支蘇新的工運力量，也因激進左翼和漸進左翼的分歧，和謝雪紅展開大鬥法，台共的分裂至此已不能挽回。

4、鍾問：謝雪紅所領導的台共，在工運路線上也產生很大的鬥爭分裂，情況如何？

陳答：在工人運動路線上敢於挑戰謝雪紅者，是從倭國東京外語學校回來的台共黨員蘇新。他是台南佳里人，在東京時與台灣留學生組成「東京台灣社會科學研究會」，一九二七年在會中成立「馬克斯主義小組」，陳來旺也是這小組成員。這個蘇新更絕，他至晚年去世，仍不承認接受過謝雪紅的領導，也說在東京的台共和台灣謝雪紅領導的台共，完全沒有直接的領道關係，而是直屬中共中央的領導。

蘇新的說法是有問題的，可能是男性沙文主義在作怪。至少按第三國際規定，台共是倭國共黨的支部，後來倭共中斷，實際上成了中共領導台共。蘇新自己是台共黨員，謝雪紅是台共創立並領導者，那蘇新是什麼身份？

蘇新在回憶錄（蘇新口述、蔡福同整理）說，「國內也派人回來跟我聯絡，就是我提過的翁澤生⋯島內的領導工作，謝雪紅實在沒有辦法再做下去⋯」。這又說明，翁澤生聯合留中、留倭的台灣青年，對謝雪紅進行大包圍戰，不擇手段要奪領導權，就得鬥垮謝雪紅。

工人運動也是一個大戰場。蘇新於一九二九年四月和好友也是黨員的蕭來福回到台灣，謝雪紅派蕭在農組中央活動，派蘇在太平山林場（羅東郡）活動，蘇蕭二人積極經營並擴張工運新領域。八月，二人合作籌組「台灣礦山工會組織會議」，到一九三〇年五月成立「礦山工會組織準備會」。他們的目標是建立全島左翼工會統一陣營，最終成爲台共所領導的赤色總工會。

謝雪紅、林木順的策略顯然不同，台共要先發展有群眾基礎的左翼工會，等到左翼能在穩定中發展，才去聯合右翼工會，當左右翼能結合時，台共才爭取領導權並建立赤色總工會。這就是謝雪紅主張的「漸進論」和「左右合一論」，她一路走來，都是採用漸進、滲透法，實證結果也有效。

鍾問：實證是檢驗真理唯一的方法，既然謝雪紅的辦法有用，還要鬥什麼？

陳答：這是政治鬥爭奇怪、難解和弔詭的地方，觀察古今中外的政治鬥爭，包括國共鬥爭近百年，二〇一三年馬英九鬥王金平（據聞王先鬥馬，於是馬先發動）的「九月政爭」，已經不在關說和監聽上。

左右翼要等到何時才結合？若不結合難到就永遠不建立赤色總工會。蘇新也有他樂觀的理由，他是直接介入工運的，他在三個地區有很好的條件：㈠台北地區王萬得；㈡高雄地區蕭來福；㈢他自己在基隆開展工運新天地，創辦《礦山工人》刊物做政治宣傳。這三個地區理念相同，他們成爲同盟。

蘇新籌備礦山工會行動綱領，有一條「爲建立單一台灣總工會而鬥爭」。這和謝雪紅強調「聯合陣線」的看法不同，謝要聯合右翼；蘇新完全排除右翼，只建立堅強的左翼工會。

這兩條路線在「本質」上有何不同？若不說明可能許多人還是不懂。原來謝雪紅從台灣被殖民的觀點，認爲真正的敵人只有竊據台島的倭人，只要把台灣人從倭國解放出來，過程中資產階級和小資產階級只是次要敵人——現階段可聯合的朋友，也是可以信任的。這是站在民族的立場發言，認爲資產階級也是受到殖民者的壓迫。

蘇新觀點反之，資產階級都是不可信的，他們和統治的倭人有相當程度的「共同體」，妥協性大於革命性（因爲有錢有產，不會跟無產階級去革命。）這是很有道理的，民主社會有一種「中產階級」理論，是相同的道理。

蘇新和謝雪紅的工運策略產生太大歧異，又沒有調合、妥協的可能，除了奪權之爭外，雙方性格也重要。謝是意志堅定的革命者，據我的研究她的一生，沒有因任何事而妥協，包含後來文革被鬥也不妥協。而蘇新年青、積極（比謝積極），也沒有妥協空間。到一九三〇年十月的松山會議，雙方分裂開始白熱化。

5、鍾問：嚴重的思想分歧，若不能經由一個檢討會使雙方得到共識，大概就只有各走各的路，所謂志同道合，物以類聚，松山會議有機會找到共識點嗎？

陳答：若排除所有外在因素（第三國際、中共），是可以的，因爲松山會議是台共重整以來，規模較大且最有意義的內部檢討會。而會議形成的原因，必然因內部很多意見分歧擺不平，最緊要是一批少壯派在他們的地盤已打出好成績，他們想要衝、衝、衝，而謝雪紅的「漸進論」讓大家衝不出去，他們也覺得領導中心太弱，不夠堅強，這批少壯派對謝不滿。

一九三〇年十月廿七日到廿九日共三天，謝雪紅在台北松山莊上塔悠的張寬裕家中，召開台共黨中央委員會，謝擔任主席，王萬得書記，出席者還有楊克煌、吳拱照、趙港、莊守、蘇新等人。

這批漸漸掌握大權的少壯派，在台共各外圍組織站穩了腳，就想要奪取更大的「餅」，包括工運組織的蘇新、蕭來福；農組的趙港、陳德興；文協的吳拱照、王萬得等人。但其實這些人應該感激謝雪紅才對，當初台共黨員被倭警大逮捕，男黨員逃的逃、跑的跑，黨形同解散。謝在艱困中重整，進而主導文協和工會，打下了江山交給少壯去經營，現在少壯派要用松山會議鬥爭謝雪紅。

松山會議由謝擔任主席，她承認台共發展的三大問題：倭警鎮壓、黨員停滯和黨中央怠慢，希望經由黨大會找出新方針。會中各外圍組織領導人各自提出工作報告，在討論議案中有兩個問題仍無交集，一者解散文協，二者建立赤色總工會。

鍾問：任何問題沒有交集，是不是就要走上分手的結果？前面談到這兩個問題，雙方都覺得有理論根據，但理論歸理論，必須有效實踐，證明可行才是真理論，是不是？陳老師！

陳答：當然是，在現實環境中不可行、不能行，光把理論說得天花亂醉何用之有？前面兩個沒有交集的問題，都涉及台灣殖民社會的屬性爭議。歷史發展的結果，是激進左翼贏了，謝雪紅的漸進左翼輸了。但一時贏的不一定正確，一時輸的也不一定錯誤。（就是蔣毛之爭也是這個道理）後來蘇新在「連溫卿與台灣文化協會」一文，檢討這個問題：

一九二九年十一月三日文協第二次分裂時，我已經從日本回台灣（一九二九年四月間）。但當時我是負責北部地區黨的地下工作和工運工作，對文協問題沒有插手，黨中央也沒有徵求過我的意見……極左份子以為「唯我獨革」、「唯我獨左」，別人都是不革命、反革命、右派；其實極左份子不僅害革命、害別人，而且最後還害了自己。

蘇新的論點證之史實是正確的，也證明謝雪紅的漸進論才是正確的。但蘇新發表這篇文章是在半個多世紀後的一九八二年二月，在《台灣雜誌》第十八期（紐澤西）上面。就好像共產黨搞了半個多世紀，走共產主義、毛澤東思想、馬列路線，結果證明那些是錯的，打了敗仗流亡台灣的「蔣幫」才是正確的，真是情何以堪！

松山會議並未解決黨內的分裂問題，以王萬得爲中心的上大派也不服謝雪紅的領導。一九三〇年十二月廿八日，王萬得、蘇新、蕭來福根據松山會決議，成立「臨時工會運動指導部」，要推動的任務有兩個重大方向：

第一、有關設立臨時工會運動指導部，便是把全島各地的工會運動從事者召集起來，組成台灣赤色總工會組織準備會。到總工會成立之前，這個準備會就做爲全島性的指導部，從而有關工會的組織，乃是從上而下有意識的把個別產業工會組織起來，朝向總工會去建立。

第二、該組織準備委員會成立時，礦山工會、出版工會、交通運輸工會的組織方針、運動方針、會則、行動綱領都要撰寫完成。

鍾問：松山會議也奇怪，既然不是共識，何來決議？既是決議應該是按會議程序通過才叫決議，各派系都要遵守執行才對！

陳答：我認爲松山會議之時，翁澤生授意王萬得等人回來奪權這批少壯派，不僅不接受謝雪紅的領導，而且已把謝雪紅「架空」了。因爲謝堅持先從基礎工會開始，最後才是總工會。而少壯派先從上層總工會建立，再領導各地區建立地方工會。這兩者沒有妥協空間，謝由下而上，王等由上而下。

松山會議後，以王萬得爲中心的上大派少壯黨員，不理會謝雪紅的領導和主張，形同架空或另外結盟，逕行他們的構想主張，這使得台共的分裂成爲必然。

但從大環境看（第三國際、中共），此時激進盲動的左傾主義已經成爲「全球政策」，謝雪紅的漸進論不合第三國際的須要，她等於是被第三國際「做掉」的，這部份下章講解。

第7章 極左冒進・開除謝雪紅黨籍

■左上/右上：李喬松（左）丁光輝（右）曾參加謝雪紅領導的台盟。（周明先生提供）

■左下/右下：林樑材（左）與柯秀英夫婦，都參加了上海時期謝雪紅領導的台盟。（周明先生提供）

■一九八六年十二月台盟理事在北京總部門前合攝的照片，前排左起：江濃、葉仁壽、周青、蔡子民；第二排：陳炳基、葉紀東、不詳、林啟民；第三排：林東海、潘淵靜、不詳、張克輝；後排：周明、吳克泰、陳開元、蔡鴻振。（取自《台聲》，一九八七年二月號封面）

第7章 極左冒進‧開除謝雪紅黨籍

1、鍾問：陳老師，上回你講過不論中共或台共，激進左翼的冒動路線，都是來自第三國際的指令，不得不遵守執行，把這個淵源、背景再多說明好嗎？

陳答：第三國際就是全世界各國共產黨的司令台，而掌握第三國際指揮權的，正是蘇聯共產黨，所以指揮第三國際的當然就是蘇聯共黨。但世界各國共黨領導人通常大權在握，他的思想主張即可決定黨的政策方向，等於是一個人的思想主張指導各國共產黨路線，中共和台共都要接受，故有所謂「列寧主義」或「史達林主義」。（補註）

一九二九年世界經濟大恐慌，第三國際判斷資本主義即將崩潰，正是所謂的資本主義「第三時期」，是全世界無產階級大規模鬥爭，推翻全球資本主義體系的關鍵時機。第三國際向資本主義世界、帝國主義發出總攻擊令，中共和台共（由中共轉達）都必須執行此項指令。這是中共、台共內部，左傾激進路線高漲的源頭。

中共的激進左傾（或稱盲動、冒進等），從一九二八到一九三五年有三次，分別是瞿秋白（一九二八—一九二九）、李立三（一九二九—一九三〇）和王明（一九三一—一九三五）。這些極左路線最後雖被認爲錯誤，但不可否認也取得重大成果（在國民黨言是叛亂，到底是叛亂還是革命，在吾國未來的春秋筆會有定論。），這些成果如下表：

偽蘇區名稱	設立時間	共首	穴窟	共軍番號	附
中央蘇區	民十八	朱、毛	贛南瑞金	紅一軍、紅三軍	二四年竄至陝北
鄂豫皖蘇區	民十八	張國燾	皖西金家寨	紅四方面軍	二一年竄川北
川陝蘇區	民二二	張國燾	川北通江	紅四方面軍	二五竄至陝北
湘鄂西蘇區	民十九	賀龍	洪湖、鄂西	紅二方面軍	二五年竄至陝北
贛東北蘇區	民十七	方志敏	江西弋陽	紅十軍	二四年北竄皖境被殲
閩西蘇區	民二一	羅炳輝	上杭武平	紅十二軍	與中央蘇區合流
左右江蘇區	民十八	李明瑞	廣西百色	紅七軍	竄至中央蘇區
陝甘蘇區	民二十	劉志丹	陝北保安	紅廿六軍	
註	《中國近代史》，幼獅出版 民國61年7月‧第八版。				

鍾問：陳老師講到近代史，我和聽聚會比較有概念，以前叫「共Ｘ禍國史」，稱叛亂、稱「共Ｘ」，現在不叫了，陳老師說過一時贏不一定是對的，到底是不是叛亂？我們現在就不談，談談盲動、冒進時，有那些激進運動？

陳答：一九二七年七月，武漢清黨後，史達林老羞成怒，令中共在各也展開激烈的武裝暴動，其著者有四，雖經國軍平定而失敗，國家和政府、人民，慘遭重傷害，而中共獲利（上表成果）最大。

㈠南昌暴動：由譚平山發起，周恩來、張國燾等領導，賀龍、葉挺所部約二萬人爲主力，朱德亦率兩連參加，一九二七年八月一日在南昌叛變，企圖南下廣州爲根據地。至十月爲國軍平定，暴動失敗。

㈡南昌失敗，中共總書記陳獨秀被罷免，瞿秋白繼任。同年九月，瞿和毛澤東領導下在湖南暴動，被湖南當局剿平，毛被民團俘虜，途中掙脫繩索而遁，史稱兩湖秋收暴動。

㈢廣州暴動。同年十一月，任國軍第四軍參謀葉劍英（共黨份子），勾結中共暴動，肆行燒殺，市民被難一萬五千人，成立「廣東蘇維埃政府」，後被河南第五軍平定。

㈣海陸豐暴動。先是彭湃（他就是一九二八年台共在上海建黨時，代表中共出席指導的彭榮）等南昌暴動失敗後，轉移到粵東海、陸豐，民國十六年十月暴動，組「蘇維埃政府」、「赤衛軍」、「革命法庭」等，無辜人民受害萬餘人。經國軍進剿，半載始平。

接著，一九二九年第三國際以中東路爲中心，陰謀赤化中國，東北當局派軍警搜出各種赤化證據，乃於七月十日接管中東鐵路，驅逐俄人出境，史稱「中東路事件」。再接著就是「五次圍剿」和二萬五千里追剿，若非張學良搞出「西安事變」，定然沒有後來的中華人民共和國，沒有文革，沒有兩岸分裂問題。

鍾問：是啊！真是千金難買早知道，西安事變對國家民族傷害太大了！劫難啊！導至剿Ｘ——共嚴重失利，河山變色，這和第三國際的左傾激化有關，對台共也造成很大衝擊！

陳答：中共和台共的左翼激進，本來是第三國際對資本主義世界發動總攻擊的一部份，但在中國大陸可以取得戰果（如前表建立中央、鄂豫皖、川陝、湘鄂西、贛東北、閩西、左右江、陝甘等八個蘇區，及建立數十萬大軍。）。大陸太大，處處可以成自立爲王的地盤，中華民國如同一個「新生兒」，四週都是帝國主義大野狼，中共才有機可乘。所以，真正搞兩個中國、製造國家分裂的，正是中國共產黨，中共欺騙了人民，現在還在騙，說抗日是共產黨打的，中國歷史五千年若要選一個「十大謊言」，這一件是第一名。

中共用的辦法，搬到台灣叫台共比照辦理則不可行，一者台灣太小，再者已受倭警全面監控。任何風吹草動必引來軍警鎮壓，要搞群眾暴動、革命造反、建立武力等極左運動，根本完全不可行，只有謝雪紅的漸進、滲透，才有一點點成功的機會。可惜，第三國際和中共都不了解台灣特殊的情況。

鍾問：台共極左的少壯派敢於採取多激烈的活動？

陳答：極左路線的活動，在學生運動和文宣最爲鮮明，左翼以背後策動居多。一九三〇年十月，台灣極左少壯黨員在倭國東京發行《新台灣大眾時報》，在「創刊宣言」揭示該刊任務說：

> 我們確定資本主義第三期的現階段，帝國主義已入於沒落的時期，勢必對於殖民地加緊政治經濟的××（掠奪）和××（剝削），企圖保存他們的權利，以苟延殘喘，而殖民地若能繼絕資本主義的財源，資本主義便隨即喪失存在的根據，所以反××（帝國）主義運動，便成為殖民地解放運動。

從這創刊宣言看，完全是第三國際「資本主義第三期」之論述，也等於執行第三國際的指令。台共極左少壯派另一項激烈的出擊，是對民眾黨和地方自治聯盟的抨擊。按當時政治光譜排序，自治聯盟是右翼，民眾黨中間偏左，台共內有左翼（謝雪紅）和極左（少壯派）分歧；極左對同黨的左翼不能容忍，黨外的右翼等當然視同敵人。一九三〇年九月，台共極左組成「打倒反動團體鬥爭委員會」，目的在反制民眾黨和自治聯盟的群眾活動。在《新台灣大眾時報》，有一篇叫「血花」的抨擊文章，大意是說：

民眾黨政綱所揭示的「民本政治」，不消說是指布爾喬亞民主主義，是指資本主義的「德謨克拉西」而言。在資本主義的本國裡，不外是隱蔽資本家獨裁的一種形態罷了。至於民眾黨所提「建設合理的經濟組織」…資本家把持的政權，獨佔生產機關的資本主義制度裡，勞動者農民想要沾受合理的分配，是萬不能做到的。除非把現在的經濟組織，根本的ＸＸ（推翻），否則絕不能避免資本階級的搾取和壓迫的。

對台共內部極左少壯派而言，凡是站在他們右邊的，一律稱爲右派份子，一律視爲「資本家的走狗」，都視爲必須打倒的對象。而謝雪紅仍然堅持務實漸進的戰略，嚴格來說，這是違反第三國際和中共的政策，她和少壯派已漸行漸遠。

2、鍾問：陳老師也講到，除了台共少壯派要奪謝雪紅的權，大陸的翁澤生也利用中共中央和第三國際東方局，要鬥垮謝雪紅，這個過程是怎樣的？

陳答：這個首先要講一下翁澤生受到的思想影響，主要他的老師瞿秋白，不論台共任何人、翁澤生等要通往中共中央，瞿就是總書記又是第三國際執行委員，瞿的態度至關重要。

上章提到，謝雪紅派農組會員陳德興到海參威，召開赤色職工國際第五次大會，因遲到會議結束，便留在上海協助翁澤生工作，翁也透過陳了解台共和謝雪紅情形。再者，潘欽信（一九二八年被謝雪紅開除黨籍），也在此時（一九三〇年中秋節），到上海翁澤生處。對於此時情形，潘欽信後來在他的《自傳》，有如下的交代：

通過翁向中共中央及共產國際執委瞿秋白匯報，後瞿秋白由翁澤生陪同，在潘欽信住地接見了潘及陳德興。瞿秋白在肯定了台共所做的一些工作後，指出在建黨等工作中存在「關門主義傾向」，強調「台灣的同志應提起共產主義者應有的積極性」，清除「關門主義傾向」，擔負起領導台灣革命的任務。

按潘的交代，瞿秋白已對台共路線持否定態度，認為要「清除」，否則不能擔負當前任務，也沒有正確認清當前革命情勢，他指的應該是把謝雪紅路線「清除」掉。瞿秋白所認為的「當前任務」，在倭國《警察沿革志》裡，潘欽信談到瞿秋白的觀點：

台灣既然是日本帝國主義的軍事根據地，又是侵略南洋、華南的據點，日本帝國主義為了鞏固在台灣的統治，將對工農進行更進一步壓搾。為此，台灣工農將在政治上、經濟上急劇增加苦痛。但這也必然是激起台灣工農革命鬥爭的理由。

按此觀點，瞿秋白認為要加速徹底清除台共的「關門主義」和「機會主義」，否則不能領導偉大的無產階級革命。這同時也在批判謝雪紅沒有認清倭國帝國主義已到資本主義第三期，判了謝「死刑」；反之，給台共極左少壯派一個堅強的理論支持。

鍾問：前面多次講到資本主義第三期，意涵何在？其第一、二期又是怎樣？第三期以後又怎樣？

陳答：馬恩共產主義是一八四八年的宣言（見後註），整個共產主義、無產階級專政，都建立在資本主義「即將滅亡」的前提上，因爲資本主義的流行對人民的剝削、壓迫和非人道，已到了必須被推翻的時候，但馬恩並未說明資本主義「何時」會滅亡！所謂「資本主義三個時期」，是由俄共布哈林在第三國際提出，他從第一次世界大戰的形勢劃分爲三個時期。第一時期（一九一八—一九二三），資本主義發生發生嚴重危機，無產階級採取直接革命的行動，如俄國的革命成功；第二時期（一九二三—一九二八），資本主義經濟恢復，漸趨穩定，無產階級持續鬥爭中；第三時期（一九二八—以後），各資本主義國家內部矛盾加劇，殖民地革命情勢高漲。事實上，馬克斯和恩格斯也好，布哈林也好，對資本主義世界認爲「必定滅亡」或「即將滅亡」，都只是一種「預言」（非科學的，嚴格說不成爲「理論」），不能說是「預測」（科學的、經驗的，足以成爲「理」）。但，馬恩的預言，說中了資本主義的「要害」致命傷，只是馬恩未說明白，可能當時尚未發現，必等這一百多年來，人類又付出慘痛代價去檢驗資本主義的「非人道性」、「吃人的主義」，不合人類社會使用，人們才會真正深思去改良資本主義問題。

鍾問：資本主義不能用，因為那是「吃人的主義」；共產主義不可行，因為那是「反人性主義」，剩下來不就是社會主義了！

陳答：確實只有社會主義最合人用，今天的中國、北歐各國，走的都是社會主義。西方英美各國早已進行改良式資本主義，向社會主義傾斜，這是二十一世紀初期了，人們才有這種覺醒。

但是，將近一百年前，人的智慧和判斷全被潮流沖昏了頭，包含翁澤生、謝雪紅，乃至瞿秋白、李立三、陳獨秀、毛澤東、第三國際、中共、俄共等，都昏頭了，只是昏的程度不同。全都以爲資本主義世界國家要亡了（被無產階級推翻），從此以後無產階級專政，從此以後大家過著幸福美滿的日子！我說他們只是昏頭的程度不同，是說謝是左翼，而瞿等是極左，此時的第三國際亦極左。

第三國際和瞿秋白已經認爲謝雪紅是「關門主義」和「機會主義」，瞿透過翁澤生對陳德興指示，同時又經由第三國際東方局下達指令，這整個過程中，瞿、翁、陳和潘欽信，有多次商討，指令總結：

台灣黨必須召集臨時大會，檢討黨過去的方針，非得確立正確的方針不可。不過，在大會前，一般黨員應該從機會主義的錯誤中覺醒，必須在實踐鬥爭的過程中克服機會主義的錯誤。

鍾問：有權力下達這個指令的人，必定是位高權重的人，是第三國際東方局的誰？瞿秋白或翁澤生？

陳答：部份歷史疑案始終未解，如東方局的人是誰？瞿、翁等當時的討論都有秘密性，也不會有白紙黑字留下來。但有因果關係可以推論，根據蕭彪寫的翁澤生的傳記有如下說法：

翁澤生根據所掌握的「台共」情況及瞿秋白的意見，向中共中央和「東方局」寫了書面報告。瞿秋白看後將報告轉給「東方局」，經研究由翁澤生代「東方局」起草了「共產國際東方局致台灣共產主義者書。」

這段話很清楚了，所有台共要上呈東方局和中共，或有指令由上傳給台共，都要經手翁澤生，指令也由翁澤生起草處理。正顯示翁去「關說」瞿，再由瞿去「關說」中共和東方局，說明了向謝雪紅奪權，完全由翁澤生在幕後操控主導。當這份指令傳回台灣，少壯派馬上組「改革同盟」，另立「新中央」向謝雪紅發動奪權攻勢。

3、鍾問：台共少壯派拿到這份指令，豈不如同手上有一把「上方寶劍」，這下謝雪紅恐怕是頂不住了！

陳答：確實是頂不住了，等於是台共極左的少壯派加上中共、第三國際要鬥垮謝雪紅。這份指令何時傳到台灣謝雪紅手上，有兩種說法，一說陳德興先回台口頭轉達，隔三個月正式文件才到。但另根據謝雪紅在獄中說法，陳德興並未轉達什麼第三國際指令給她，陳德興只說在上海無所事事，又受翁澤生冷落，失望之餘只好回台灣。有無轉達可能已是歷史懸案，無從查證起！

可以確定的是，一九三〇年十二月廿七日，王萬得召集蘇新、蕭來福和陳德興共四人，在王宅開會達成協議。不久在一九三一年元月（大約上旬）召集其他重要黨員共七人，包括礦山工會負責人蘇新、交通運輸工會負責人蕭來福、農組趙港和陳德興、南部地方負責人莊守、文協吳拱照和王萬得，正式成立「改革同盟」的準備雛型。接著，元月十二日，同一批成員又到高雄集會，決議接受第三國際東方局指令，成立「改革同盟」，翁澤生的傳記提到此事：

謝雪紅接到文件後，不同意「東方局」對台共中央的看法，十二月二十日，陳德興回台北，先去找謝雪紅，再次向她轉達了「東方局」和中共中央的意見，謝雪左仍然拒絕這些意見。陳德興轉而去找王萬得、蘇新和趙港，傳達上述意見。王萬得等認為與謝雪紅無法合作，就於一九三一年二月三日，避開謝雪紅，自行成立了「改革同盟」。

鍾問：少壯派成立改革同盟，竟然是背著謝雪紅，也不夠光明正大，這是不是很有爭議？要推翻領導也應該利用她也參加的會議吧！

陳答：這一點是改革同盟不夠光明正大，甚至正當性不足的地方。就算執行第三國際東方局的指令，還是要按程序來才合法，所以這部份要受到歷史批判。可見當時爲了批鬥謝雪紅已到了不擇手段的地步，似乎古今政治鬥爭均如此，明的不行就用陰的。

歸納少壯極左派對謝雪紅的不滿有六：

第㈠組織偏向讀書會方式，擴大了黨內小資產階級的搖擺。

第㈡在政治上犯了不動主義的錯。

第㈢沒有確立黨的機關與細胞。

第㈣黨員缺乏組織生活，對黨的政綱和別黨缺乏了解。

第㈤黨各級機關與各支部沒有明確界線。

第㈥上級機關對下級機關的領導指揮並不充份。

這六大指控完全針對謝雪紅而來，第（一）項形容謝領導的台共如同讀書會，這是犯了閉鎖主義的錯。改革同盟並沒有檢討到台灣的社會狀況，只一味的認爲革命時機已到，儼然已是「新中央」，把謝雪紅一派稱爲「舊中央」。

鍾問：一個黨出現了兩個中央，這怎麼了得？怎麼善了？陳老師說說看！

陳答：這時仍未見妥協空間，雙方都已走上不可逆路，只有決戰定勝敗了，謝雪紅顯然居於極不利態勢，改革同盟有中共和第三國際支持，謝雪紅沒有任何外在支持力量，而在潛意識中（看不見的戰場），謝要面對整個沙文主義的「男人帝國主義」，我認爲她天註定沒有贏的機會，也成就她的悲劇女革命者的形像。

王萬得掌控著「新中央」領導權，他們要重新制定黨的組織、準備召開臨時大會、發行新中央通告，要揭發謝雪紅舊中央的反動事實。

改革同盟重新選出蘇新、趙港、王萬得爲新中央委員，潘欽信草擬「接受中共黨中央建議的決議者」，等於主張台共的極左是追隨中共的路線。臨時大會也選出中央和地方負責人、重劃全島五大區負責人。

中央方面負責人：

蘇新起草政治綱領、蕭來福寫工運綱領、陳德興負責農運綱領、吳拱照青運綱領、莊守婦運綱領。

全島五大劃負責人：

北區（台北州、新竹州）和台中州直轄中央。

東區（蘭陽、花蓮、台東）由盧新發負責。

台南州和高雄區（高雄州、澎湖廳）劉守鴻負責。

4、鍾問：這樣一來，等於是另一個「台灣共產黨」誕生了，謝雪紅如何反應？

陳答：改革同盟一直到新中央完成布局，都是秘密進行的，他們背著謝雪紅完成各地區部署。當然，謝也遲早會知情，她對於來自改革同盟的全部指控，可以料到也是全部否認。根據她後來說：

> 把黨陷於機會主義與活動不力的一切責任歸咎她一個人，而他們所犯的一切錯誤與懈怠，卻完全被蒙蔽，不予反省。凡此都是翁澤生、王萬得、潘欽信的陰謀，他們也因此把大多數黨員送進監獄，使黨被根本破壞殆盡至此。這個責任，應該一切都由改革同盟負責。

不久後倭警大破台共組織，黨員都被捕入獄。按倭警調查台共內訌原因，也還認爲謝的女性形像，讓被領導的男黨員服從是不能適應的，我認爲這個因素是造成她被孤立的重要成份。另一個黨員蘇新在他的自傳中，對「改革同盟」有這麼敘述：

> 當時因成員的政治思想和水平都低，未能了解黨的改造並非由上而下地另組

領導機構，所以犯了原則性的錯誤，被東方局下令解散。王萬得在召開大會時，蘇新認為應該也叫謝雪紅等參加，但王與潘欽信都認為謝不會承認過去錯誤來接受新任務，且大會內容與今後黨的方針被他們知道是危險的，所以並未讓謝雪紅等人參與。

鍾問：蘇新、倭警或謝雪紅，都各有一些道理，問題是台共現在有兩個中央，要怎樣了結？

陳答：台共兩派完全沒有交集，謝雪紅也不接受中共中央指令。一九三一年三月，瞿秋白和翁澤生乃又起草台共第二次臨時大會「新綱領」，又叫遠在廈門的潘欽信到上海，面交給他一份「共產國際東方局致台灣共產主義者書」，連同「新綱領」，專程回台灣直接聯絡此事。（另有一說，是中共共青團員李清奇帶回台灣，以潘較可靠。）

潘欽信於四月回到台灣，按照他攜帶2份文件的主要內容，是要召開第二次臨時大會，把謝雪紅一派除名，同時解散改革同盟，以完成新中央的成立。在那份「致台灣共產主義者書」還有極左激烈的主張，如推翻帝國主義的統治、沒收日本帝國主義企業；無償沒收一切土地，分配給鄉村貧農、中農使用；消滅壓搾階級及一切封建殘餘；推翻帝國主義、土著地主、資本家的政權，建立農工的蘇維埃政權。這些激進的手段，謝雪紅一向反對，她了解現況，必須漸進一步步來才見效。對於無償受收土地，把資本家和土著地主打進帝國主義行列，謝雪紅更不可能認同，過激立即引來倭警鎮壓，形同自殺。

鍾問：不久後就證實了謝雪紅是對的，可見改革同盟因太激情，看不出社會現象所呈現的真實意義，可惜歷史都不能重來，台共內訌之火只好燒下去！

陳答：是啊！火愈燒愈烈，最後把雙方也燒了。在第二次臨時大會召開前，由農組本部於一九三一年三月十五日，發表一份「關於台北國際書局同仁反動的聲明書」，這是「終極解決謝雪紅問題」的緒戰。他們稱謝所領導的台共陣營爲「台北國際書局同仁」，一者是否認謝的領導權，再爲躲倭警之耳目。這份「聲明書」指控謝雪紅四大罪狀：

第一、國際書局把農組托置於書店的書籍交給倭書。

第二、國際書局批評農組路線過於激進。

第三、農組的地下活動是過敏，對資產階級無影響。

第四、國際書局以個人感情用事，妨礙農組工作。

對於農組聲明，謝的國際書局於四月四日，發表「對於台灣農民組合聲明書的聲明」答覆，當然也是否認了對方的聲明。尤其針對第一項罪名，是明顯的惡意中傷。這不僅後來的歷史證明，就是當時她領導台共期間，從未出賣過同志，更不可能把資料主動交給倭警，這是同志對自己領導的基本信任，不知道黨內同志爲何會相信少壯派的話？

謝雪紅幾次入獄，倭警嚴刑烤打，謝亦從不供出自己同志任何蛛絲螞跡。黃石樵在《台共秘史》描述謝雪紅是意志堅強的女人，倭警刑以香煙灼燒其陰部（倭人是一種變態種族），謝也決不屈服，絕不招供任何事。這也表示，謝也是很難纏、很難打倒的對象，從瞿秋白、翁澤生以下，都對謝無可奈何！下一步只好以「新中央」之名，開除了謝雪紅的黨籍。

5、鍾問：黨員開除了黨主席，又是秘密行事，欠缺公正合法性，在世界各國黨史也是聞所未聞！通常是黨主席犯了大罪被判刑，如民進黨的陳水扁，犯貪污大罪被關入

天牢，難到民進黨不開除他嗎？

陳答：陳水扁犯了貪污大罪，自知難逃法網，自行宣佈脫黨，不久又回復黨籍，可見民進黨根本就是一個貪污黨。這個黨，以其全黨來幫謝雪紅拎皮包、提高跟鞋、洗三角褲，還不夠格，還嫌其髒臭！台灣就是被這些台獨份子搞垮的，謝雪紅地下有知，應以其高貴的情操示現，告訴他們，給台灣人一條生路吧！獨者，毒也！

後人研究台共少壯派指控謝雪紅反動，大多是政治鬥爭「抹黑」手段，實際上從戰略戰術去檢討謝的路線反而沒有，殊爲可惜。此種情境，如同今天的獨派民進黨，一天到晚指控人「賣台」，而許多人也相信了，證明古今中外所謂「人民的眼睛是雪亮的」，根本是弔詭的；陳水扁家族貪污多少錢，吳淑珍對升官的人公開開價要錢，台灣尚有半數選民（約六百萬人）說：「我沒看到他們貪污，那是國民黨的政治設計」！當年台共少壯派指控謝雪紅「反動」（害台），台共內部多少黨員也相信了！

鍾問：大家真相信謝雪紅反動，真就開除了嗎？

陳答：真的開除了。一九三一年四月廿日，王萬得、蘇新、蕭來福（代表第三國際）和潘欽信，先開了一個臨時大會準備委員會。又經過一個月全島聯絡，五月廿五和廿六兩天決定了臨時大會時間和議程。時間是一九三一年五月卅一日到六月二日，議程有：發行機關刊物、增派礦山地方的同志、派同志到東台灣、將謝雪紅一派除名（開除）、黨員對黨財政的支持、設黨員訓練班。這是新台灣共產黨第二次臨時大會，出席者有潘欽信、蕭來福、顏石吉、蘇新、簡娥、劉守鴻、莊守和王萬得，共有八人，另一黨員詹以昌因故錯過，未能參加。

大會以王萬得為主席，莊守為書記，潘欽信代表第三國際東方局，大會免不了宣揚極左路線，要「布爾雪維克化」；但主要是擴大批判謝雪紅的罪狀，經由會議決議「開除謝氏阿女、楊克培、楊克煌」，連遠在上海的林木順也一併開除黨籍。台共的極左少壯派想做的事大功告成，此後他們可以走自己的路。

鍾問：開除了，謝雪紅不接受也得接受，除非她有更強大的力量，有更多的支持者！

陳答：這倒沒有，可見那時她是很孤單的，她的「民意支持度」如同八十二年後的馬英九，跌到九趴，真是慘啊！全台灣人都知道馬英九公正清廉、堅持真理、守法守紀，但就是被罵翻天，連筆者也要罵他！這真是很奇妙的事；反之，大家也知道王金平是「綠骨藍皮」，他在立法院打混仗，他和獨派「裡應外合」要倒馬，大家硬是把他無可奈何！

新台灣共產黨誕生了，中央王萬得是書記長、組織部潘欽信、宣傳部蘇新。地方負責人有工運蕭來福、農運顏石吉、北部地區中央直轄、中部地區詹以昌、南部地區劉守鴻、東部地區盧新發；另外有中央候補委員蕭來福和簡娥。臨時大會發布了三份文件聲明：

㈠「接受中國黨中央提議的決議案」：共黨的追隨者。

㈡「告全體同志書」：聲明要走更激進的路線。

㈢「臨時大會致第三國際報告書」：「斷謝雪紅的管道。」

謝雪紅當然不會接受這種決議，她認爲一個黨主席要被取代，也必須公開的會議公決，而不是瞞著她秘密的搞。後來她被捕，在法庭有如下口供：

台灣共產黨成立時的組成份子，沒有無產階級出身的，他們大多數是與實際運動疏離的日本及中國之台灣留學生。他們當然有的具有日本共產黨或中國共產黨的嘗籍，但是他們訓練認識程度之極端貧乏，乃是不爭的事實。特別是與黨成立準備會時代有關的翁澤生、謝玉葉、潘欽信、洪朝宗、蔡孝乾等，原來都是無政府主義者，又同時被推舉為台共黨中央委員。我當初僅僅在上海與幾個人被檢舉，他們就放棄工作遠走高飛了。因此，逃走的四個人被開除了黨籍，這已經向日本共產黨與中國共產黨通知過了。翁澤生因恐慌而趕到廈門與這批份子結合起來，進行宗派主義的運動。結果，他們次第回到台灣。但是，他們缺乏對外敵鬥爭的勇氣；而繼續留在海外者，因擔心被官方鎮壓而沒落，遂偽裝其黨員身份。

鍾問：陳老師，在你沒有在本節目講謝雪紅前，我也一直認為她是「匪類」，節目談到現在，我愈來愈和你一樣的看法，她有革命家的特質！

陳答：我想是人的「先入爲主」使然，於是要扭轉觀念就不容易了，而且很多事被政治宣傳「內心」，要產生自覺、覺悟更難了。

新台共成立，在新黨綱指引下，展開「一破一立」雙元鬥爭。「一破」是持續批鬥謝雪紅，把她打成「帝國主義的走狗」，「一立」是昇高對倭人統治者的抗爭。確實也搞了幾個罷工抗議，表象上似乎黨的影響力大了！高潮來了。

正當新台共第二次臨時大會前的一九三一年三月，倭警已大規模、全面的、秘密的，盯上了台共每一個黨員，不久展開台共大逮捕，到這年年底爲止，台共不論新中央、舊中央，完全被倭警逮捕入獄。這回，徹底的、全面的消滅了台共，使倭人竊據時期的左翼運動，被清洗的乾乾淨淨，台灣人也全部成爲「三腳順民」。

謝雪紅在這次大逮捕行動中，她是在一九三一年六月廿六日被捕的，與她同時被捕的是楊克培和楊克煌。最後被捕的是上海的翁澤生，他於一九三二年五月在英租界被捕，一九三三年三月被引渡回台，整個台共大逮捕才完成。

對於謝雪紅領導台共在台灣的起落，歷來也有不少研究。民國九十年十月廿三日至廿四日，在台北國家圖書館國際會議廳，舉行「二十世紀台灣歷史與人物學術討論會」，會中林瓊華有一篇「女革命者謝雪紅的真理之旅」，該文有客觀論述：

綜觀而論，台共的傾覆除了內部因素外，它成立時期正值共產國際更換東方革命策略與方針，一九二四年第五屆大會時，共產國際認為與民族資產階級合作的策略適合東方革命，民族革命的主要敵人是封建勢力和帝國主義，所以「聯合陣線」的全民革命策略是指導東方革命的原則。但是中國農民暴動的失敗，使布哈林修改了這個路線，他主張各地共產運動只能與中產階級合作，以展開對其境內外帝國主義及封建階級、民族資產階級的反抗。但是一九二八年後，史達林主張階級鬥爭，開始停止與中產階級聯合路線，並強調農民革命在主要的殖民地理，是構成資產階級革命的主軸。史達林整合其黨內權力後，長沙暴動的激烈路線成為共產國際對亞洲革命的策略方針，而這個改變，致使共產國際透過日共與中共所傳達給台共的指令出現不一致性。

我研究台共（及其他各型黨派）多年，我真正在乎的、想要找尋的，其實重點不在誰輸誰贏，誰又把誰鬥垮了。而在這個過程中，看誰是機會主義者？誰是堅持初衷的人？觀察每個人的行事風格，人的品性、格調、真僞，都會顯露出來，我看到的謝雪紅是一個可敬的革命者。

補註

列寧主義（Leninsm）

列寧是俄共布什維克的領導者，其思想爲形成布什維克的骨幹，見諸文字的除「國家與革命」外，應爲俄國革命前一年，一九一六發表之「帝國主義—資木主義發展之最高階壓小冊子，所謂列寧主義，主要是從（道一小冊子開始。依照正統馬克斯主義的解釋，在經過布爾喬亞的民主革命，應有一段時間，聽任工業發展。孟什維克認爲這時共產黨應該聯合布爾喬亞的自由分子，列寧卻要拉攏農民，作爲勞工階級的戰友。因此他的革命戰術也是分作兩個階段。第一是無產階級和農民的革命民主專政，以完成布爾喬亞的民主革命，然後由無產階級聯合鄉村貧民，去發動社會主義的革命。經過一個時期他又得到和托洛斯基相同的結論，認爲這兩個階段的革命可以使其合併進行，因此他又唱出不間斷的革命論調，說他所策動的革命決不半路停止。

史大林說，這就是列寧主義。他們不再等待工業進展，和無產階級人數的增加，要從帝國主義最弱的一環，戳穿資本主義陣綜。從資本主義的意義上說，俄國雖然工業落後，但她仍能在工業先進國家之前，進行社會主義的革命。

這是把馬克斯主義應用於工業落後國家的一途徑，使工業落後由阻礙革命，變成革命的機會，無產階級專政的概念從作爲多數人的武器，轉變爲少數人的工具。有了少數具有革命意識與決心的人，便無須等待無產階級自動自發去掀動革命。（這少數具有組織和嚴格紀律的革命領袖，就能把握人民的痛苦，變成絕對權力之新的工具。列寧對這班獻身革命的職業革命者具有信心。他說：「我們只要把革命者組織起來，就能推翻俄國」。

馬克斯主義者對列寧在共產主義革命的理論貢獻，認爲馬克斯與恩格斯係生於革命之前時代，彼時帝國主義尚在萌芽狀態，無產階級亦僅係爲革命而在成長之中，但馬恩之繼承者列寧則生於帝國主義成熟與無產階級革命時代。列寧之分析，使馬恩學說獲得歷史性之發展。《羅時實）

史大林主義（Stalinism）

史大林爲喬治亞皮鞋匠之子，僅受中等教青，雖曾隨列寧工作，任其私人秘書，對黨的理論不如托洛斯基或布哈朴等有其獨特的見解。在列寧生時感於俄國工業落後，最大多數人民未受教育，生活貧苦，又無法取得西方國家的援助，不得已採取野蠻的專制手段，以加速模仿西方的物質建設。他的想法是他對外國記者所說，「用野蠻方法，以打擊野蠻主義」。他的同志說，共產黨擔起的歷史任務，是使用一切專制和極權手段，使一個未開發國家現代化。

這種野蠻的專制手段，到了史大林更是變本加厲，以殘酷手段對付共黨高級幹部，對付被奴役的俄國人，在幾次五年計劃中把一落後的俄國，變成具有威脅性的軍力國家。因此史大林如有對共產主義的個人主張，「一國共產主義」便是史大林主義的主要內容。在列寧逝世之前，只有托洛斯基的威望地位在史大林之上。等到史大林受命為共產黨中央總書記，對黨的各級幹部有影響力時，彼乃提出在帝國主義包圍中，蘇俄可以單獨建立共產主義的主張，以與托洛斯基爭雄。結果托洛斯基失敗而被放逐出國，史大林獨力控制黨與政府，從一九二七至一九五三他死時止，此一長時期蘇俄在共產主義國內與國外的發展，蘇俄的人物與政策方向都可說是這一主義的影響。這一主義在蘇俄國內之主要措施為：

一、使共產黨成為史大林統治的主要工具，黨已變成中央集權和控制一切之官僚機構，具有無限權力。（托洛斯基在一九〇四年即曾對列寧此種構想，作過預言「以共產黨代替勞動階級，黨的組織排除了黨；中央委員會排除了黨的組織；最後是獨裁者把中央委員會放在一邊」。）

二、原有的國家理論已被放棄，以積極的發展國家權力，作爲促成國家凋謝的條件。強化特務和秘密警察，使特工超越黨部，可以任意逮捕中央政治委員及中央委員。

三、全面強制農業集體化，一次消滅富農三百六十萬人，其目的衹是爲了容易控制糧食的生產。

四、實行工資等差制度，以鼓勵生產。放棄工資待遇的平均主義，指其爲小資產階級的偏差。

五、鼓勵愛國主義和民族主義，抬出彼得大帝，甚至恐怖伊凡，均被稱爲蘇俄英雄。

（羅時實）

共產主義（Communism）

一般了解是指共有財產，或對所得與財富均勻分配之社會組織。在西方歷史上曾有不少人憑其宗教信仰，組織小規模的共產社區，十九世紀的羅伯・歐文（Robert Owen），傅禮葉（Francois Fourier）等亦有類似試驗，但其動機爲慈善性質，因同情勞動階級之苦難，希望從集體生活（如傅禮葉的 **phalanx**）中，追求一種新而合理的社會秩序。自一八四八馬克斯與恩格斯發表其共同草擬之「共產主義者宣言」（Communist Manifesto）後，此一名詞遂爲此一派人所獨佔，專指由共產黨領導之無產階級，經階級鬥爭，消滅有產階級的統治者後，廢除私有財產，經過一段所謂「無產階級專政」，進而實現各盡所能，與各取所需的共產社會。

馬克斯與恩格斯創造之共產主義，原屬工業高度發達國家的產品，因俄國工業革命比西歐各國落後，該國社會民主工黨的布什維克領袖列甯（化名）乃另創新的革命理論，謂利用貧窮與混亂，共產主義革命可以先在工業落後國家爆發，並提出共產主義征服世界的捷徑是從北平經由加爾各答，以進入巴黎的理論。他提出此一理論的翌年，俄國於一九一七年春間發生革命，推翻了沙皇的統治。同年十月由列甯領導之布什維克取得政權，一九一九他們組織第三國際，作爲征服世界，指揮各國共產黨的司令臺。

在二次世界大戰以前只有俄國共產黨取得政權。因此，所謂共產主義亦以列甯的解釋爲最具權威。列寧於一九二四年逝世，經過托洛斯基與史大林爭奪政權，托敗史勝，史大林執行廿「一國社會主義」政策，經過數次五年計劃（第三次行至半途遭遇希特勒突擊，戰後又繼續進行）使蘇俄成爲現代工業強國，史大林亦因此而廁於共產主義理論權威之列，與馬克斯，恩格斯，列甯並稱爲馬恩列史主義。

從列寧生時成立第三國際，豢養來自各國的共產黨員。這些人在二次大戰結束後，屬於東歐衛星和其他取得地盤或政權的，紛紛返回本國，成爲統治人物。這些人在初期俱唯俄國與史大林之馬首是瞻，等到羽翼漸豐，首由南斯拉夫的狄托發難，史大林無可奈何，被迫對衛星國稍爲鬆手，准許各該國的共黨能就本國經濟與社會環境的特殊情形，對共產主義設施可以稍事變通，因此又有所謂「民族共產主義」（National Communism）的名稱。馬克斯的理論共產主義是依照辯證唯物論的歷史發展，是世界性的。共產主義而冠以民族的形容詞，顯然是一新的矛盾。

現由共產黨取得政權的國家，俱仍停滯在無產階級專政的階級。此一階段在蘇俄已經過五十餘年，不僅國家機構仍在逐年加強，看不出有任何消逝跡象，其原有的統治階級——布爾喬亞早經消滅，但代之而興的統治階級亦隨而形成，而且就是共產黨員本身。在經濟方面雖然經過幾次的改變！物質的鼓勵仍是提高生產情緒不可缺少的有效途徑，因此乃又產生共產主義何時實現，和能否實現的問題。

今天除在印度克萊拉（Kerala）的共黨曾憑選舉取得政權，爲一例外，全世界的共產國殆無一處不是憑籍武力，取得政權，建立鐵幕。雖然共產主義亦有其對民主政治的理解，祇因民主政治不能離開公開選舉，而共產集團迄無此種表示，遂使共產主義能否

與民主精神並存的問題，無法獲得適當的解答。與此有關各問題，分見另條。（羅時實）

共產主義者宣言（Communist Manifesto）

一八四七年夏間有一群來自德國之技藝工人，在倫敦舉行新近成立之共產主義者聯盟（Communist League）首次大會。馬克斯以前和他們有過來往，這時住在布魯塞爾，僅由恩格斯一人參加。受大會委託，要他和馬克斯替他們起草一個行動綱領。恩格斯先用問答方式提出二十五個問題，由馬克斯就此發揮，提出是年十一月舉行之二次大會。大會接受他們意見，馬克斯即遄返布魯塞爾，工作兩月，宣言告成。初用德文在倫敦發表，不數日巴黎即爆發革命。

共產主義者宣言Communist Manifesto—此一歷史性文件一共分四部分。頭一部分敘述布爾喬亞在將封建制度中之私有財產，政治，和道德摧毀之後，在新的社會取得支配的優勢；這些經布爾喬亞自身創造的生產力是如何偉大豐盛，經一再發展，已不再和布爾喬亞的財產關係及其優勢，能相互配合；最後指出普羅里達是新的革命階級，只有這一階級能控制現代工業的力量，並終止人對人的剝削。第二部分宣布共產黨的政策，認爲這是各國勞工階級中最進步，和具有決心的部分。推動無產階級的革命將要摧毀布爾喬亞的權力，把無產階級提升到統治階級的地位。第三部分檢討在此以前和同時存在的其他社會主義，指出其爲空想的烏托邦主義，缺乏科學基礎。最後一部分則提出共產黨的戰術，及和左翼政黨如何相處。

宣言是一篇充滿火藥氣味的文件。因資本論卷帙浩繁，不易卒讀，世界上許多著名共產黨員都是因讀過宣言，而被吸引，作爲聖經的資本論，反而無人問津。宣言是整個共產主義理論的輪廓，只須一小時半便可讀完，對共產主義的宣傳與擴展，有過極大影響。（羅時實）

共產黨（Communist Party）

在俄國革命，布什維克取得政權以前，代表馬克斯主義的正統組織，在西歐是以社會民主黨（Social Dnemocratic Party）爲代表。通常所指之共產黨是一九一七年俄國十月革命以後，由布什維克中 Bolshevik 的改稱。因俄共具有代表性，故茲篇所述亦以俄國共產黨爲其代表。

㈠來由：俄國在十九世紀末期，只有產業工人二百四十萬人，比之西歐各國遠爲落後。最早介紹馬克斯主義者爲普勒肯諾夫 Georgy Valentinovitch Plek-hanov，其路線則負一八八九成立之第二國際。一八九五年他們另有活動計劃，在聖彼德堡組織勞工階級解放同盟 League of Struggle for the Emancipation of the Working Class，其中有一主要分子 Vladimir Ilyich Ulyanov，後來化名列寧。此一同盟曾與左翼的猶太組織名 Bund 者聯繫，一九九八年在明斯克筆會中組成俄國社會民主工黨 Russian Social Democratic Labor Party（R. S. D. L. P），共產黨的名稱即由此而來。

一九〇三年爲避免逮捕，此一組織逃至比國布魯塞爾集會，旋又遷往倫敦。因路線爭執，分裂爲布什維克與孟什維克。前者主張黨由無產階級組成，強調戰鬥、紀律、和黨的集權制度。托洛斯基初期屬於後者，認爲能贊助者即爲黨員，不必過於嚴格。一九〇五年這兩派曾各自集會，至俄國革命始相率返國。一九一八年三月布什維克改稱俄國共產黨，一九二四年又改稱全聯共產黨（All Union-Communist Party），一九五二年再改稱爲蘇聯共產黨 The Communist Party of So-viet Union 一共舉行全黨代表大會二十三次。其最後一次是一九六六年三月廿九日至四月八日在莫斯科舉行。史大林生時曾舉行代表大會三次。死後，黑魯雪夫曾以第一書記身份在二十一次大會中，以甚長時間詳數史大林的罪惡，曾使世界爲之震驚。

世界其他國家的共黨，起初名稱亦不相同，至一九二〇年以後，規定一律稱爲共產黨。據一九六九年的統計全世界八十八個國家和地區共有共產黨員四千五百廿萬人，其中已當權的共產黨十四個，在野共產黨三十五個．被宣佈爲非法的共產黨三十九個。又其中親俄者三十九個，親中共者五個，分裂者卅個，中立者十四個。

㈡黨綱：世界共產黨均以奉行一八四八年公布，由馬克斯和恩格斯草擬的「共產主義者宣言」爲共同目的，雖然各國的經濟情形並不一致，數十年來亦有不少修改，但對此一原則，始終未變。茲以俄共爲例。

俄共初名俄國社會民主工黨，其有黨綱始於一九〇三年。經一九〇五年的革命加以修正，至一九一九年又以取得政權的經驗，再度修正，說明共產黨的任務是實現無產階級獨裁的先鋒隊，其目的則爲造成民主政治的最高形態，爲求達成此目的，對於大眾文化、組織、和活動的程度必須繼續提高。造成此種進步的基礎，則爲國有一切生產工具——土地，森林，水資源與地下蘊藏，以及工業，運輸，銀行，商業等等。

從條文上看所有人間進步好聽的名詞，都說盡了。除國內民族一律平等之外，並規定組成蘇維埃全聯的各民族，享有分離的自由，其實這在蘇俄原是不可想像的事。他們在東歐因二次大戰而取得不少衛星國家，鐵幕建成即無法離開，匈牙利的抗暴運動，便是此一例證。

司法規定是代表階級利益，只有無產階級能充任法官，判案在法條無可依據時，法官應一本社會主義精神，維護無產階級的利益。學校是共產黨改造社會的工具，其使命是對勞動者中的半無產階級和非無產階級分子灌輸知識、組織、和教育影響，使下一代的國民堪以負起建設共產社會的任務。

馬克斯曾把宗教比作麻醉勞動階級的鴉片，列寧則稱宗教爲低級伏爾加酒，俄共在書面上雖未明白反對宗教，但宗教在實際上已被消滅。各地的教堂已被用作共產黨部的集會所，克里模稜 **Kremlin** 則已替代梵蒂岡對各國教會發號施令的地位。工會是國營工業的組織機構，負有執行紀律的任務。農業是依照社會主義精神，組織公社，分爲國營與合作式的集體農場。私人商業已被廢止（因農民不易馴服，政府乃被迫在農民人數多處開放黑市市場，准許農民出售自己生產的糧食），由合作社擔任消費品的銷售。銀行由政府經營，貨幣雖未廢止，作用則受到限制。

㈢紀律：有關俄共的紀律部分，是以一九五二年的規定爲依據，爲提高社會之生活與文化水準，以國際主義與同志的關切精神，訓練共產黨員與世界勞動階級，親愛團結，以蘇維埃爲祖國，由社會主義漸進於共產主義，以建立共產主義的社會。

從一九〇五年列寧強調黨的嚴格紀律時起，共產黨一直保持爲一團結的戰鬥組織，任何違離黨章與紀律的行動，輕則處以勞動改造，重則置之死地。自二十年代至一九三六年止，以紀律爲名處決之知識分子，老黨員，及以整肅名義殺戮的黨與軍方高階層負責人物，幾已無法數計。

除在革命前參加過別的黨派者外，新黨員須有黨員三人以上的介紹，經過一段觀察期間，方獲入黨。黨員須有三年以上的黨齡，始有介紹新黨員的資格，在發現其所介紹的黨員行爲有缺失時，介紹者須負連帶的紀律責任。在革命前曾參加別的黨派者，須有革命前的黨員二人及具有黨齡十年以上的黨員三人的介紹，經中央委員會的核准，經過一年的預備黨員，可獲入黨。黨員的年齡至少爲十八歲。

㈣組織：俄共黨的組織除少數例外，大致與政府組織平行。最高權力機關爲全聯代表大會，其下爲中央委員會與監察審核會。在十四個聯合共和邦中各有其本邦的代表大會與中央委員會。俄羅斯蘇維埃聯邦社會主義共和國（R. S. F. S. R.）位列第十五，卻是其中最大的一個組成單位，其本身雖無代表大會，但其邦內大的地區都有代表會和執行委員會，可以直接向全聯代表大會，提出報告。邦以下爲地區，各有代表會與執委會。最低層的地方組織通常稱爲細胞，此種細胞遍佈於全國的工廠、鄉村、集體農場、拖力機站、以及紅軍與海軍之每一單位。

全聯代表大會規定至少四年舉行一次，遇有重大事故，或經三分之一以上組成邦的請求，亦得召開臨時會。實際上代表大會的距離都比規定的時間爲長。中央委員會負責編擬代表大會的提案，及決議案的執行。代表由各邦及俄斯斯蘇維埃聯邦社會主義共和國的各地區代表大會，依照規定名額選舉之。代表大會之主要任務爲選舉中央委員及中央監察審核會委員，追認中央委員會決議各案，修改黨章，及決定黨的政策與路線。

中央委員會全體會議規定每半年舉行一次，由全會推選主席團 Presidium 負責處理全會後一切黨內重要事項。從一九五二年起主席團即綜攬一切，代替從前政治局和組織局原有的工作。此外尚有秘書處，負責文書工作；紀律委員會考核工作與計劃是否符合，及以及黨員之違紀事件。

從列寧死後，史大林即利用黨的書記地位，以影響政治與組織兩局，實行獨裁。自一九五三年史大林逝世，繼任者始公開宣佈，以主席團之集體領導。代替過去的獨裁制度，並保證不再使獨裁有發生可能，亦不再有類似三十年代的清黨情事。自此以後知識分子和專家在黨內漸有抬頭機會，生產方面爲提高工作情緒，亦逐漸採用物質鼓勵，遂使有人懷疑，在蘇俄進行的共產主義已有轉變趨向，和從前抨擊之資本主義經濟有接近徵象。

㈤少年組織：爲培植共產黨員的來源，俄共另有三種少年組織：一爲全聯列寧主義共產青年同盟（All-Union Leninist Communist League of Youth），或（Komsomols）。這是從參加一九一七年革命的青年，加以組織。其中有許多人參加過紅衛兵作戰，一九一八年組成時有會員二萬二千人，一九二〇年增加至四十萬人。一九二二年此一組織的活動中心，轉向健身、運動、教育和宣傳活動、及參加建設運動的示範工作。一九五〇年左右增至一千八百五十萬人，從十四至二十六歲的男女青年可以自由參加。二爲少年先鋒隊，凡屬九至十四歲的少年不分性別與階級背景，經過兩個月的考察，即可加入。三爲十月革命兒童隊，在二次大戰期間撤消，由學校加強政治教育與課外活動，以資替代。

㈥共產黨的法律地位：在一九三六年頒佈的蘇聯寧法第一二六條，正式規定共產黨爲國內唯一的合法政黨，其理由依照馬克斯主義，在布爾喬被清除後，剩下的只有由工農勞動者構成的唯一階級，因此只有一個代表階級的政黨。

在一九一七年春，推翻沙皇的政權時，布什維克只有黨員四萬人，至同年之十月革命增至二十萬人，二次大戰發生前爲一百五十八萬八千九百人，一九五六年增至七百二十一萬五千五百〇五人。（羅時實）

第8章 逮捕、審判、入獄與戰後再出發

臺灣共產黨事件の全貌

共和國建設を夢み
臺灣共產黨を結成
佐野學指導の下に上海で發會
活動の第二期に入って一齊檢擧
二十四日記事解禁さる

愈よ本島に進出したが
四・一六事件で頓挫
黨內も二派に分れて暗鬪

急進派勝を占め
觀音山麓で秘密大會
遂ち文協、農組を巧に操り
續發する爭議は皆共の傀儡

趙港逮捕が
檢擧の導火線

大檢擧開始
全島各地で展開

大道で演說

不眠不休

逮捕

■《臺灣日日新報》於一九三三年七月廿四日出版的號外，報導台灣共產黨員被捕消息。

■一九三〇年「台灣戰線社」成立時所攝照片。前排（左起）：林萬振、謝氏阿女、郭德金、周合源、楊克培；後排（左起）：廖九芎、楊克煌、陳煥圭。取自一九三三年（昭和八年）七月廿四日，《臺灣日日新報》，號外，「臺灣共產黨事件專輯」。（林炳炎先生提供）

第8章　逮捕、審判、入獄與戰後再出發

1、**鍾問：陳老師，前面我們講到一九三一年五、六月間，台共分裂成兩個「中央」之際，在此之前後，倭警進行大逮捕，一舉將台共黨員不論新舊全抓去關了，這麼容易全部抓去，是不是有人告密？**

陳答：當時有人誣指謝雪紅告密，都是無稽之說，反而是後來的證據顯示，倭警對台共各成員瞭若指掌，能一舉在不到幾個月，一網打盡，全部逮捕，是倭警從捕獲的台共新中央口供線索追出來的。這表示新中央成員口風不緊、意志不堅，或經不起嚴刑烤打就吐出實情，出賣了同志；反之，謝雪紅受盡種種不人道的刑求，沒有任何記錄可查，說她招認了什麼！甚至對於要鬥垮她的新中央成員，她也沒有吐露半字去報復，這是她可敬處。同是台共新中央蘇新，後來在他的自傳說：

當時我看到的有：台共當時成立的委員名單、改革同盟開會的記錄、有關改革同盟的三四個同志的調查書（王萬得、趙港、陳德興、蕭來福）、第二次大會的三張大照片、在大會各人坐的位置圖、有關大會內容的王萬得的調查書、第二次大會選出的新委員名單、油印的黨內機密文件（我的筆跡）等等。

這是蘇新被捕後，他在台北州拘留所內看到倭警緝獲的物證。反而是謝雪紅被捕時，已經被新中央解除黨魁的職務，她對多數黨員已經無從知其行踪，她是被新中央黨員株連的。巧的是就在她被捕當日，她還派了一個叫「彭金土」的黨員前往倭國，設法解決黨內問題。

鍾問：謝雪紅確實是可敬的女革命家！她幾乎是以百分百的忠誠，對待她的信仰的思想主義和同志，到此時她仍不放棄救她的黨，她派彭金土去倭國何用？彭金土是誰？

陳答：彭金土就是劉纘周，新竹州人，當過船員。一九三一年六月廿六日，謝雪紅在這天被捕，就在被捕前一刻，謝派劉已離台，倭警才沒有及時逮到他。在此之前，劉是到莫斯科參加第五屆國際職工會議，事畢回中國到上海，翁澤生和他談起謝雪紅的問題。

偏偏劉這個人頭腦比較冷靜有判斷力，他去參加第三國際職工會議，自然知道第三國際基本路線爲何！聽到翁所談謝的「問題」和改革同盟作爲，他心中就清楚知道，翁和改革同盟所講的第三國際，根本就違背莫斯科的第三國際路線。因此，劉回到台灣不僅批判了改革同盟，又寫一份聲明書表達支持謝雪紅的堅定立場。謝知道劉的忠誠可靠，派他到倭國進行六大任務，設法恢復倭共和台共的聯絡管道：

第一、向倭共報告改革同盟的陰謀真相，並取得倭共黨中央的批判與指令。

第二、要求倭共黨中央派遣代表，以便全面整頓台灣黨。

第三、台灣共產黨是以「日本共產黨台灣民族支部」名義成立的，在雙方聯繫中斷之後，欠確明確的關係，請倭共說明這方面的關係。

第四、國際東方局是否清楚改革同盟的陰謀？請倭共黨中央代爲調查。

第五、改革同盟一派宣稱，國際東方局致送台灣共產黨三千圓，是否屬實？遞交的人、時、地盼請照會。

第六、請批判文化協會解散論的對錯。

事到如此地步，就算倭共支持謝雪紅也不能挽回什麼！何況倭共比台共還慘，幾乎已經被倭國當局剿平，只剩幾個殘兵敗將仍在努力。所以，如果說謝雪紅有錯，那就是她過於執著「日本共產黨台灣民族支部」，這雖是第三國際的布局，這不僅「結構」面有問題，就是歷史、文化的「本質」面也有問題。她應該高舉「中國共產黨台灣民族支部」，或許翁澤生等會成爲她的助力，而不是要鬥垮她。再從最高層面看這個問題，中共本來就應主導台共的領導權，才能掌握台灣情勢，而不是把「大餅」讓倭國搶食。

鍾問：這麼說謝雪紅是不是也誤判情勢？

陳答：是，但這並不減損她身爲革命家的可敬，世上任何人，包含所有更著名的革命家，孫中山、列寧等，一生絕不可能都不犯錯，不可能每一次都能做出正確的判斷和決定；若能，孫中山先生只須一次革命便能成功，何必十次失敗？而且我認爲中山先生的「聯俄容共」正是誤判情勢，歷史沒有第二個這種例子，黨和黨之間，基本的本質就是「零和遊戲」，存與亡而已，沒有那一方能容得下那一方！

話回到劉纘周，倭共當然是「胳膊往裡彎」，支持「自己人」，這是必然的政治選擇題，也沒有任何幫助。劉纘周有強烈的使命感，他回到台灣並沒有和「新台灣共產黨」合作，而是積極想要重建謝雪紅的正統台共。也可惜，他也在一九三一年十一月四日被捕，在獄中受盡變態的倭警酷刑，未能熬過而亡。

其他黨員在獄中大多受到倭警非人道刑求，楊克煌在事後曾回憶說，敵人對被捕者施行灌水、灌消毒水、灌汽油、剝指甲、刺乳頭、輾膝蓋骨、吊打、棕繩抽打等野蠻毒刑。在敵人這樣迫害下，許多反倭份子、台共黨員被殺害了，沒能熬到釋放，死在獄中。

鍾問：日本人本來就是很變態的種族，你看抗戰時他們怎樣對中國女人先姦後殺？謝雪紅被這些獸性種族的小日本鬼子抓去，是不是也慘了？

陳答：倭國這個種族存在亞洲，是亞洲永久性的禍源，也是全世界的禍害，我曾有著作《日本問題的終極處理》（見本書末著作表），申論應使這個禍源從地球上永久消失，中國和亞洲才能永久和平；若不徹底清除掉這個種族，亞洲永遠不太平，女人永遠不能安心過日子。

話頭回到謝雪紅，一九四九年她到北京參加政協時，也對「人民日報」記者談過，「一連六個月，不停的受著敵人各種刑法，如灌涼水、用針扎手指甲、用棍子打腫了腿……」還有最難受的是用兩根小木棍壓五指尖，再用針刺指甲縫，還無恥剝光了衣服，用點燃的香煙頭燙乳頭。黃石樵在《台共秘史》一書中，更提到謝雪紅被倭警刑以香煙燒灼其陰部，也絕不招認任何事情，是一個意志堅強的女人，更是勇敢的女鬥士。

謝雪紅在獄中並非什麼都沒說，所有被捕的人都被迫要寫自白書。她只針對政治理想、批判政治路線對錯來寫。她的自白書在解釋台共犯了機會主義錯誤時，寫下五點原因：

第一、台共未能得到日本共產黨的指導。

第二、台共是以知識份子爲基礎。

第三、台共建黨大會決定的政策，部份不合客觀情勢。

第四、台共建黨成員缺乏政治主張。

第五、無政府主義一派有不斷的陰謀。（後補註）

謝雪紅的自白書，多少反映出台共在中共和倭共間掙扎的困境，終究無法脫困而成爲死局。這是很大的問題，最頂層是第三國際不了解台灣和中國歷史的關係，而把台共的指導權置於倭共之下，中共勢必要奪回指導權，此乃大勢所趨，謝雪紅無力抗阻，問題一個個冒出來，直到滅亡⋯

2、鍾問：人都抓去了，總要經過審判才能定罪，獄中歲月到出獄這段時間，台共黨員和謝雪紅大致如何？

陳答：謝雪紅和其他台共黨員，都是在一九三一年次第被捕入獄的。預審庭一直拖到一九三四年七月廿四日才結束，唯一的漏網者是另一建黨領袖林木順，因爲他行蹤杳然，消息斷絕。根據當時報載資料，「台灣共產黨事件」，檢舉總人數一百零八人，內由倭警之手釋放者二十三人，搜查中二人，送檢查局七十九人，其中不起訴者二十人，起訴中止者十人，下列是最後被起訴者：

謝氏阿女、潘欽信、林日高、莊春火、劉守鴻、王萬得、趙港、陳德興、蕭來福、吳拱照、楊克培、楊克煌、張朝基、謝祈年、林式鎔、王日榮、莊守、顏石吉、簡氏娥、詹以昌、津野助好、王細松、朱阿輝、洪朝宗、張茂良、蘇新、簡超、盧新發、郭德金、張道福、林殿烈、林朝宗、吉松喜清、宮本新太郎、周坤棋、高甘露、吳錦清、劉纘周、林樑材、施茂松、陳朝陽、張欄梅、陳義農、林文評、翁由、詹木枝、陳振聲、李媽喜、廖瑞發，以上共四十九人。

所有被起訴者都判了有期徒刑，潘欽信十五年、謝雪紅初判十五年正式宣判改十三年、翁澤生也是十三年。另外十二年的有蘇新、王萬得、趙港；十年的有劉守鴻、陳德興、蕭來福；楊克培是五年，楊克煌四年。其餘分別七年、五年、四年、三年、兩年不等的刑期。

以上所有的刑期名單中，惟獨潘欽信一人判有期徒十五年，證明他在台共中地位何等重要！在獄中所有台共黨員面臨最大的難題，也許不是刑求招供等事，而是「轉向」的問題，也就是必須承認自己政治思想和信仰的錯誤。

鍾問：這是真的大問題，也許有人承認自己確是走錯了路，相信多數人是很掙扎的，尤其是謝雪紅的動向，她承認自己錯誤嗎？

陳答：在一九三〇年代那是極爲可恥的行爲（就是在任何時代，要任何人突然悔過，承認自己數十年的信仰和目標是錯的，都是很痛苦的。）

當時在倭人竊據台島時期之監獄，所謂「轉向」，必須放棄馬克斯主義，承認共產主義是錯的、承認無產階級革命是錯的、承認參加左翼運動是錯的，並答應（自白在轉向書中）從此以後不參加左翼運動。這是很大的掙扎，台共各黨員如何應付這個問題，吾人不逐一論說，今只講謝雪紅。一九五二年謝寫了一份自傳（現存北京台盟總部），其中提到轉向時說：

王萬得在公審時，公開批評馬克斯主義，勸人轉向，蕭來福也勸人轉向。敵人連續八天軟攻，讓我看鍋山貞觀、佐野學及其他日共主要負責人的轉向記錄、信件、文筆。

對謝雪紅而言，這是多麼不能面對的事，鍋山貞觀、佐野學等人，和謝在莫斯科東大已結識，後來也指導台共成立有過付出，都算站在同一戰線的老戰友，現在怎麼都樹起白旗投降了！

鍾問：謝雪紅是不是也只好轉向了！

陳答：她只好轉向了，她在自傳中說：「日共、台共都已潰滅了，急須重建新黨，儘管聲明上這樣寫，出獄後仍可秘密活動，而且這實際上是黨中央的指示。」也就是原先黨內就有「潛規」，這種情境下權宜轉向，保全生命以備未來再努力，不算罪過，但謝仍自認是「一生中唯一的大污點」。

對謝雪紅也是很大打擊的「私人問題」，便是她還在獄中時，楊克煌先出獄，又結婚生子，謝在獄中傷痛欲絕，因爲楊是謝最大的感情依靠。研究謝的一生經歷，對她的感情生活並不如往昔官方《附匪份子》文宣所言，「生性風騷，不安於室」。她的感情單純，留俄到上海建黨時期，與林木順應是「紅粉之交」，可惜林木順未回台灣。從台北國際書局到生命結束，她和楊克煌長相廝守，一起被批、被關、逃離……對楊的結婚，謝回憶說：

> 他被關了三年，出獄後不久就結婚，而且來探獄時也瞞著我，所以我恨他薄情。我出獄後，他再三向我解釋說：是父母逼婚，而且生活沒有著落，唯有和有家產的女方結婚才有生路。他結婚後，靠女方提供的資金開了「三美堂」百貨商店。

鍾問：這是很無奈的事，就像有些大陸來台老兵，他在大陸已先有妻室，但反攻無望，

不能一直等，只好再娶一妻；楊克煌很快出獄，謝不知關到何年？

陳答：確是，謝雪紅在獄中關了七年三個多月，於一九三九年四月七日出獄。她因得了肺病，獄方以爲她活不成了，通知家人從獄中抬出去，沒想到不久她很快好了起來。謝雪紅因病保釋出獄後，終於又找到楊克煌，但因楊「生米已煮成熟飯」，楊一度萌生離婚念頭，謝勸止他，認爲社會主義者應以政治運動爲主，言下之意是婚姻爲次（或顧不了），並要楊好好照料現有的家庭；此後，二人關係復原並保持秘密往來。

從謝雪紅對二人感情問題的處理，我發現她有三點異於常人的思想，也正體現了身爲革命者的特質。第一是她很有肚量，不是那種「非要把男人搶回來的女人」，若她一定要把楊再搶回來，必然傷了另一個女人的心，也破壞了一個美好的家庭，由此觀她不僅有肚量也有慈悲心；再者她仍然是一個革命者，仍然以「政治生活」爲生活之主旨和內涵，並以此影響了楊克煌，持續爲社會主義運動而努力；第三是謝在獄中的自白書提到台共失敗五大原因之一，是黨員缺乏政治生活，出獄之後她明知台共已完全潰滅不存，她並未放棄，她仍在尋找東山再起的機會，她仍保有一個革命者的「政治生活」。在這些地方，她也體現了身爲革命家的特質：永不放棄。

3、鍾問：謝雪紅出獄時間正是我們的八年抗戰，台灣必然處於非常時期，她能做什麼事？

陳答：她從一九三九年四月七日出獄，直到一九四五年倭人無條件投降，這段時間是謝雪紅一生最平靜的日子。她改名「山根美子」，定居在台中市（今火車站前的繼光街），與楊克煌共同經營三美堂百貨店。

謝雪紅這段平靜生活時期，正是中倭和世界大戰期間，當時的台灣也因倭國殖民而處於戰爭狀態，民間禁止一切政治活動，謝必然成爲倭警監視的對象，全島必然也處於緊張狀態。原因之一是倭國徵調台灣青年參戰，大家都知道那是有去無回的；再者「皇民化運動」持續進行者，許多人被迫要接受「洗腦教育」；三者有些女人被倭人拉去當「慰安婦」，也必然要造成很多緊張關係。

謝雪紅在這段時間雖不能從事任何政治活動，正常的交際活動總可以的，找朋友喝茶聊「八卦」總沒問題。所以，很快她把以前那些農組、文協和知道的台共人員，透過「八卦交際」，迅速聯繫起來；進而向知識份子也拓展關係，展露她的天份和企圖心。

一九四五年八月十四日，倭國向全世界宣佈無條件投降，台灣立即面臨全方位巨變。

其實早在一九四三年十二月二十五日，中、美、英三國「開羅會議」閉幕，發表「開羅宣言」（後補註）如是言：

三國之宗旨，在剝奪日本自從一九一四年第一次世界大戰開始後，在太平洋上所奪得或佔領之一切島嶼。在使日本所竊取於中國之領土，例如東北四省、台灣、澎湖群島等歸還中華民國。

台島上之人民應已知台灣遲早要回歸中國，只是不知覺間來的太快了，許多人對即將要來的「祖國」，充滿著憧憬、期待；壓根兒想不到祖國經十多年外患（倭國等各帝國主義）和內亂（中共叛亂、分裂國家），祖國已經成爲「爛攤子」，已經破產，成爲「乞丐國」（登陸基隆的國軍形同乞丐）。這種希望和絕望的落差，或許正是不久後「二二八事件」造成的源頭因素。

鍾問：開羅會議和宣言都說台灣回歸中華民國，照理說謝雪紅應該要接受中華民國和國民黨，她的適應情形如何？

陳答：對於蔣中正先生參與開羅會議，我認爲他在會中犯了大錯，羅斯福總統本來主張廢除倭人的天皇制度，蔣公建議保留。故此，余以爲蔣公不了解大和民族的侵略性源自天皇制度，蔣公亦不清楚倭人數百年來視「滅亡中國」爲民族天命之本質。他冒然爲倭人保留天皇制度，等於爲倭人保留未來再侵略中國的禍源，老校長啊！老校長，如今您想通了否？

回到謝雪紅，她對中華民國和國民黨的適應不好，應該說她的政治敏感度快速啓動，對新的統治者產生高度戒心，而她從出生到成人所接觸到文化情境也有關係，綜合而言，有以下幾點說明。

第一、謝雪紅及其他台共成員，純粹從無產階級和國際共產主義的立場出發，認爲國民黨的政權及中華民國，與帝國主義是有掛鉤的；尤其國民黨只是資產階級的組合和代言人，和中國大地絕大多數勞苦的人民群眾是脫節的，甚至是對立的。

第二、謝雪紅認爲國民黨和帝國主義是掛勾的，應是指「清黨」，國民黨除了利用自己的情治系統逮捕共黨，在租界內也得透過帝國主義列強警力抓人。實例之一，如台共翁澤生是倭警請國民黨情治幫忙，抓到轉交倭警，這怎能不叫謝雪紅提高警覺。

第三、謝雪紅從出生到長大成大，接觸到的都是「殖民文化」，最後因緣際會碰上共產主義、馬列主義。她對中國文化、中華民族「民族主義」，根本上是有隔閡的；何況馬列共產主義本質上是「去中國化」的，這和台獨思想是一樣的，諸如種種使她和中華民國更疏離。

鍾問：問題是台灣已回歸中華民國，而且馬上「台灣行政長官」陳儀要來接受，謝雪紅還能革命嗎？

陳答：她雖然沒有馬上發動革命的本錢，但在陳儀來台前一個月，她已經著手做了革命的準備工作，且已有不錯的成績。她之所以有先於常人的政治警覺，因爲她知道陳儀是何許人！

原來一九三五年，倭國台灣總督府召開「台灣始政四十周年紀會」時，陳儀任福建省主席，接受倭人邀請觀禮，並公開致詞說「台灣人在大日本帝國的統治下生活得很幸福」。這種混蛋不知道「我是誰？」後來被槍斃，真是活該！陳儀這種背叛國家民族之言，別說台共，就是站在國民黨立場也要批判，怎還弄來當台灣行政長官，難怪要搞出一個「二二八」來！因爲陳儀統治和倭人殖民差別不大！

一九四五年十月廿四日，陳儀飛抵台北松山機場。就在陳儀來台之前的九月，謝雪紅已經在台中召開「台灣人民協會籌備會」，成立宗旨在號召全島人民團結起來，爲爭取人民民主的實現而奮鬥。而此時，全台灣絕大多數人忙著組織「歡迎國民政府籌備會」，這是多數台灣人正常的期待；只有謝雪紅警覺要先把人民的力量組織起來，她的社會主義思想和革命細胞再次啓動了！

4、鍾問：真是佩服啊謝雪紅，打不倒的謝雪紅，陳儀給她建立一座「新舞台」，要給她揮灑！

陳答：我很佩服謝雪紅積極的革命精神，在所有左翼戰士中，唯此出身寒微之女子最突出。倭人無條件投降才不過幾日，陳儀尚未到台灣，她便先知先覺的成立了人民協會，這是何種性質的團體？在蘇新以筆名「莊嘉農」寫的一本書，《憤怒的台灣》提到：

這個團體的構成份子，大部份是日據時代抗日運動的鬥士，曾被日寇關了數年乃至十多年的革命戰士。日寇投降，蔣政權尚未入台的時候，這些革命戰士和各地的進步人士，開過多次會議，討論群眾的組織方針，和建立「前衛黨」的問題。對於後者，雖然大家認為必要，但因當時和中共尚未取得連絡，故決定建「黨」

的問題，待與中共取得連絡後再作討論，而先對群眾組織下手。

顯然謝雪紅仍然堅持社會主義的理想，而計劃要組建一個左翼政黨。只是到底是「台灣共產黨」或「中國共產黨台灣支部」？不得而知。按蘇新所述，要等和中共取得連絡才決定，似乎等中共指示，當然只是一個支部。

謝雪紅觀察當時內外情勢，決定要使人民協會成爲全島的群眾組織，以利進行啓蒙運動。一九四五年九月廿日，在台中第一女子中學成立「台灣人民協會籌備會」，參加者四十多人；又過十天，得到全島各地人民的支持，乃於九月三十日在台中大華酒家正式成立人民協會。（註：大華酒家是謝雪紅的弟弟謝真南（又叫真男）經營，在台中公園對面，謝雪紅的辦公室在樓上，也是她接待朋友的地方。）

鍾問：她的組織動員能力確是很強，人民協會宗旨何在？有何作用或活動？

陳答：在這段台灣權力處於真空狀態期間，謝雪紅的組織動員能力徹底表現出來。人民協會的政治綱領，提出「八小時工作制、保障人民自由」等主張；發行「人民公報」做爲宣傳機關；組織發展方面，從事救濟倭據時期被倭人以間諜逮捕的外省人，調解一般人民糾紛。由於人民協會廣受歡迎，很快在台灣各地成立很多分會支部等。

除了人民協會，謝雪紅展現她超人的組織能力，另也成立「台灣人民總工會」和「台灣農民協會」，前者是往昔未完成的「赤色總工會」化身，後者是農組的復活。就在人民協會成立不久，一九四五年十月廿日，台灣總工會籌備會正式召開並成立，而台灣農民協會也在同一天完成組織工作。根據蘇新後來對農協有如下描述：

一九四五年十月廿日，在台中市成立農民協會，到會代表多達一百三十多人。各代表情緒激昂，各地農民熱烈支持，使人想起日據時代農民組合的英勇鬥爭。會後另舉行抗倭諸先烈的追悼會。參加者大多是昔日的抗倭份子——「文協」和「農組」的舊幹部，以及台共黨員。當各人起來報告諸先烈的鬥爭經過和遭難犧牲的時候，在座的人們都現出一種無可形容的悲痛，個個都誓以繼續諸先烈的遺志，為本省的徹底解放而奮鬥。

這位蘇新正是台共被大逮捕時的新中央委員，戰後在台北活動，未再和謝雪紅合作過，可見人的恩怨情仇是很難了結的。儘管如此，蘇對謝的成就，還是在《憤怒的台灣》忠誠記錄，可見他對謝還是佩服的。

謝雪紅在倭人走而陳儀未到之間的兩個月，成立了人協、農協和工會三個全島性組織，這基本上是倭據時左翼陣營的再集結，他們有鮮明的政治立場，當然也受到陳儀政府的注意。

鍾問：這段時間是戰後不久，國民黨和共產黨尚未全面開戰，謝雪紅或許還有一點活動空間，等到陳儀來了又如何？

陳答：有關陳儀到台灣後，已有許多著作（含二二八調查報告）研究，這裡不再重複講述，只針對影響謝雪紅很大的介紹。一者陳儀規定中止所有人民團體，全部要重新登記才能成立；二是報紙、雜誌大多被查禁，謝在人民協會發行的「人民公報」同被查禁。

如此一來，必然遭致許多不滿，左翼陣營的反彈力道更大。但「二二八事件」極難用一個「貪污腐化」的因素，就能概括全部，那是戰後很複雜的問題，陳儀、中共、國民黨、美國、倭國都有關，趣者可看相關研究著作，本書不贅述。

註釋：

無政府主義（Anarchism）

「無政付主義」，據沙基（Oscar Jaszi）在「社會科學百科全書」所下的定義：「無政府主義乃指一種以完全廢除國家（或減少其活動至最少限度），而代以個人、團體、宗教、民族間完全自由、自動的合作，以建立一切人類關係中的正義（亦即平等與互惠）的企圖的學說」。（第二冊）蓋無政府主義者，均認爲：國家與政府爲一種剝削與壓迫的工具，對於社會與經濟的狀況，毫無助益，反爲一切禍害之源，故主張廢止政府與國家；而由於人性本善，故可以在無政府狀態中互助合作。

現代無政府主義的創始人，通常多認爲係法國的普魯東氏（Pierre Joseph Proudhon 1809-65），亦有認爲英人哥德溫氏（W. Godwin）者。而其淵源，更可遠溯至希臘時代的苦行學派（Stores）及伊璧鳩魯學派（Epicureans）的理論。我國古代的老、莊哲學思想，亦與此相通。其現代主要的人物，爲帝俄時代的巴枯寧（Michael Bakunin, 1814-78）、克魯泡特金（Peter Kropotkin, 1842-1921）及托爾斯泰（Leo Tolstoy）數人。

普魯東於一八四〇年著有「財產是什麼」（Qu est-ce gue la propriéts）一書，謂財產都是盜竊而來，根本不應存在，而爲一「共產主義的無政府主義」。但到一八四六年，又寫「貧困的哲學」（Systéme de la Contradictions Économi ques, on Philosopie de la Misére），主張發行「勞動券」，成立合作銀行，而不必廢止一切私有財產，則已非共產主義的無政府主義者。故馬克斯反對普魯東的理論，「第一國際」開除了普氏。

至於巴枯寧與克魯泡特金二人，均主張採用有組織的革命的暴力，而反對個人的暗殺行動。但二人又均不贊成馬克思主義者的集權的中央控制辦法，而信人性的互助。巴氏的主要著作，爲「上帝與國家」（God and the State）。氏認二者皆爲奴役人類自由意志的制度，故階級必須廢止，而使人類從一切奴役人類的制度，如：婚姻、教會及國家中解放出來。克氏的名著「互助論」（Mutual Aid, A Factor in Evolution），則係從生物學的觀點，從較簡單的動物生活中的合群互助，以至人類複雜關係，均莫不係互助以求生存；故反對虛僞的所謂「社會達爾文主義」（Social Darwinism），以其實有背達爾文進化論的本義。惟克氏的無政府主義的社會構想，係生產財與消費財均屬公有。而巴氏的新社會，則消費財不妨私有。

托爾斯泰的無政府主義主張，則係反對暴力而爲基於基督福音，採用和平方法以反對國家與私有財產的「基督教無政府主義」（Christian Anarchism）。其說，散見氏著小說「戰爭與和平」（War and Peace）、安娜・卡湼妮邇（Anna Karenina）及「復活」（Resurrection）等書中。

綜括言之：無政府主義的共同特徵，均有三端：⑴極端的個人主義，⑵反集權的社會主義，⑶暴力主義（惟托爾斯泰爲例外）。（並參看「社會主義」、「共產主義」及「虛無主義」等條）（涂懷瑩）

開羅會議（Cairo Conference）

第二次大戰時，美總統羅斯福與英首相邱吉爾計劃與蘇俄史大林舉行三國首長會議，但史太林要求在德黑蘭開會。邱吉爾乃向羅斯福建議，美、英兩國應先在開羅舉行會議，以便在與俄會議之前消除彼此歧見。羅斯福爲避免蘇俄疑忌起見，遂電邀俄國派外長莫洛托夫前來參加，史太林拒絕此請。

先是美國政府深知中國在戰時與戰後之重要性，主張中國參加美、英、蘇三國外長宣言，於是簽定四國「安全宣言」（Declaration of General Se-curity）因此，當蘇俄拒絕參加開羅會議後，羅斯福即致電中華民國主席蔣中正，邀請於一九四三年十一月二十二日以前，前往開羅舉行三國會議。事前，羅斯福總統並未得邱吉爾同意，故邱氏深感驚訝。蓋開羅會議原爲美、英兩國軍事會議，今乃變而爲中、美、英三國會議，而其討論之議程亦有擴大也。

會議於十一月二十二日開始；二十五日閉幕，其主要議題爲反攻緬甸與在戰後處置日本等問題。在此次會議中羅、蔣意見融洽，邱吉爾殊不能發生影響，結果除解決軍事問題外，並同意發表開羅宣言。

開羅宣言——在宣言中，中、美、英三國同意制裁日本並懲罰其侵略；主張使日本將其從中國掠奪之東北與臺灣、澎湖群島歸還中國；並聲明於相當期間內，予朝鮮以獨立地位。當三國代表討論宣言內容時，英國主張不提朝鮮問題，經我國代表力爭，美國代表贊同，英國始勉強首肯。宣言全文如次：

羅斯福總統，蔣委員長，邱吉爾首相偕同各該國軍事與外交顧問人員，在北非舉行會議業已完畢，茲發表概括之聲明如下：

三國軍事人員，關於今後對日作戰計劃，已獲得一致意見。我三大盟國決心以鬆弛之壓力，從海空各方面加諸殘暴之敵人，此項壓力已經在增長之中。

我三大盟國此次進行戰爭之目的，在於制止及懲罰日本之侵略。三國決不爲自己圖利，亦無拓展領土之意思。三國之宗旨，在剝奪日本自從一九一四年第一次世界大戰開始後，在太平洋上所奪得或佔領之一切島嶼。在使日本所竊取於中國之領土，例如東北四省、臺灣、澎湖諸島等歸還中華民國。其他日本以武力或貪慾所奪取之土地，亦務將日本驅逐出境。我三大同盟稔知朝鮮人民所受之奴役待遇，決定在相當時期使朝鮮自由與獨立。

根據以上所認定之各項目標，均與其他對日作戰之同盟國目標一致，我三大盟國將堅忍進行其重大而長期之戰爭，以獲得日本無條件投降。

除上述正式宣言外，當時羅斯福總統曾以廢除日本天皇制度問題相詢，蔣委員長表示此次戰爭之禍首爲日本軍閥，應首先予以打倒，至於日本國體問題，應留待戰後日人自行解決，並表示在此次戰爭中勿造成民族間永久錯誤，羅斯福總統對蔣委員長意見深爲尊重，對日本天皇問題未予提及，此事對日本戰後之安定所關極大。由此足證　總統蔣公睿智之一斑。（鄧公玄）

參考文獻：

The American People's Encyclopedia

Facts on file Yearbook 1943.

第9章　「二二八事件」中的謝雪紅

■左起：周夢江、樓憲、謝雪紅、王思翔（張禹），攝於一九四六年的台中公園。周、樓、王三人都是台中《和平日報》的外省籍記者，謝雪紅通過他們的文字來批判陳儀政府。

■周明，原名古瑞雲，一九四四年台中商業學校五年級留影。

第9章　「二二八事件」中的謝雪紅

1、鍾問：我們往昔的印象都認為謝雪紅是「二二八事件」的主謀元兇，她有這麼大的能耐嗎？又傳說她領導一支臨時成軍的部隊，和國軍的一個正規師級部隊對戰，真相又如何？我曾聽人把她說得和東方不敗一樣厲害，今天開始由陳老師來說最可靠！

陳答：數十年來有關謝雪紅不少傳說，加上一些舞台劇、戲劇等藝術工作者，把她的故事搬上舞台，多少加油添醋，使她更爲傳奇。至於有沒有那個能耐？或有多少真實，我們先不要下結論，從事件發生後的每一過程，來觀察並解析她的角色，較可靠和有說服力，她如何做判斷、下決心也值得去了解。

在前面各章節，我多次講到她的革命家特質，㈠是先知先覺；㈡是永不放棄；㈢隨時做好革命準備。這三個特質從倭人離台、陳儀主政到二二八前這段時間，謝雪紅可謂「盡情揮灑」。人民協會雖被解散，她仍然維持這個組織的活動；以接收「私立建國工藝職業學校」，做爲成立學生會的準備通路。

值得注意的是二二八之前，她和國民黨官員頗多交往，如台中縣長劉存忠、省黨部主委李翼中、三青團李友邦等都有交情。另外與國民黨報社《和平日報》周夢江、樓憲、王思翔（張禹）外省記者，都有交情。乃至一九四六年謝雪紅又重新加入國民黨，她在一九二七年也加入並持有「國民黨特別黨證」。所以，這段時間她和國民黨權貴過從甚密，凡此，對她而言只是一種僞裝、掩護，她在擴大她的接觸面，找尋再出發的機會，儘可能的做好革命的準備工作。

鍾問：純粹從一個革命者來說，她做得很夠、很足、很了不起！立足左翼，跨入右翼，企圖統一戰線，二二八機會出現，她握住了這個機會，至今了解她在事件中扮演角色的人，始終不多，左翼說她是英雄，右翼說她是土匪，到底怎樣？陳老師會慢慢給復興電台的聽眾滿意的答案。

陳答：關於二二八事件的經過、研究已有很多，全台各縣市也大多波及，這裡不一一講述各縣市發生經過，也不全面再論當時政府的處理情形。只針對台北、台中地區情形及謝雪紅的觀察、態度、處理、路線等，提出概要講解析論之。

一九四七年二月廿七日晚間七時，台北延平路「天馬茶房」附近，因女煙販林江邁賣私煙，遭查緝員查獲發生爭執，過程中林女被查緝員打傷。引起現場民眾不平將該查緝員包圍，該員舉槍射擊（不知是警告射擊或誤擊），當場擊斃一市民男子陳文溪，現場立刻成為戰火引爆點，這是第一天的晚上。有人乘機煽動，焚燬緝煙卡車。第二天，二月二十八日上午，有學生罷課，有商家罷市，民眾遊行，搗毀專賣分局，當場有兩個職員被暴徒擊斃，專賣物品幾全被焚燬，繼則包圍專賣總局，佔領車站，憤怒的群眾包圍行政長官公署，隱伏長官公署內的警衛向人群開槍，便一發再發的不可收拾，殘局可能得花一百年才能收拾（人心回歸理性），這場複雜的災難史稱「二二八事件」。

鍾問：前一天晚上若處理好，也許第二天好善了，但第二天又鬧大了，這麼快就成了全島性問題，不能控制局面的原因何在？再者謝雪紅等台共人員是不是已經盯上了這個事件了？第二天、第三天的發展情況是否更難收拾？

陳答：局面為何控制不下來？其實檢討半個多世紀仍無客觀而讓人信服的原因，左派作家如陳芳明的《謝雪紅評傳》，從頭到尾都是蔣幫政權貪污腐化造成，但後來的陳水扁八年偽政權貪污腐化比國民黨更嚴重，污錢之多超過任何黑心政權，吳淑珍的貪得無厭、貪贓枉法，古今少有，未聞陳芳明說半字不好，更別論能公正批判。

二二八火勢控制不下來，當然是蔣政權、國民黨和陳儀公署都要負責，執政者本要概括承擔；但不能因此說沒有責任、不須負責，陳芳明的作品通篇都是這種一面倒的心態，完全隱藏了真相。

我所謂的「真相」，指那些「其他」或許更重要，包含謝雪紅、蔡孝乾（二二八前他已潛伏台灣，並和謝雪紅見面，他是地下黨即台灣區共黨最高委員）等共黨煽動；二者光復不久，人心浮動；三者對祖國的期待破滅；四者當時台北軍警力空洞，無力維持基本社會秩序，更造成人心不滿和浮動。另外按數十年後的解密文件，也顯示倭國居心不良，暗中操控物價，製造動亂，尋找重回殖民的機會；以及美國勢力介入要分裂中國，製造掌控台灣的機會。

凡此種種原因，都是二二八事件不能在第一、二、三天這「第一時間」控制下來，使社會恢復正常秩序。因政治敏感度極高的謝雪紅，也在這第一時間如貓聞到很遠以外的魚腥味，立即啓動本能的捕魚、吃魚機制；謝雪紅的政治動員、組織能力，在陳儀政府還在應付群眾叫罵之際，她已啓動並佔上舞台的正中央，揮灑屬於她的天空。大約在第二天下午到晚上她有了構想，第三天就有行動了。

鍾問：第三天，三月一日執政者再沒有積極作為，也太遲鈍了！

陳答：三月一日上午十時，由政府和人民代表成立「二二八事件調查委員會」，這是由台北市參議會邀請國大代表、省參議員、參政員等所組成。委員會派代表黃朝琴、周延壽、林忠、王添燈前往長官公署，提出下列要求：

㈠立即解除戒嚴令。

㈡被捕之市民應即開釋。

㈢下令不准軍憲警開槍。

㈣官兵共同組織處理委員會。

㈤請陳儀向民眾廣播解嚴並即辦理㈡到㈤項。

可惜，調委會才剛組成，基隆要塞司令史宏熹奉令兩個中隊派赴台北市警戒，中午一時許車行到汐止，被暴民攔擊，一軍官陣亡，負傷士兵二人。而此時，其他縣市動亂已擴大，均略述。

謝雪紅的主戰場在台中，故須略述此時台中人事背景。此時的台中是大縣制，包含南投、彰化、台中市、縣，都是台中縣範圍。台中縣長宋增榘（註：民國三十四年十二月二十六日，公署派首任縣長劉存忠，因貪污等事件被解職；三十五年十二月十三日，由留倭國早稻田大學的宋增榘接任。）。大屯區長黃周、台中市長黃克立、警察局長洪字民、憲兵營長孟文楷、空軍第三機廠廠長雲鐸、國民黨市黨部指導委員林金藻、三民主義青年團台中分團股長高兩貴、縣參議會議長羅萬俥、副議長蔡先於。以上這些中部地方要員，在二二八之前早已和謝雪紅有交誼，事件發生後亦有「交手」！

也在第三天，三月一日，台中市參議會鑒於事件蔓延到台中，促請彰化市、台中縣舉行聯席會議，謝雪紅一派也參加會議，地點在「大屯郡役所」，出席者有縣市士紳代表、倭據時期的文協、農組、民眾黨、自治聯盟成員；以及皇民奉公會壯丁團和州市協議會代表等。會中決議「以武裝鬥爭來擁護台北市民的鬥爭」；另提出兩個政治要求：㈠改組長官公署、㈡即刻實施省縣市長民選。

2、鍾問：哇！看這些出席者代表團體，都是謝雪紅的老班底，可見她在戰後的經營是成功的，尤其決議「以武裝鬥爭來擁護台北市民的鬥爭」，也等於正式對全台發出

台共的「革命號召」，比較奇怪的，「皇民奉公會」怎麼也來了？第四天情況呢？

陳答：眾所皆知，皇民奉公會是倭據時期的「漢奸團體」，他們是一些爲倭國皇軍效勞的台灣人，幫倭人在台灣加速「皇民化」的完成，辜顯榮、林獻堂都是「皇民奉公會」成員，故林獻堂可謂晚節不保，春秋定位之下他是「準漢奸」，辜顯榮則根本是漢奸，辜顯榮也是引導倭人軍隊登陸台灣的人。但到二二八還有皇民奉公會公然參與台共革命，表示倭人尙有很大勢力在台灣，而且參與二二八的動亂。

大家也許會質疑，漢奸團體怎和台共搞在一起？按共產黨的鬥爭理論，敵人分主要和次要敵人，而次要敵人可以成爲「階段朋友」，共同打倒主要敵人。故中共一向有「聯合次要敵人打擊主要敵人」之策略，例如台灣在兩蔣時代，中共和海外台獨（許信良、彭明敏）過從甚密，都是一樣策略的運用。

第四天，三月二日，上午中部地區民眾一千多人，齊集台中戲院舉行市民大會，先由楊克煌報告連日來的發展情況，接著推選謝雪紅爲大會主席，謝即發表演說，強調人民團結起來，推翻國民黨一黨專政，本質上這已是台共的「誓師大會」。這天下午，謝雪紅宣告「人民政府」成立。

鍾問：這不是正式宣告「台中人民政府」成立嗎？站在國民黨立場，也是叛國加叛亂，

謝雪紅沒有退路，必須勇往直前！

陳答：站在當時時空環境，當然是叛國加叛亂，但本書超越兩黨鬥爭之上，研究謝雪紅在過程中的判斷和行爲，以觀其身爲革命者的情操。人民政府成立後，謝提出保障言論自由和集會自由，要求市民「不帶槍的不要打、不抵抗的不要打」之作戰原則。「誓師大會」後，市民開始遊行。首先包圍警察局，局長接受謝雪紅解除全體武裝的要求，封存了所有武器。隨後群眾包圍縣長劉存忠公館，群眾搬來幾大桶汽油，欲燒燬劉宅，適逢謝雪紅趕到，她恐火勢燃及一般民宅，勸民眾不要放火，並單獨走近劉縣長面前，令他們放下武器。劉竟不可思議的向謝大呼救命，並繳出六把短槍。群眾要求槍決劉某，謝雪紅向群眾解釋，這些人貪污犯罪，應交法定程序處理，不可由民眾私刑。

鍾問：從這件事看，謝也是一個臨危不亂的女勇士，她能空手叫劉縣長繳械，阻止群眾放火、私刑等，還是可敬！

陳答：謝雪紅單身空手把劉縣長侍衛等六把槍繳出，在鍾逸人的回憶錄和官方皆有記載。另楊克煌在《我的半生記》也說過：「謝，在同敵人進行尖鋒相對的鬥爭時，每次你都是沉著的。」

就在謝雪紅處理劉縣長事的這天，三月二日下午，台中地區成立「時局處理委員會」，成員有：林獻堂、林連宗、林糊、黃朝清、謝雪紅、林兑、張煥圭、吳振武、洪元煌、賴通堯、林月鏡、童炳輝、黃棟、莊遂、巫永昌等人，並由青年學生成立「治安隊」。但又在此時，傳聞廿一師部隊即將進入台中地區，林獻堂、黃朝清等因恐懼，又宣佈解散處委會和治安隊。但謝雪紅、楊克煌主張武裝抗爭到底，於是謝雪紅組織了「武裝部隊」，在莊嘉農（蘇新筆名）的《憤怒的台灣》和楊克煌《我的回憶》均如是說：

以警察局的二十八枝步槍和一百多把軍刀，武裝了幾隊青年，制先進攻鄰近蔣軍小據點，收繳武器。一夜之間，青年的奮鬥甚為成功，到天曉時，已收繳了一百多支步槍、三支機槍，及許多軍刀手榴彈。青年部隊又佔領廣播電台，向中部地區廣播各地起義情形，並要求全中部地區實行戰時體制和組織武裝起來響應。

謝對成立的「武裝部隊」提出三原則：（一）不要殺傷外省人；（二）不要損毀物質房產；（三）一切武器儘量把握在人民手裡。這天下午謝雪紅宣佈「台中人民政府」成立，並由楊克煌起草人民政府宣言、政治綱領、組織法等。但這終究只是構想，不可能有機會實踐。

鍾問：確實沒有機會嗎？她是不是也犯了「盲動主義」的錯？接下來第五天呢？

陳答：我認爲以她一貫的冷靜、智慧，應有能力判斷時局，她是沒有機會的。臨時組成一支還談不上的民兵，怎可能和國民黨的正規軍對戰下去，但她亦非盲動，而是她有革命者堅持理想的精神，只要機會不是零，她都勇於拚下去。

第五天，三月三日，謝雪紅有了軍隊、武器、目標，這天她便在市參議會成立「台中地區治安委員會作戰本部」。而也在這天，台灣當局（陳儀政府）劃定台北、基隆爲兩戒嚴區，分別以憲四團團長張慕陶、基隆要塞司令史宏熹爲戒嚴司令；劃定新竹、台中爲防衛區，本部處長蘇紹文，高參黃國書爲該兩區司令；通電高雄要塞司令彭孟緝，負責嘉義以南爲責任區。謝雪紅對「敵人」這些部署，多少是要了解的，否則她的判斷依據何在？

謝的作戰本部成立後，凝聚了中部地方一些反抗運動者，包括彰化、大甲、豐原、埔里、東勢、田中、太平，都組成援軍參加。

作戰本部成立後，民兵和國軍也有幾回交手（註：按軍事術語，二二八的民兵和國軍的交火，都還稱不上是一場正式的「戰役」、「會戰」，故本文所說「戰役」或「巷戰」只是權宜稱謂。）

謝雪紅領導民兵的作戰原則，說來算很高明，她儘可能「不戰而屈人之兵」。以獲取台中市郊空軍第三飛機製造廠爲例，按當時第三廠的台籍軍官李碧鏘的說法，他向廠長提議和平三條件，經廠長同意，由他前往台中和治安維持隊的吳振武、作戰本部謝雪紅談判，此三條件是：（一）由學生護衛三廠；（二）軍眷家屬全部住進廠裡，糧食由台籍軍官負責供應；（三）三廠警衛由學生駐守。

鍾問：這麼說台中已被謝雪紅佔領，人民政府真的能運作嗎？

陳答：某種程度上，「台中人民政府」應已正式運作，因爲到事件第六天，三月四日，台中的官方機構大多被「謝雪紅政府」接受，統一由她所領導的民兵控制，包括台中市警察局、台中縣警察局、台中市憲兵隊、台中團管區司令部（第八部隊干城兵營）、七五供應部第四支庫、空軍第六被服廠、台中軍械庫六處（教化會館）、台中廣播電台、台中電信局、台中專賣局等。套用國民黨的說法，這些地方已淪入「匪區」，有待廿一師來光復。

原先林獻堂、林連宗、黃朝清等人解散了「台中處委會」，見謝雪紅掌控了台中局面，又恢復了處委會，可見這些人都是沒有立場的機會主義者。謝雪紅也不計較，也參加這個會並發表演說，處委會成員乃同意謝的主張：「以武裝力量為背景，徹底爭取民主自治。」其下組織分成總務、政務、保安、宣傳、執行等委員會。處委會下各委員會以保安會最重要，負責軍事作戰和防衛任務，保安會下設副官團、參謀團、情報、通信、軍需、兵器、連絡、保護各部。但處委會因怕謝雪紅有共產黨身份，故以前倭據時期海軍陸戰隊海軍大尉吳振武為統領指揮。

鍾問：有了政府，也有了準國防組織，中部儼然成了獨立國家，吳振武又是誰？前面陳老師才說謝雪紅根本沒機會贏，她是不是太急了？

陳答：她確實沒有一絲贏的機會，就算抓住一個統治者「空虛的地方」，宣佈成立「人民政府」，也絕對是一個泡沫，但她還是決定硬幹到底，泡沫也無所謂，這瞬間的美感、快感便是永恆，今天不做，明天就沒機會了。我認為謝雪紅此刻是這樣的心態，這時她已四十六歲了，現在不做，這輩子就沒機會了。

當我正在整理本書訪談稿的二〇一三年秋冬之際，第四十八屆金鐘獎於十月二十五日晚上在國父紀念館舉行，本屆特別貢獻獎頒給兩位，已故的「國民歌后」鳳飛飛和高齡九十二歲的「國民母親」盧碧雲（如圖）。鳳飛飛的兒子趙彣霖在錄音感言中，提到媽媽常說的一句名言：「全世界最不喜歡等人的，就是機會。」啊！鳳飛飛已是一位智者、哲者。

是故，我認爲謝雪紅對機會把握得很精準，當年她若不把這個「自我實現」的機會，今天有誰知道這奇女子。再如黃花崗烈士，一個個正當青春盛年，他們知道沒有機會回家了，明知不可爲而爲。乃天地間最可敬，可愛又浪漫的事，他們創造了傳奇、經典！

吳振武的角色在二二八事件中也重要，他本來受命要暗殺謝雪紅，後又放棄。他一九一八年生，屏東人，台南師範學校第一期畢業，後入倭國東京師範體育科，畢業即參加倭國海軍，一九四四年官拜海軍少慰，前往海南島海軍陸戰隊第六警備分隊長任職。倭人戰敗後，吳被推選爲海南島三亞地區台灣官兵遣送部長，與約萬名台灣兵一起回到台灣。

2013.10.26.
人間報
文化部長龍應台（左）將特別貢獻獎頒給高齡九十二歲的「國民母親」盧碧雲（右）。圖／林澔一
本屆特別貢獻獎由已故的「國民歌后」鳳飛飛（上圖右）和高齡九十二歲的「國民母親」盧碧雲共同獲得。圖／林澔一
第48屆電視金鐘獎

3、鍾問：吳振武統領「處委會」，又負責軍事作戰和防衛任務，這等於和謝雪紅形成雙頭馬車，這是誰的算計？接下來的發展又如何？

陳答：從現有文獻史料看，這是林獻堂的策略，目的在制衡謝雪紅，林只是主張政治改革，反對革命乃至推翻政府，他知道那是危險的，他有產業有家室要顧，不像謝雪紅「一人吃飽全家都飽」，林要走安全、務實的路線。此期間，林獻堂和警總、國民黨，始終保持秘密聯絡。

被處委會授以軍權的吳振武，在台中師範學校成立了「民主保衛隊」，自任隊長，他果然執行林獻堂的策略，消極應付謝雪紅的要求。蘇新後來回憶吳振武掌握軍權後，「台中地區的人民武裝就四分五裂」，拒絕支援人民的武裝力量，企圖和平解決事變。另一方面，吳可能也接受當局的地下情報任務，要找機會暗殺謝雪紅（無直接證據），後有悔未下手，騎虎難下，乃用手槍打自己腳，而說擦槍走火，從此躲到醫院不管事了。

楊克煌對此事有描述，說前夜吳振武和三個特務秘密會議，商議要暗殺謝雪紅，他接受了任務，後又反悔，只好自傷其腳逃免責任。後來國防部長白崇禧到台中宣慰，吳自說暗殺謝未成，反被她所傷，被認爲有功，海軍總司令桂永清看上他，任命吳振武爲海軍上校，那是二二八結束後的事。

謝雪紅見得不到處委會的軍事援助，乃自組「二七部隊」，由鐘逸人爲隊長，古瑞雲爲副隊長，蔡鐵城爲參謀。這支部隊的成立時間有不同說法，但以二二八事件爆發第八天，三月六日，最爲合理和正確。

鍾問：這個部隊的領導權、成員、規模、成立等，到底如何？請陳老師說說！

陳答：三月六日晚上八點，陳儀向全台廣播，已建議中央實行省政府制度，七月一日起縣市長民選，希望各地快恢復平靜，尋找愉快和平的生活；台北市的「處委會」也宣告處理辦法，顯然效果不彰，「二七部隊」就在這天成立了。

「二七部隊」的命名，是爲紀念二月廿七日晚上台北發生的緝煙事件。據楊克煌在《台灣二月革命》說，三月六日作戰本部已將槍彈盡發出供應各地，可說完成了使命，但欲完成起義任務，要徵集一群優秀青年學生，另在第八部隊干城兵營組成「二七部隊」。

蘇新的說法比較清楚，「一群優秀青年學生，爲反對處委會的妥協，抗戰到底，乃在謝雪紅、楊克煌領導下，另編成『二七部隊』，整編隊伍，佈置崗位，整備各種武器彈藥、被服、食糧、醫藥等。同時修理戰車、高射砲、機關槍、迫擊砲等，以備作戰。」

在二七部隊擔任副職的古瑞雲（周明）說，這支民兵的基本隊伍，包括黃信卿的埔里隊，何集淮和蔡伯勳的中商隊，呂煥章的中商隊，黃金島的警備隊，李炳崑的建國工藝學校隊，總數約百餘人。二七部隊的成員都是自由加入，也可以自由退出。從軍事標準看，二七部隊根本不是軍隊，連民兵也不合條件，謝雪紅的輸是當然的；反之，廿一師到台中若不能平定、搞定這支民兵，廿一師在歷史上還有臉叫廿一師嗎？

鍾問：到底謝雪紅在二七部隊中的角色如何？

陳答：謝雪紅並未直接指揮二七部隊，但她始終在二七部隊。警備隊的黃金島有一個說法較確實，謝雪紅當時在二七部隊值得肯定，對軍心士氣的穩定莫大助益。不可否認的，廿一師的登陸及二七部隊撤退到埔里，使軍心浮動。謝雪紅當時以一介女流，堅定表示要固守埔里，令成員有「難到連一個女流都不如」的自省。後來雖未死守埔里，至少也在某種程度上，迎戰國軍的正規廿一師部隊……

由劉雨卿將軍率領的國軍廿一師，三月十一日在基隆港登陸（詳補註），一路往南綏靖，陳芳明在《謝雪紅評傳》一書說成「種族屠殺」，完全是一面倒的「抹黑」行爲。身爲作家極不應該，作家不僅要對歷史負責、對真相負責，也對良知負責。

二七部隊和廿一師是正式的作戰行爲，就算拿「戰爭法」解釋，也是一種作戰行爲，即是「作戰」，必有傷亡。陳芳明的心態，是死了國軍成員是活該，死了二七部隊是屠殺平民、是暴政，這算那門子邏輯，不通！全是抹黑！

陳芳明的論述（整本書）完全站在台共立場，指控國民黨，如同當年中共在大陸搞叛亂一樣，共軍打國軍就是爭民主、爭自由；國軍打共軍，就是反民主、反自由、不民主、是暴政，是人民的公敵！

謝雪紅敢於發動革命，敢於成立作戰本部、人民政府，敢於組織軍隊（雖然二七只是民兵，有坦克、機槍、迫砲等），敢於正式宣戰，在「戰爭舞台」上只有公平決戰，輸贏傷亡各自負責。在三月九日這一天，文獻史料尚有如下記錄：

> 二時，由閩開到基隆憲兵，本部派卡車接運回台北，於七堵遭匪徒攔炸，未逞。
>
> 楊監察使亮功來台，於基隆台北途中，被暴徒圍擊，隨員及乘車均受傷。
>
> 基隆暴徒復圍攻基隆要塞，被擊退。
>
> 六時宣佈台北市繼續戒嚴，並派兵彈壓變亂，搜捕奸暴。
>
> 十一時三十分，台北暴徒圍攻本部對國內連絡之無線電台，被擊退。

鳳山、左營、屏東三地，繼高雄之後，肅清奸暴，并恢復秩序。

鍾問：那些是暴徒？那些是謝雪紅的作戰部隊？那些是真正的革命者？或台共？已無從查考！但是一個師來了，也等於宣告謝雪紅要退出舞台了，民兵終究不是正規軍的對手！

陳答：國軍廿一師第四三六團於三月十三日到台中，謝雪紅在前一天以兵分兩路，把二七部隊轉進到埔里，一隊直接到埔里，一隊到草屯倉庫搬運軍需再到埔里集結。謝到埔里說，一度要爭取霧社原住民支持，並未得到任何響應，在日月潭、烏牛湳曾和追擊的國軍有過激戰，謝雪紅知道這個戰場即將要結束了。

三月十四日下午，地下黨人謝富轉達「台灣省工作委員會」蔡孝乾的命令，要黨員停止活動，以保存組織的力量。謝在得到指令後，告知副官古瑞雲，表示到小梅會合，她便和楊克煌離開埔里營地。此舉使投入二七部隊的黃金島、古瑞雲等人，覺得被離棄。

謝楊二人原希望透過陳篡地聯絡省工作委員張志忠，期待重新集結，東山再起，可惜她並未找到張志忠，開始她的逃亡。（詳補註）

三月十六日，事件第十八天，二七部隊仍堅守埔里，是夜，獲悉嘉義斗六等地民兵集合小梅山中，二七部隊始化整爲零，前往小梅山參加游擊隊。對謝雪紅在兩天前的離開，各種說法中沒有一種可以完全叫人信服，唯一的理由是地下黨的指令要她離開，是否叫「逃兵」，須要更多證據來說明。

補註：

林瓊華在「女革命者謝雪紅的眞理之旅」如下註釋：

古瑞雲（周明），《台中的風雷：跟謝雪紅在一起的日子》，頁72。對當時尙未被吸收爲地下黨成員的周明與黃金島而言，領導在戰場上擅自離去，確實是莫大挫折傷害。但從地下黨當時的指示與日後謝、楊因此事在中國遭批判而言，這裡有兩點須加以補充。一、地下黨當時力量薄弱，事實上對二二八事變的發生、影響與與助力都極有限。但即使如此，當時確乎已有聯繫的系統與管道，從周明的敘述可知，「人民協會」的重要骨幹，如林兌、謝富、李喬松都是當時潛在的地下黨成員，謝雪紅與楊克煌於三月一日商討有關楊逵與鍾逸人印發傳單，倡議召開市民大會一事時，他們都是共同與會的對象，對地下黨的發展皆曾密謀。（參古瑞雲，頁51—52）所以此時也是地下黨人的謝富來傳達指令，要謝、楊兩人離開的原由，據謝雪紅後來告訴耿耿於懷的周明，指令說，局勢突變險惡，所有共產黨員必須停止一切公開活動，隱藏起來以保組織力量，且因絕對服從上級命令是共黨的鐵律，故不得不離開。（參古瑞雲，頁115—116）。一九四六年年底謝與蔡孝乾見面時曾要求恢復她個人黨籍，並請求讓「人民協會」成員集體入黨，但因蔡回答依中共黨章規定，只能個別申請，不可集體入黨而未果；至於謝個人部分，則因蔡要求她塡寫入黨申請書與經歷，謝認爲在白區留下文字證件太危險而拒絕。（參葉芸芸，《證言二二八》，頁38。）從這些線索應可得知，謝雪紅當時雖未正式入黨，但是和其他同志與地下黨是有聯繫的，陳芳明認爲謝雪紅突然離開埔里的發展很突兀，且因不是正式黨員怎會得到通知而離開二七部隊的疑惑（參陳芳明，頁337—339），只要不執著於當時「『正式入黨』才能從事地下活動」這個迷障，應可從以上資料得到部分解答。事實上，在謝雪紅離開前已告知周明如何會面的方式，所以三月十四日當晚，周明循線復與謝、楊會合。（參古瑞雲，頁76）二、十年後謝、楊兩人因此而被冠以「二二八逃兵」的罪名，雖然一九五二年省工委會的幾位黨員都證實接到此一指令，但傳達此令給謝雪紅的謝富及其子皆已遭捕遇難。（參古瑞雲，頁75）在二二八中採取武裝抗暴的謝雪紅，較之與後來在「香港會議」被證明以談判爲策是錯誤的處委會諸眾，或可知逃兵之說是當時強欲加罪的結果。據周明轉述謝雪紅的說明，張志忠是當時省工委會常委，她之所以想到竹山尋找陳篡地會師，一方面是因爲她與另一位工委會領導蔡孝乾曾有過意見衝突（故不欲與之聯繫），另方面也因爲她的觀點與張志忠一致，並曾事先約定，一旦敵軍反撲，就將自己隊伍分別徹入埔里與小梅，而謝以爲陳篡地是張志忠領導，所以想透過陳與張會師；但因謝只知道簡吉是張志忠所領導，故派遣周明去探聽情況時，只能詢問簡吉是否在陳的隊伍中，後證實簡吉不在其中，故斷定陳非在張志忠領導下。（參古瑞雲，頁116—117）

廿一師到台灣的任務經過：

三月十一日

整編二十一師師長劉雨卿到臺，向民眾廣播國軍來臺的目的。本部并發告民眾書，曉諭大義，分化奸僞反動勢力。

整編二十一師五三八團本日由基隆登陸，除留兩個連守備基隆外，其餘全部開往臺北市，任省會綏靖工作。

三月十二日

整編二十一師師部及直屬部隊率四三六團由基隆登陸，除以一個營以空運嘉義解圍外，師部逕開臺北，四三六團以火車運輸向新竹推進。

三月十三日

整二十一師四三六團本日到達臺中、臺中及彰化展開肅奸工作，奸黨謝雪紅率眾逃竄埔里。

空運嘉義機場之營（欠二連）協同高雄彭司令由臺南派遣之部隊開始出擊，收復市區，匪徒分向布袋、北港、新營、虎尾各地逃竄，我軍追擊圍剿。

彭司令并派隊驅逐恆春暴徒，恢復秩序。整二十一師一四六旅旅部由基隆登陸後，即向新竹推進，并令該旅岳旅長率領必要人員前往臺中，督剿肅奸。

整二十一師獨立團第二營即開宜蘭，擔任綏靖工作，即日到達，恢復秩序，收繳武器。

三月十四日

整二十一師派兵一營進剿竄逃埔里之奸匪。

鐵路交通：臺北至基隆，至臺中，至嘉義，至高雄，至屏東，均告恢復。

三月十五日

令飭二十一師獨立團即率鳳山員兵開臺東，并令該團進駐宜蘭之營推進花蓮港，統由該團長指揮，任臺東、花蓮港之綏靖任務。

三月十七日

花蓮縣開始肅奸與清查武器工作。

三月十八日

獨立團到達臺東開始肅奸工作。

三月十九日

整二十一師一四五旅率四三五團由基隆登陸，繼以火車輸送旅部至鳳山。

整二十一師師部及直屬部隊本日開臺中，指揮清剿工作。四三五團駐臺中，歸師部直接指揮。

整二十一師一四五旅四三四團繼由基隆登陸，以火車輸送至臺南，加強南部綏靖工作。

三月二十日

因爲部隊陸續到達，警備總部重新調整部署、分區綏靖，計分全省爲臺北、基隆、新竹、中部、南部、東部、馬公七個綏靖區，以各該地區有關軍事主官、憲四團團長張慕陶，基隆要塞司令史宏熹，駐新竹之一四五旅旅長岳星明，駐臺中之整二十一師師長劉雨卿，高雄要塞司令彭孟緝，駐臺東之二十一師獨立團團長何軍章，馬公要塞司令史文桂等分任綏靖司令，以專責成。并自二十一日起，開始清查戶口，辦理連保，澈底消滅奸頑。現除斗六、布袋等偏僻之處，尚有少數散匪潛伏，正圍剿外，三月十六日全省解除戒嚴，各地綏靖工作均能順利進行。

第10章　香港，「台灣民主自治同盟」的建立

■左上/右上：周夢江（左）與王思翔（右），攝於一九五〇年左右的上海，他們在二二八事件後逃回上海，後來參加謝雪紅領導下的台盟。王思翔於一九五五年被打成右派「胡風集團」的一份子。

■左下：在香港「新台灣叢刊」時期，周明（左）與同事合攝於編輯部。（周明先生提供）

■右下：林東海攝於一九五〇年左右。

■蔡孝乾攝於晚年，他是謝雪紅生命中最大的敵人。他在台灣吸收的黨員，逃到中國大陸後數度對謝雪紅展開政治鬥爭與批判。（取自張炎憲、李筱峰、莊永明編，《台灣近代名人誌》，第四冊，〔台北：自立晚報，一九八七～一九九〇〕）

第10章　香港，「台灣民主自治同盟」的建立

1、**鍾問：陳老師，這裡開始要講謝雪紅在香港的情形，但是他是怎樣離開台灣的？聽說這個逃亡過程很神奇，很有故事性，可能遲早會不會有人拍成電影？陳老師說會不會？**

陳答：謝雪紅的故事搬上舞台據演出已有了，電影目前沒有，或許以後會有。我先講謝雪紅怎樣逃出全島通緝的台灣，安全抵達廈門，我也深覺不可思議，太神奇！

回到前面的時空場景，謝雪紅是在事件發生的第十六天，一九四七年三月十四日，她和楊克煌得到蔡孝乾的命令，即離開埔里的二七部隊。兩天後，三月十六日深夜，二七部隊也解散了。

按楊克煌的回憶，謝雪紅是在同年五月廿二日抵達廈門，投宿於廈門台灣同鄉會。此期間的兩個多月，她倆藏在何處？幹啥？可能因安全或機密，始終是空白。但確

定的是他們在五月廿一日，從「左營海軍第三基地司令部技術員兵大隊」乘軍艦出來，安排此事的是一位中尉教官蔡懋棠，他是誰？怎有辦法讓謝雪紅等一行，自天羅地網中、光天化日下，大搖大擺的從「最危險的地方」「戒備最深嚴的地方」，安然出走？鬼使神差乎？？？

蔡懋棠，鹿港人，台中二中畢業後留倭，進讀東京外語學校，曾和謝雪紅鄰居（何處不詳）。蔡有兩個哥哥，堯山和汝鑫，在大陸加入共產黨，後均因匪諜案判死刑。怪怪！這裡正是謝雪紅成功脫逃的「源頭」，這種血海深仇若不報，身爲弟弟有何面目立於世間？不論他哥哥有罪無罪，都已不重要，他要出一口冤氣才重要，若不做成謝案，他可能也要做別案，或炸沉一艘軍艦，才足以舒發冤氣，並完成身爲弟弟的「天職」，否則他一輩子不能交待，更不能原諒自己的無能！

鍾問：啊！原來謝雪紅能成功出逃，是有人拼老命也要幫助她，但當時大陸仍是國民黨執政，她是通緝要犯，她能做什麼？

陳答：不要忘了，共產黨當時已控制神州大地半個江山，而且國軍和倭人打了十多年仗，整個國家是極爲殘破的。謝雪紅到廈門，很快又轉往上海，與上海「偉光醫院」的李偉光聯絡，爲什麼謝雪紅逃出台灣第一個聯絡人是李偉光？他是何方神聖？

首先要知道的，上海是中共當時重要的「地下基地」，不論台共或中共，凡是對台灣地下組織的聯繫、人員往來，幾乎經由「偉光醫院」的掩護，這也可見李偉光在中共系統有重要地位。他和中共的關係在抗日時期就建立起來，以表面上的醫院之名，做爲中共黨員地下聯絡的轉接站。

李偉光原名李應章，最早躍上政治舞台，是一九二五年彰化二林因倭人總督壓迫剝削蔗農，李偉光起來領導蔗農反抗倭人事件。後到大陸尋求發展機會，一九四三年他與台灣青年施石青、郭星如等，在上海成立「台灣解放聯盟」。戰後他和右翼運動的楊肇嘉，競爭「台灣旅滬同鄉會」，二人都宣稱當選理事長，真相如何？早已是懸案了！

李偉光對右翼份子也接觸，戰後林獻堂率「台灣光復致謝團」到南京，事後到上海，就是由李偉光出面接待所有團員，可見李也是左右通吃。

謝雪紅到上海要參加省工委的領導，被蔡孝乾阻止，蔡要求她辦理入黨手續，這當然是政治復仇，因蔡當年參加台共被謝開除了。當時從台灣逃到上海的黨員，都受到組織命令，必須前往解放區，謝雪紅依命令要去山東，但臨行因船夫拒載女性，組織重新安排謝和楊克煌到香港。

鍾問：這真是天命，她若去了山東，可能沒有後來的風光，在香港她正好大展身手！

陳答：這很難說，她每次遭受「政治挫傷」，復原能力很快恢復，表示她面對各種不同環境都有很好的適應力。她是一九四七年六月到達香港，國民黨政府不可能在英國殖民地上抓人，她等於得到天然掩護，很快就展開她的政治活動，針對下列四種人密切接觸：㈠中國民主運動人士到香港避禍者；㈡早期台獨如廖文毅、廖文奎兄弟；㈢台共時期的黨員到香港會合者；㈣中共地下人員。

首先，謝雪紅與中國民主同盟人士莊希泉、劉漁雪等人共組「台灣問題研究會」，楊克煌、周明、施曉青、李自修、蘇新都是會員，該會主要贊助者是石霜湖（原名石煥長，醫生、宜蘭人，同情左翼的右翼者）。在第一次研究會時，在莊希泉建議下，八月廿五日在《南僑日報》發表離台第一份政治聲明，「告台灣同胞書」，批判國民黨、蔣幫是必然的：

> 親愛的同胞們！我抱著戀戀不捨的情緒，離開我們美麗的台灣了。在這封信上，我很誠懇地和大家把這次起義的成就和失敗的教訓加以檢討，這是對我們今後需要進行的路線有重大關係。

首先，這次起義因被獨裁者撕毀鎮壓，表面上似乎失敗了，可是這次所獲得的成就決不少，這次起義實質上是配合著國內人民的爭民主、反飢餓的鬥爭，而牽制了蔣軍兩個整師，使其不得向國內的人民進攻。而且更加暴露了法西斯獨裁者和黨團的無能，與軍政的腐敗薄弱，證明國民黨政府失盡了人民的信仰和支持，提醒了人民對自身的力量獲得信心。另一方面，這次武裝起義又得了各種教訓和經驗，這種種都是台灣人民流了不少寶貴的血，所得來的成就。

其次，在起義的過程中，一時民眾力量既壓倒了獨裁者的權力，為什麼不能獲得勝利，反變成為悽慘的敗北呢？這當然有各種缺陷。首先是由於客觀條件的不夠，和主觀力量的薄弱。從來台灣工農的基本組織甚是薄弱，在事變中不能展開更廣大而強有力的鬥爭。又在這過程中，雖然能夠發現人民的力量，然而過於輕視國民黨軍政的力量，和不認識國民黨的欺騙作風與蔣軍的殘酷無比的屠殺政策，因此以為可以妥協，可以和平解決，不能更加擴大組織、集結力量、統一領導、鬥爭到底，以致反動勢力開始反攻時，無法抵制而致總崩潰。在此次民變中，一般青年學生的英勇鬥爭，實是值得稱讚與紀念的，可是我們此後需要集結工農群眾的基本有生力量為核心而展開決鬥，才能獲得美滿的成就。

台灣各階層人民為了新台灣的建設，需要一齊覺悟起來、團結起來，不斷地奮鬥。我們的目標是要求最徹底的民主自治，反獨裁、反內戰、反對封建的保甲制度，反對連保聯坐，保障人民的基本自由，改善工人的待遇，救濟失業，並實施土地改革，使耕者有其田，立即釋放二二八民變中及以後被捕志士和一切政治犯，擊滅日本對台灣的野心，打倒美帝國主義的侵略，反對台灣的國際託管，反對任何某一國對台灣有特殊權利。

親愛的同胞兄弟姊妹們！台灣二二八民變告了一段落之後，我不斷在那極度恐怖的戒嚴令的環境中，受著兇惡獰猛的通緝的包圍；又有幾次以保障生命的美辭，勸誘我出面自新，敵人幾乎要使我在親愛的鄉土裏得不到一所立足之地。可是人民絕不怕威脅的，絕不會受哄騙的。的確也因為這樣，我到處都受到同胞們的保護和厚待，因此使我更加覺得心強志堅，在那兩個多月中，雖遭到許多辛苦和危險，我對人民的勝利是有絕大的信心，人民的力量是任何魔鬼都不能遏止的。在這裏我感謝同胞們對我的愛護。這次我們數人秘密到上海，是來考察偉大的人民的活動情形，並不是為了逃避自身的危險。總有一天我決要回去和大家在一起，爭取我們最後的勝利。到上海以後，我拜訪過許多民主人士，目睹祖國人民在抬頭著，到處發現爭民主、反獨裁、反內戰、反饑餓的拼命的鬥爭，這使我更加確信人民的勝利，已經迫在最近的目前了。

諸君看謝雪紅的聲明，是不是把蔣政權罵得狗血淋頭？罵的好，本來就要罵，古今中外相互爭權的兩陣營，必然是相互叫罵的，不黑抹黑，不紅抹紅，不壞說壞，美好的加以醜化，有誰見過爭奪大位的兩陣營相互贊美的？至於叫罵內容對不對？好不好？都不重要，因爲在那當下，絕大多數人是盲目的、無知的、左翼說自己是真理，右翼也說自己是真理。只有時間和歷史，才是最後最公正的裁判。

舉一實例，謝雪紅那聲明中，不外說由蔣中正領導的中華民國政府不自由、不民主、獨裁專制、貪污；反之，追求共產主義的左翼，才是自由、民主、清廉，省縣市長都民選等，但中華人民共和國建立了，民主自由何在？全世界都是證人，我就不談了。

2、鍾問：實在也是，當初謝雪紅等堅持的無產階級革命、共產主義路線，老毛那些人搞了幾十年，最後證明只是一場神話故事，只好改走「中國式社會主義」，這幾乎就是三民主義了！現在談談謝雪紅在香港的重要成就吧！

陳答：二二八事件後，謝雪紅成了國際紅人，美國時代周刊以「Snow Red」英譯報導。隔年謝和中國民主人士在《華商報》紀念「二二八事件」一週年專刊，提名「台灣二月革命週年特輯」，有七篇重要文章：

郭沫若，「還要警惕著不流血的二二八」。

沈鈞儒，「台胞決不會奴服的」。

鄧初民，「把台灣問題提到全中國人民面前來」。

馬敘倫，「為台灣二月革命週年」。

方方，「致敬台灣自治運動的戰士」。

徐從，「回憶七日民主」。

以上這些文章基本立場是批蔣反蔣、反美帝，值得注意的是作者都是當時重要左翼作家，顯示謝雪紅日愈受到中共重視。一九四七年下半年，《南僑日報》發行人陳嘉庚出資，與謝雪紅同創「新台灣出版社」，由楊克煌和蘇新任編輯，發行《新台灣叢刊》，出版時間從一九四七年九月廿五日到隔年五月一日，共出了六輯：《新台灣》、《勝利割台灣》、《明天的台灣》、《自治與正統》、《台灣二月革命》、《台灣人民的出路》。以上這些叢刊論述，如我前說的難論是非對錯，只能說當時他們有那樣的理想，如謝雪紅用「一斐」筆名寫的「明天的台灣」說：

> 台灣必須在這個聯合政府之下，實現完全以台人治台的民主自治。這是台灣人民最正確的目標，而且是唯一的生路：明天的台灣是台灣人民自己的台灣，也是新中國富強康樂的一省。

另一個署名「臬紹」寫的「自治與正統」，也談到台灣自治的前途，省縣市長民選的目標，其中有觀點至今仍有啓發性：

> 地方自治要是真正地實行了，那麼省長民選是必然的。且民選的結果，省長必然是地方的候選人，毫無疑慮。就臺灣而言，臺灣民眾當然是要選出臺灣人的省長來，由是，以台治台。而由於以台治台，外省人士在台灣的優越地位就要被取消了。是故，臺灣的真自治帶著某種程度的獨立性和排他性。

假如臺灣不能夠實行地方自治，省長不能民選，仍由中央特派，而依舊行著『官式』的假自治，那麼獨立性及排外性就沒有了。在這樣的時候，吃苦的人就不是上述的三種人物，而是台灣民眾……台灣民眾對於外來官僚的軌外行為是無能控制的。一句話，真自治的好處在乎臺灣民眾，而官式的假自治的好處則被假裝民主的統治階層享有了。

鍾問：他們理想中的省縣市長民選，大陸從未有過，台灣早已做到了！

陳答：所以當下堅持的理想是否可行是未知數，當中共建政後，「民主」完全和謝雪紅想的不同了，謝想必也無力回天。梟紹的文章談到「誰治理台灣？」省長一定要台灣人嗎？這恐怕是千古難解的習題，永遠沒有答案：

沒有（自治）經驗的外省人士委實看不慣了，而多認為這是『生硬』的現象，評為『不與同中國』的自治了。由是，『實在』的自治終要被曲解而變成『獨立』的危險運動了。這樣的曲解在混亂的日前，是無法予以糾正的。這曲解必然要在『事實的發展』中，獲得矯正的。譬如：中國每個省份的真自治都成功了，各人選出各省的省長、人人政治地位平等，既不欺人，亦不被人欺負……在封建意識濃厚，反革命阻力極大的中國，由下而上的民主政府——不論地方或中央——是暫時不可能（實行）的。於是臺灣地方自治的兩個附帶性質，既獨立性和排外性，不但無處可以融洽化零，特且還要格外顯著地表露出來。

鍾問：是啊！為什麼政治問題都千古無解？尤其台灣問題更是難纏，為什麼？

陳答：我談過很多，這是台灣的「宿命」，永恆解不開的難題，只有在「地緣戰略」可以有答案，歷史文化也有影響。梟紹的文章很有深度，他談到這種千古難題，就算完全打倒國民黨，共產黨主持兩岸的所有政務，仍會派一個「省主席」去治理台灣：

> 這種慾望配合其正統觀念，並去污蔑甚且阻撓臺灣的進步，原來就太不應該了。慾望加強正統觀念，去污蔑地方民眾，去阻撓地方進步，而其污蔑及阻撓的結果，恰好又可以再加強其正統觀念。這樣一連串的思想行為在台灣表演得異常露骨了。首先，『中國治臺灣』的正統觀念是以『臺灣人奴化』為藉口，……官僚及其夥伴於是認為『臺灣該受中國統治』是大不錯的，他們把台灣民眾所受過

的『科學教育』及『公眾教育』都抹殺了；因為他們說這是日本的，是不合中國的。可是，當中國官，國軍及國民（內地同胞有著特殊的地位，故冠以『國』字，以與台民別尊卑）的公民違法者多出來的時候，官僚及其夥伴只好含血噴人，反說臺灣民眾的法治精神是中日本教育的毒，弄得臺灣民眾不知適從……

要求整肅污吏的時候，官僚及其夥伴就提出『臺灣沒有政治人材』的謊言，把強烈的要求輕地推過了。臺灣沒有政治人材，所以中國必須統治臺灣，這種看法是出自正統觀念的，不僅官僚這麼說，那些依附官僚的重慶班（由中國隨回台灣的台灣人……）也是這樣說：我們臺灣沒有政治人材，我們應該請祖國官僚來統治。於是中國治臺灣的正統觀念更加活躍地肆無忌憚了。

當前國民黨政權正在沒落中。可是，臺灣真自治還是要靠臺灣民眾自己去繼續二二八的實踐而取得的。因為中國的正統觀念不會因為國民黨政權的崩潰而立刻消滅的。即使國民黨政權倒了，使所謂聯合政府成立了，那個時候「中國治台灣」的正統觀念還是仍舊要驅使新中央政府派遣新的省主席去主持臺灣——那個時候，在台灣僅僅仍將是迎新送舊而已罷了。

為使二二八之後逃亡到香港的左翼人士，能有持續的動力堅持反國民黨、反帝國主義、反封建主義，堅持共產主義路線。一九四七年十一月十二日，謝雪紅、楊克煌、蘇新、李偉光、林樑材、李純青等人，在香港正式成立「台灣民主自治同盟」，這是謝雪紅一生所成立最重要兩個政治團體之一，另一個是台共，至今仍在產生影響力。

3、**鍾問：台灣民主自治同盟成立宗旨、內容何在？其對像是台灣，一定是對政治制度有所規範，是不是？**

陳答：是，在成立時制定的「綱領草案」第一條就說：「設立民主聯合政府，建設獨立、和平、民主、富強與康樂的新中國。」這完全是響應毛澤東所提的號召，而其實中共在此時已擁兵百萬，進行全面叛亂。民國三十六年八月，共軍陳賡部自豫西渡河南，豫西各縣相繼淪陷；陳毅部自大別山東侵皖北，威脅南京；再兩個月，東北全部淪陷。故此刻提「聯合政府」，只是政治作戰，台盟配合而已。對台灣政治制度，有如下規定：

第一、省為地方自治最高單位，省與中央政府權限之劃分，採取均權主義，省得自制省憲及選舉省長。

第二、實行台灣省徹底的地方自治，省長、縣長、市長、區長、鎮長、鄉長，一律由人民直接選舉。

第三、省設省議會，縣設縣議會，市設市議會，爲代表人民行使政權之機構。

謝雪紅等人強調「台灣高度自治」，仍維持在中國的一個省來看待。因此草案第三條說：「本同盟以實現台灣省之民主政治及地方自治爲宗旨。」

鍾問：台盟這些宗旨、制度，說來有些諷刺，謝雪紅的理想竟是國民黨在台灣做到了；反之，在大陸是完全落空了，聯合政府也是鬼話，說說他們在香港的政治活動，有那些方向？

陳答：所謂「聯合政府」，中共建政之初曾有一點曙光，但不久和中共合作的民主黨派就全部成爲中共外圍，沒有任何權力可言，只能執行中共命令，聯合政府只是一場夢。民主黨派包括：中國國民黨革命委員會、中國民主同盟、中國民主建國會、中國民主促進會、中國農工民主黨、中國致公黨、九三學社、台灣民主自治同盟。

謝雪紅等台共人員，到了香港已經身不由己的必須配合中共的政策。除了組織台盟、辦出版社發行刊物擴大宣傳等，都配合中共政治鬥爭和共軍武裝鬥爭進度。根據蘇新在《未歸的台共鬥魂》所說，此期間香港工作有四大目標：

第一、以香港為據點，向台灣宣傳國內外情勢，特別是大陸的革命情勢。

第二、向國內外或大陸揭露國民黨對台灣人民的壓迫與剝削。

第三、利用香港報紙公開反對託管運動和美帝國主義對台灣侵略的陰謀。

第四、希望將在國外與大陸的台灣人聯繫起來。

謝雪紅的「台灣高度自治」理想，雖和中共有落差，但我認為她到香港已身不由己，必須配合中共的政策。另一個原因是台盟和中共有共同敵人（國民黨政權、中華民國），也有共同革命任務（推翻資產階級、打倒資本主義、反美帝等）。因而，一九四八年四月三十日，中共中央發佈紀念五一勞動節宣言，其中第五條的口號，正是召集各民主黨派與人民團體、社會賢達，迅速召開政治協商會議，討論並實現召開人民代表大會，成立民主聯合政府。台盟仍在五月七日發表擁護中共（注意！不擁護是不行的）號召，發表「台灣民主自治同盟擁護中共五一號召告台灣同胞書」，指稱籌組聯合政府時機到了！召開政治協商會議時機也成熟了！

鍾問：我對近代史也有印象，中共和台盟的「聯合政府」、「政治協商會議」很詭異，我記得此刻大陸河山已將全部淪陷了！這些會議用處何在？

陳答：有關這些民主黨派的背景、源流及和中共的關係，我記得幾年前也曾在復興電台講過將近四個月，所以「政治協商會議」若要完全講完講清楚，最少要講二十節課。但我也可以用一句話說完：「召開政協，組聯合政府完全不是中共的目標，而只是一個政治戰略，是整垮國民黨蔣政權，終結中華民國的最後一根稻草。」如此而已，如此的簡單，但這是一個大謀略，通常只有最上層幾個大智謀幾個領導知道，此外全是被推動的棋子，謝雪紅等也不過是更小的棋子，跟著吶喊擁護，或被潮流推著動！所以在前述的告台胞書有如下的吶喊：

> 國民黨已將台灣主權賣給美帝，任由美國海空軍控制港口與機場，並讓美帝資本支配台灣企業……「反蔣不反美」是美帝拉攏少數親美份子，進行「台灣分離運動」，用以分裂中國民族統一戰線的陽謀，而這將使台灣成為美帝的殖民地。台灣在這樣的情況下，必須趕快響應中共的號召，配合全國人民的鬥爭，展開反

以上的台共這些吶喊，並不全然有錯，國民黨爲了保住台灣這小小政治舞台，只好依靠美援，天下也無白吃的午餐，美帝當然就要控制台灣。直到廿一世紀兩岸和解，美帝掌控台島的黑手仍在作怪，就以全球大戰略看，台灣親美也是錯的，將會導至中國分裂時間拉得更長。

鍾問：前面講到「反蔣不反美」是親美份子，在搞「台灣分離運動」，這什麼意思？

陳答：「反蔣不反美」是老台獨廖文毅的主張，基本宗旨是台灣由美國託管，再由託管走向完全獨立。

即要走美國路線，當然不能反美，但美國對「託管台灣」從無興趣，只是廖文毅的一廂情願。美國之所以不想託管台灣，並非不要台灣，而是廿世紀下半葉後的美國「隱形帝國主義」殖民政策，不須要佔領和管理，而是以政治、經濟、文化、宗教形成「不知不覺的掌控」，例如南韓、日本、台灣、菲律賓…地球上有上百國家，美國不須派兵佔領，或親自治理管理，但都受制於美國，幾乎無不聽從。

回到廖文毅的託管主張，謝雪紅初到香港也和廖合作，因有共同敵人（蔣政權、中華民國），但謝堅定反對台灣交給美國，當然就分手了。未來歷史再評斷，這部份會對謝雪紅肯定。

二二八之後，台共各派、各類獨派、中共地下黨都不約而同的到了香港，和謝雪紅結下怨仇的各造也到香港，爲重建台灣革命理論，一九四八年六月在香港召開一個「香港會議」，這個會議也決定了謝雪紅下半生的運途關鍵。

鍾問：等於說當時是一團局亂，台共中共有了分歧，要經由「香港會議」重新整合！

陳答：主要是檢討二二八之後的革命路線，例如說要不要參加廖文毅等人「反蔣不反美」活動；對台灣地下黨的領導權等問題。一九四八年七月（或六月），中共上海局、華南局和台灣省工委會，在香港召開聯席工作會議，各方成員有：

中共華東局幹部劉曉所主持，章漢夫（章天鳴）記錄。中共代表、香港工委領導張執一。

台灣省、縣工委幹部：蔡孝乾、張志忠、洪幼樵、計梅真、郭琮（郭琇琮）、孫古平、唐海光、陳福添、李媽兜、李武昌、朱子慧等。

台灣民主自治同盟代表：謝雪紅、楊克煌、蘇新、周明。

上海台灣同鄉會代表李偉光。

香港會議的重要性，不僅在革命路線的整合，也改變謝雪紅等多人下半生的命運；而一九四八年也是謝雪紅在二二八失敗後再起的關鍵，代表台盟參加中共政協會議的籌備工作，爬到人生高峰。故「香港會議」的決議深值一說如次：

第一、不存在所謂「台灣民族」問題，台灣只有兩個前途：一者和大陸同時解放，二者國民黨繼續盤踞台灣。

第二、謝雪紅加入共黨的時間，蔡孝乾始終不承認，因爲謝在一九四六年初入黨拒填資料表，謝稱那是危險又幼稚的做法。中共代表張執一最後裁決，謝的入黨時間追溯到一九四六年元月。

第三、對廖文毅的問題，黨認爲謝雪紅做法正確，對於蕭來福、潘欽信和廖文毅聯合，黨決定放棄蕭潘二人，等同開除了黨籍。

第四、在二二八問題上，黨肯定謝雪紅採取武裝鬥爭是正確的；蔡孝乾地下黨被認爲是上了國民黨的欺騙。會議中謝佔了上風，蔡謝二人的怨仇愈結愈深，在以後的政治鬥爭，蔡不斷出手報復。

第五、對台灣地下工作的領導，採用雙軌辦法，一是指揮外省籍黨員系統，如吳石、計梅真、朱子慧等；一是台籍系統如蔡孝乾、張志忠、郭琇琮等。（註：在一九五○年前後，潛伏在台的中共地下黨活動，紛紛被我方情治單位破獲，以此兩系統較清楚。）而統一由中共華東局下達指令，這種雙軌對省工委蔡孝乾在領導上是很大的困擾。

另外，香港會議的「決議文」也針對老台共進行思想檢討，強調「台共幹部應該認識到過去在日本統治下與中共沒有連繫，因而對於在毛主席領導下之中共正確路線並不熟悉，應該虛心學習，不堅持過去老套；但有原則上的分歧，應該在組織範圍內展開討論。」

提櫫三原則：

第一、日據時代是否站穩階級立場？

第二、光復後是否堅決起來爲台灣人民利益奮鬥？

第三、加入中共後，是否在毛澤東路線下爲人民、爲黨工作？

香港會議的重要性在重整台灣的革命理論，決定蔡孝乾在台灣的工作方向。對謝雪紅的下半生也有重大影響，正式宣告她是中共的一員，二二八武裝鬥爭受到中共肯定，使得她可以北上準備參加政治協商會議，開展新的政治版圖。

一九四九年元月十七日，毛澤東發表「時局聲明」，提出八項和平主張後，台盟隨即發表「擁護毛澤東八項主張的聲明」，謝雪紅所領導的台盟，正式接受中共的領導。

第11章　台灣最高政治代表到「反動份子」

■參加一九四九年九月第一屆中國人民政治協商會議的台盟代表，前排（左起）：謝雪紅、王天強；後排（左起）：田富達、楊克煌、李偉光（應章）、林鏗生。（周明先生提供）

■右圖：蔡系宗派領導人李偉光，攝於一九五〇年左右。
■左圖：李偉光所經營的「偉光醫院」。謝雪紅在二二八事件後逃亡至上海，曾投宿於此。院址在今日上海淮海路。（周明先生提供）

第11章　台灣最高政治代表到「反動份子」

1、鍾問：在香港會議開完，當時我們的國內外情勢已經兵敗如山倒，中華民國已經非常危險了；反之，對謝雪紅或中共，是不是大人有利？她能坐上「台灣最高政治代表」，不就是因為她的身份對「解放台灣」大大的有用嗎？

陳答：當然是，若不是爲了解放台灣。謝和台盟都毫無用處。但一九四九年在中國未來歷史（中華民國和中華人民共和國都結束時），會有完全不同的定論，因爲中共是「叛亂」或「革命」，各說各話，我說是「叛亂」也只是我個人論定，而不是中國歷史的春秋定論，這是很久以後的事，暫且不表。

東北淪陷後，戰事轉到華北。民國三十八年元月，天津陷落，剿總傅作義無條件投降，再數日北平陷落。也在這時候，共軍劉伯誠、陳毅、陳賡等部，以六十萬兵力圍攻徐、蚌地區，也在元月十九日，國軍黃伯韜、邱清泉兵團慘敗。接下來，國軍已無力與共軍進行大規模戰役。

一九四九年元月十四日，毛澤東發表「和平條款」八項主張，台盟在十七日的香港《文匯報》，當然也發表聲明支持毛的和平八項主張。這和平八條款等於是終結中華民國條款，如次：

㈠懲治戰犯。

㈡廢除憲法。

㈢廢除中華民國法律制度。

㈣依照民主原則改編國軍。

㈤沒收官僚資本。

㈥改革土地制度。

㈦廢除賣國條約。

㈧召開政治協商會議，反動份子不得參加，成立聯合政府，以接受南京政府與其各階層之權力。

毛澤東所謂的「戰犯」，第一批一九四八年十二月廿日有：蔣公中正、李宗仁、陳誠、白崇禧、陳立夫、宋美齡、何應欽等四十三人；第二批公佈於一九四九年元月廿六日有：谷正綱、鄧文儀、黃少谷、俞大維、蔣經國、鄭彥棻、陳雪屏、鄭介民。另有一份所謂「台灣戰犯」：劉啓光、游彌堅、黃朝琴、彭孟緝、嚴家淦、鈕先銘等要員。

鍾問：這太過份了，造反者說人家造反，現在事過半個多世紀，那些人都走了，相信兩岸人民可以冷靜思索，公平的說，毛澤東才是最大的戰犯是不是？

陳答：我前面說過，這是我們目前的個人定論，但我想未來歷史必然和我們定論的一樣，這道理很簡單，「馬恩史列毛」共產主義在本質上，都是「非中國的」，也就是「去中國化」的。現在我們批判台獨份子搞「去中國化」，要去除中華文化，是天大的罪惡；而毛澤東等人的共產主義，則是更大規模的「去中國化」，更徹底的清除中華文化，是宇宙大的罪惡。所以，未來中國春秋史的定位此事，定如我們所述，這是孔子在《春秋》一書的核心思維。

毛澤東八項和平條款發表後，台盟馬上發表支持聲明，顯然香港會議後台盟成了中共的追隨者，思想理論都要重新調整。蘇新於一九四九年二月十六日，在《光明報》

（香港）發表「談台灣解放問題」，提出他的理論：

第一、台灣是中國的領土，台灣人民也是中國民族。

第二、台灣的社會性質，雖有某些程度之差別，但基本上還是半殖民地和半封建的社會，這點與中國其他任何省份都沒有差別。

第三、因此台灣解放鬥爭也是與整個中國革命一樣，必須完成反對帝國主義，反對官僚資本主義，反對封建主義這三項任務。

蘇新的論述非常正確，第一項毫無疑問，原本就是，現在兩岸也仍承認「一個中國」。第二、三項觀察深入，可以說是中國自清末以來衰敗百餘年、西方殖民近百年，加上幾十年戰爭，整個國家、社會，極爲殘破，官僚腐敗，社會封建，民族信心全面瓦解，現在出現「共產主義」大餅，誰不嚮往？誰不搶食？這是老天給共產黨的機會；但共黨搞「去中國化」、搞馬列，給中國人民帶來天大的災難，死了千萬人，只能說中國人「自造業」的劫難吧！

鍾問：也只能這麼說了！不然怎麼辦？台灣本來就是中國領土，台灣從滿清設省，至今

仍是「台灣省」，有何不好？

陳答：鍾小姐說的極是。我們再回頭說謝雪紅，她真的愈來愈紅了，隨著國軍兵敗如山倒，一九四八年十一月十四日，中共《新華社》自延安發出一封電文，預測國民黨政府在一年內將完全垮台，要開始做組建人民共和國的準備，該電文說：

現在看來，只需從現時起，再有一年左右的時間，就有可能將國民黨反動政府從根本上打倒了。至於在全國一切地方消滅反動勢力，完成人民解放，則尚需較多的時間。敵人是正在迅速崩潰中，但尚需共產黨人、人民解放軍和全國人民團結一致，加緊努力，才能最後地完全地消滅反動勢力，在全國範圍內建立統一的民主的人民共和國。

不得不佩服老毛那幫人，還是有些「戰略眼光」，國民黨政府果然在這封電文發出不到一年內，就完全讓出神州大地的統治權，讓中華人民共和國於一九四九年十月一日正式誕生。

新國家的誕生建設千頭萬緒，即將召開的「新政協籌備會議」是一個重要的準備工作。事前有些民間團體要先成立，最先成立「全國民主婦女聯合會」，一九四九年元月十二日成立，以蔡暢（蔡和森妹）、鄧穎超（周恩來妻）、張琴秋（延安女大教務主任）任正、副主任，四月，謝雪紅也任執行委員。同時間成立尚有「全國民主青年聯合會」，廖承志爲主席，謝雪紅爲副主席。

她參加政協籌備會是先以「全國民主青年聯合會副主席」名義參加，因台盟只是地方性組織，非全國性組織。後經會議討論，把台盟提昇到全國性組織，是從統一戰線觀點出發，籌備會決議台盟可以做爲一個民主黨派。

2、鍾問：謝雪紅參加「政協籌備會」，她必然是代表台灣人民，也是台灣地區最高政治代表，她是否提出或在會中報告重要政治主張？

陳答：一九四九年六月在北平（後改北京）召開，目的在決定參加新政協的名單，及決定新政協會議的日期和地點。在此事前數月，一九四九年二月二十四日，在香港的台盟已先對外公開宣佈：

本同盟理事會這次特派同盟理事謝雪紅同志赴華北陳述台灣人民鬥爭情況，

於一月××日已抵達目的地。謝同志將代表六百五十萬省民，向新政治協商會議提出關於處理台灣問題的意見。謝同志於出發時堅決表示：為反對美帝的侵略，推翻蔣政權在台的統治，爭取省民的民主自治奮鬥到底。本同盟希望本省全體同胞一致擁護謝同志為國家民族奮鬥，促進本省及早解放，以達到本省人民的要求。

此期間，中國境內有許多政治團體，但不外支持共產黨的左翼陣營，支持國民黨的右翼陣營，還有更多中間偏左或偏右者。這些政團有的抗戰前已存在，有抗戰後及中共預見形勢大好，距建新中國之路不遠而當下直前所成立，如章後補註。根據新政協籌備會公布的文件，有廿三個單位參加，但沒有台盟，而是會議中討論決議後，認爲當前任務的須要，才把台盟提昇爲一個全國性組織，等於是一個民主黨派，故也算參加單位之一，共有：中國共產黨、中國國民黨革命委員會（國民黨內的左派，其實也等同共產黨）、中國民主同盟、民主建國會、無黨派民主人士、中國民主促進會、中國農工民主黨、中國人民救國會、三民主義同志聯合會、中國國民黨民主促進會、中國致公黨（洪門人士）、中國人民解放軍、中華全國總工會、解放區人民團體、產業界民主人士、文化界民主人士、民主教授、中華全國民主聯合會、中華全國民主婦女聯合會、中華全國學生聯合會、上海人民團體聯合會、國內少數民族、海外華僑民主人士。廿三個會前定案的，加上會中決議的台盟，共二十四個單位。

鍾問：幾乎所有團體都掛上「民主」二字，民主這兩個字是不是真的那麼好用？

陳答：「民主」二字不僅好用，更是很可怕、很恐怖的「武器」，例如前面的「民主教授」，加上民主二字表示這些教授是有民主精神的，其他當然就是「不民主」或「非民主」教授，這些當然是要打倒或消滅的對像，古今中外歷史上都用「二分法」消滅敵人，很管用，也很可怕！很恐怖！

鍾問：真的啊！好可怕哦！現在還是嗎？

陳答：現在有、未來也有，在人類社會是一把永遠好用的利器。例如現在的台灣，從老番癲、老不死的李登輝，開始搞「台灣人不是中國」的惡作劇，人民信以爲是，就形成永不休止的「二元對立」，統獨對立、兩岸對立、抹黑抹紅對立、靠東（美國）靠西（中國）對立。說白了，這些均如一句台語「靠娘靠爸」，自己把自己搞垮而已，「民主」進步黨只是掛「民主」之名，實質上比國民黨更黑、更貪腐，其黨主席陳水扁全家貪污百億之上，人進天牢關到得精神病，這種事國民黨還沒有呢？

鍾問：民主二字真是又愛又恐怖！謝雪紅參加政協籌備會，是否也報告很多有關台灣民主自治的事？

陳答：這是當然。按香港一九四九年三月一口《光明報》，「台灣民主自治同盟參加新政協提出處理台灣問題的意見」一文，該文爲謝雪紅爲台盟攜去在籌備會中宣讀，有以下要點：

第一、台灣革命是中國革命的一部份，即必須實行反帝、反封建、反官僚資本主義的新民主主義革命。

第二、台灣是中國的一行省，台灣未得解放前，不得稱爲「全國勝利」，不得停止軍事進攻，同時絕不容許任何外國帝國主義干涉台灣問題。

第三、台灣解放後，應立即建立各級人民代表會，實行民主自治，省縣市長一律由人民直接選舉。本省居住民不分省籍、黨派、性別，除由法律剝奪或停止公權者外，均享有選舉權及被選舉權。各級人民代表會對於各級人民政府之官吏及其他公教人員的任免，保有最後決定權。

第四、在全國統一幣制以前，對於台幣的存廢與人民幣的匯率，本省人民代表會保有最後決定權。

第五、在全國未實行全國規模之經濟統制以前，本省人民代表會對本省各種企業及進出口貿易統制，保有最後決定權。

第六、從日本接受之敵產——公私企營、銀行、房地產要歸國有或省有，應重新調整，本省人民代表會保有此項決定權。

第七、居住本省之弱小種族（高山族）享有平等之權利，不受任何差別歧視；各種族得在現住地域建立各自治單位。

分配台盟代表名額參加未來的新政協，是周恩來和中央統戰部長李維漢研商的結果，再經籌備會批准，台盟代表有謝雪紅、王天強、田富達、楊克煌、李偉光五人，另有後補林鏗生。

3、**鍾問：現在謝雪紅真是紅了，台盟地位是不是更重要了？應該運用台盟號召，加緊解放台灣！**

陳答：現在很紅，但不是最紅。在參加新政協前後，謝雪紅的頭銜有：中華全國民主婦女聯合會執行委員、中華全國民主青年聯合會副主席、中蘇友好協會總理事、中國保衛世界和平大會全國委員會委員、中央政治法律委員會委員、中共華東局軍政委員會委員、中國紅十字會總會理事，以及台盟主席、政協委員等。有趣的是謝參加中蘇友好協會因她留俄的好條件，這個會的成立顯示毛澤東也用「二分法」，向蘇聯一邊倒，爲什麼？毛說：

> 一邊倒，是孫中山先生的四十年經驗和共產黨的二十八年經驗教給我們的，深知欲達到勝利和鞏固勝利，必須一邊倒。積四十年和二十八年的經驗，中國人民不是倒向帝國主義一邊，就是倒向社會主義一邊，絕無例外。騎牆是不行的，第三條道路是沒有用的，我們反對倒向帝國主義一邊的蔣介石反動派，我們也反對第三條道路的幻想。不但中國，全世界也一樣，不是倒向帝國主義，就是倒向社會主義，絕無例外。中立是偽裝的，第三條路是沒有的。

我以爲「二分法」的運用雖是利器，但仍有時代性。老毛一面倒向蘇聯是爲建國初期學習俄國經濟建設，謝雪紅應該也做出貢獻，隨著謝地位重要，一九四九年三月台盟總部從香港遷往北平，數月後成立台盟華北總支部，謝雪紅的秘書郭炤烈在成立大會報告台盟的當前任務有三：

第一、參加新政協的工作。

第二、提出台灣人民的要求，打擊美帝殖民化的陰謀，孤立那些分離運動的賣國賊。

第三、加緊學習，積極工作，培養幹部，擴大組織，準備參加解放台灣。

鍾問：台盟當前最需任務是參加政治協商會議，何時召開？召開要旨是什麼？

陳答：政治協商會議召開的意義，是最後要確立即將誕生的新國家重要政治制度。從一九四九年九月廿一日起以九天的時間召開，結束正好新國家誕生的十月一日。參與成員有四十五個單位代表五百一十人、候補代表七十七人、民主人士七十四人，共六百六十一人。按照原先籌備會完成的六個小組工作總結，周恩來在會前報告，政協會議要通過三大文件：

㈠中國人民政治協商會議組織法草案。

㈡中國人民政治協商會議共同綱領草案。

㈢中華人民共和國中央人民政府組織法草案。

這就是第一屆政協的任務，台盟五位代表分別加入為期九天的會議討論，五人加入五個委員會，分別是前述三個草案整理委員會、政協第一屆宣言，以及國旗、國徽、國都、紀年方案審查委員會。謝雪紅參加的是共同綱領委員會，該會召集人是周恩來。謝雪紅參加這個會議，因她以台盟主席身份入選大會主席團，她的大名與毛澤東、周恩來、劉少奇、林伯渠、董必武、陳雲、彭真等元老級並列，十月一日的開國大典，她就站在毛澤東旁邊，聽老毛說：「中國人從此站起來了。」這一刻，正是謝雪紅生命全程的高峰點。

鍾問：參加政協，謝雪紅重要報告內容是什麼？

陳答：吾人要特別注意的，在政協籌備會之前，含台盟在內的各民主黨派，依然保有自己的一些想法主張，如台盟主張的台灣高度自治。但經過籌備會的「第一次清洗」，到正式政協的「終極清洗」，所有民主黨派就完全放棄自己的思想主張，而完全「共產黨化」；台盟也經過「去台盟化」，而徹底的「共產黨化」，這就是前面的「共同綱領」。是故，九月廿三日謝雪紅代表台盟的報告就不一樣了：

中國人民革命的偉大勝利，已經結束了封建買辦的國民黨反動統治，而中國人民已經建立自己的政府、國家的時候，全國人民所關心著的台灣，目前還被國民黨反動派的殘餘勢力所統治著。在這裏，反動派依然繼續著反對中國人民革命的活動，而且還在勾結美帝國主義，並企圖組織日本法西斯力量要來破壞中國人民革命的果實。因為國民黨反動派將完全被消滅，美帝國主義侵佔台灣的陰謀活動也就更加積極公開起來了。

在這個時候，被蔣美反動派所壓迫剝削著的台灣人民，在有史以來沒有過的水深火熱當中過著極端恐怖、悽慘的生活，可是台灣人民已經認識和覺悟了必須消滅反動派的統治，完成新民主主義革命，台灣人民才能夠得到真正的解放。

這次召開的新政治協商會議，而由這個會議組織起來的中央人民政府，和宣告中華人民共和國的成立，是完全根據全中國人民的意志和利益而產生出來的。六百七十萬台灣人民，三百多年來反對荷蘭、西班牙、滿清、日本等異民族的侵略壓迫，和反對國民黨反動派的封建買辦統治，不斷作流血犧牲的鬥爭也就是為了這個目的。全台灣省人民完全擁護這個全國人民民主統一戰線組織的中國人民政治協商會議，完全支持行將產生的由工人階級領導的、以工農聯盟為基礎、人民民主專政的中華人民共和國中央人民政府，並完全同意這個中國人民政治協商會議的共同綱領。在這個共同綱領中的每一條都是代表著我們的利益，所以我們不但應該要遵守，而且我們為著這個綱領的全部實現，必須努力奮鬥到底。只在綱領草案第十二條中所說：「各級人民代表大會由人民用普選方法產生，各級人民代表大會選舉各級人民政府。」我們就覺得非常滿意，台灣人民的政治要求總結起來就是這個，僅僅這一條就有足夠的力量能夠號召台灣人民起來消滅反動派的統治，和擊滅美帝國主義的一切侵略陰謀。

現在的台灣有著相當發達的工業基礎，有很多的各種工廠，物資豐富，生產力旺盛，鐵路、公路、電力均相當發達，還有很多的技術人才和勤勉樸實的人民，一旦解放之後，是有著許多新民主主義建設的有利條件，而對新中國的建設也可能有很大的貢獻。而由於地理上的關係，為保衛中國國土，在國防上也是一個很重要的地方。所以在這個時候，我們要求全國人民積極生產，積極支援前線，迅速解放台灣，解放全中國。

台灣民主自治同盟代表全台灣省人民，包括二十萬少數民族的高山人民，向大家表示對三個文件的完全同意，同時負責傳達給台灣人民，組織他們一致來遵守，並為這共同綱領的實現而努力奮鬥。中國人民革命戰爭的勝利發展，台灣的解放是很快了，要建立一個民主、康樂、模範的新台灣也很快就會實現了。

鍾問：所謂民主黨派何在？不就剩下共產黨一黨嗎？

陳答：形式上是聯合政府，本質上是只有共產黨，但要如何讓各民主黨派心服口服（可能不服不行了）？這裡也可見中共確實有一套很高明的「政治操作學」，否則絕難叫人聽命。這個問題周恩來在會中解釋得最好，民主黨派才願意被收編，他說：

新民主主義的各階級在工人階級領導之下，雖然各階級的利益和意見仍有不同之處，但是在共同要求上，在主要政策上，是能夠求得一致的，籌備會通過的共同綱領草案就是一個最明顯的證明。而人民民主統一戰線內部不同要求和矛盾，在反帝反封建殘餘的鬥爭前面，是可以而且應該得到調節的。

周恩來之說也不無道理，甚至值得肯定的，若像國民黨那樣內部四分五裂，又如何促成各黨派團結呢？所以也不得不佩服共產黨有「調節」各黨派的能耐，進而「收編」所有民主黨派，才能促成全民的團結，在危急之秋是成敗關鍵。

4、鍾問：有句話叫形勢比人強，或許就是這樣，此時整個大陸以中共勢力最大，掌控了一切，謝雪紅因解放台灣是最佳「代言人」，故能走紅，但陳老師也說謝的最高峰過了，也要走下坡嗎？

陳答：許多問題很難找到最後的根因，說清楚講明白很難。爲什麼民主黨派全被收編了？爲什麼謝雪紅只好放棄台盟原先的台灣自治主張？爲什麼？留給更高明的史家去研究。

謝雪紅領導的台盟和各民主黨派，擁護中共完成了建國任務後，各黨派要人多少也能「共享」到一些利益（權力沒有、利益總有），謝當然也風光了好一陣子，內心苦悶應也當然。以謝的特殊身份、經歷，除了代言解放台灣，她也享有不少頭銜，每個頭銜都是一種風光，在當下未必是「虛名」！在享受風光的同時，潛伏的危機正在形成。

第一、謝雪紅參加完政協後，爲配合華東局的對台任務，奉黨中央之命把台盟總部遷到上海，謝在黨內職位是華東軍政委員會委員，專對台工作。領導華東局是中共書記饒漱石，饒和謝的死對頭蔡孝乾有極好的關係，他們關係可追溯到一九二〇年上海大學。所以，饒當然知道這二人的對立關係，謝到上海，等於到了仇人的地盤，仇人已經要出手了。

第二、是一九五〇年六月韓戰爆發，這場戰爭的爆發是不可預料的，中共被迫必須投入大量兵力。由華東局指揮的第三野戰軍第九兵團，原負責解放台灣，如今調往朝鮮半島。解放台灣的任務當然暫緩，成了長期任務，不是急務，甚至是挫折，謝雪紅的角色就不重要了，這正是仇人出手的時機。

鍾問：這好像解放台灣是謝雪紅一人的任務，很奇怪！

陳答：不奇怪，這就是政治鬥爭，很現實、很黑暗。當北韓軍隊於一九五〇年六月廿五日越過三十八度線，進行統一南韓之戰，美國總統杜魯門決定防衛南韓。六月廿八日，毛澤東發表亞洲版的「門羅宣言」說，「中國人民早已聲明，全世界各國的事務應由各國人民自己來管，亞洲的事務應由亞洲人民來管，而不應由美國來管。」中國人民的抗美援朝戰於焉拉開。謝雪紅暫時放下解放台灣，轉移戰場於解放朝鮮，她擔任「中國人民抗美援朝總會」理事，對於朝鮮戰爭，她發表看法。

帝國主義戰犯的賊魁杜魯門二十七日的聲明，和他的嘍嘍部隊在台灣海峽的出沒，十足暴露了美國帝國主義一貫的侵略方針。中國人民早就預料到，美帝國主義必定會走這一步的。試看美帝國主義最近在東亞的鬼祟行動，便可以不解自明地了解敵人今日的行動是由哪裏來的。比如說，反動派的先鋒麥克阿瑟在日本濫用盟軍統帥的職權，命令他的走狗吉田政府毫無理由地『整肅』日本共產黨全體中央委員及議會議員的活動，鎮壓日本進步人士和學生的愛國言論，積極推進早就計劃好了的日本再武裝，最近又派國防部長詹遜和參謀會議主席布萊德雷到日本，企圖說服日本的在野政黨，盲從吉田魁儡政權偷賣軍事基地的賣國政策。同時又派共和黨的戰犯頭子，國務卿特別顧問杜勒斯訪問南朝鮮，給晚景已近的李承晚打氣，第二天南朝鮮的匪軍就暴虎馮河地越過三十八度線。只就這一連串的事實來判斷，難道還有人會認為美帝國主義這次的聲明和行動是出於被動的嗎？就是三歲的孩子也會知道，這是白宮陰謀總部早就擬好了的步驟之一。

所以全國人民，特別是台灣同胞應該一起奮起，起來響應周總理的號召，以我們人民的力量來制止「美國帝國主義在東方的新侵略」，以人民的力量來保證「台灣屬於中國」這個「永遠不能改變」的事實。

我一輩子身爲在台灣的中國國民黨員，年青時雖受的是黨國教育，但長大後的研究學習，當然就突破一黨一國的範圍，從國際視野看，我也覺得國民黨近百年外交政策，太偏向美國，因而受制人，面對美國，國民黨硬不起來。但共產黨硬得起來，連謝雪紅也硬起來了，她不僅領導群眾演說，也參加「朝鮮慰問團」。韓戰經驗使中共感覺到渡海作戰的困難，等於是解放台灣會無限期拖下去，幾乎是必然，謝的功能減弱，頭上的光環亮度也弱了，蔡孝乾系統的圍剿於焉展開。

鍾問：陳老師講過，蔡孝乾是謝雪紅一生的「天敵」，就算蔡比謝早走幾十年，但蔡系的黨員仍在鬥爭謝，鬥到謝死仍未止，有這麼嚴重嗎？

陳答：不知道爲什麼？人的恨那麼難以釋懷消解掉。一九五〇年元月廿九日，蔡孝乾在台北市泉州街的住宅被捕，他是中共在台地下活動的領導人，頭銜是台灣省工委。被捕後嚴刑烤打是必然的，受不了苦刑招供出在台的共諜組織，各區領導人陳澤民、洪幼樵、張志忠等全落網。（註：從這點看，蔡孝乾差謝雪紅太多了，當年謝被倭警抓去關在牢裡，苦刑比蔡更慘，倭警用煙燒灼她的陰部等等，謝未招供一個字或一個同志。）蔡孝乾必然是「完了」，但遠在上海的「蔡孝乾系統」台盟成員，如李玲虹（李偉光長女）、葉紀東、吳克泰等，都看不起謝雪紅，對謝也有很重的偏見，他們稱謝雪紅是「叛徒的歷史」，他們如是說：

吳：故台共被日本破獲，被抓去的很多；抓去後謝雪紅頭一個投降日本人。

葉、李：她做領導人又投降；後來又將一些領導人及同志供出，出賣組織、出賣同志；發表自首悔過書在報上，號召投降，她是故台共的叛徒，她隱藏這段歷史。

葉：她在香港接觸香港地下黨的領導人時，將個人的這段歷史掩蓋起來入黨。她這段歷史，台灣的領導人是知道一些的。在審查，她拒絕被審查，她就沒有在台灣入黨。主要是在二·二八時，她要出來做工作，很歡迎嘛，於是在黨的領導下組織一些人工作。二·二八時，她出名了，國民黨要抓她，她就逃到香港，跑到香港後，她就自吹，吹二·二八時在台中她的領導如何勇敢，這樣吹了，且將她的這段歷史掩蓋起來，就入黨了。這段經過是這樣的。

像這樣抹黑、造謠想鬥垮謝雪紅的東西頗多，不論在當時或現在，我都覺得這些話真是「沒知識又沒常識」。那些被說成「罪惡」的，在謝的一生從未發生過，解密的許多文件都是證據；反而是蔡孝乾變節投降，出賣組織和同志，吳、葉等人都不說不提。

我並非一面倒說謝無缺點，謝雪紅的領導風格也有致命傷之處，她到上海未能和李偉光組成聯合陣營，反成對峙是很失敗的。李偉光在中共黨內有很重要地位，也得很多台灣人敬重，這股力量為何不用?而成反謝勢力，很可惜！

一九五二年的「整風運動」，謝雪紅「兵敗如山倒」，敗的比國民黨慘。李偉光、徐萌山等火力全開，謝雪紅慘遭鬥爭，謝被打成了「反動份子」，她的風光竟一去不回！

補註：

「抗戰勝利後政治結社的政治思想光譜圖」、「中國近代政治團體黨派分合變遷略表」，原是一九八八年我在復興崗政治研究所的碩士論文，後由時英出版社出版，《中國近代黨派發展研究新詮》（台北，二〇〇六年九月，第一版）。

抗戰勝利後政治結社的政治思想光譜圖

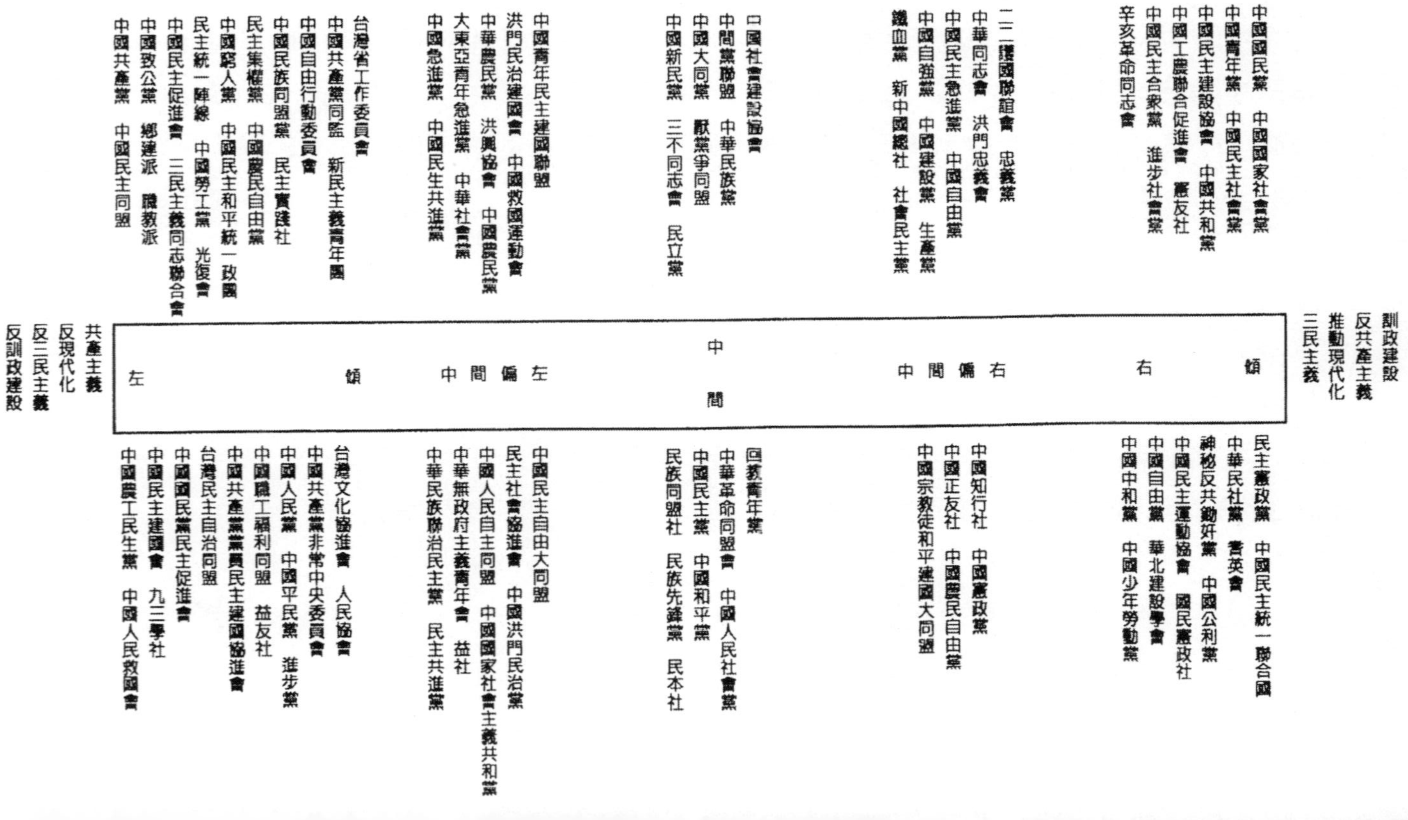

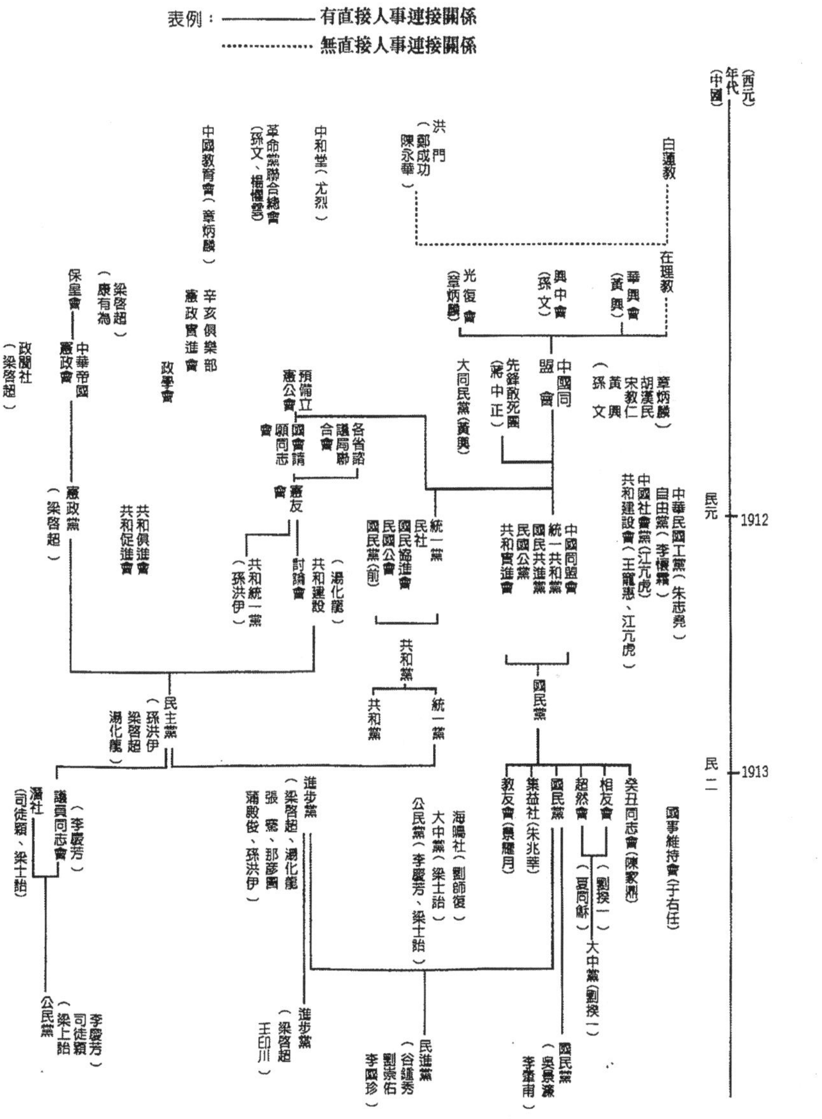

中國近代政治團体黨派分合變遷略表

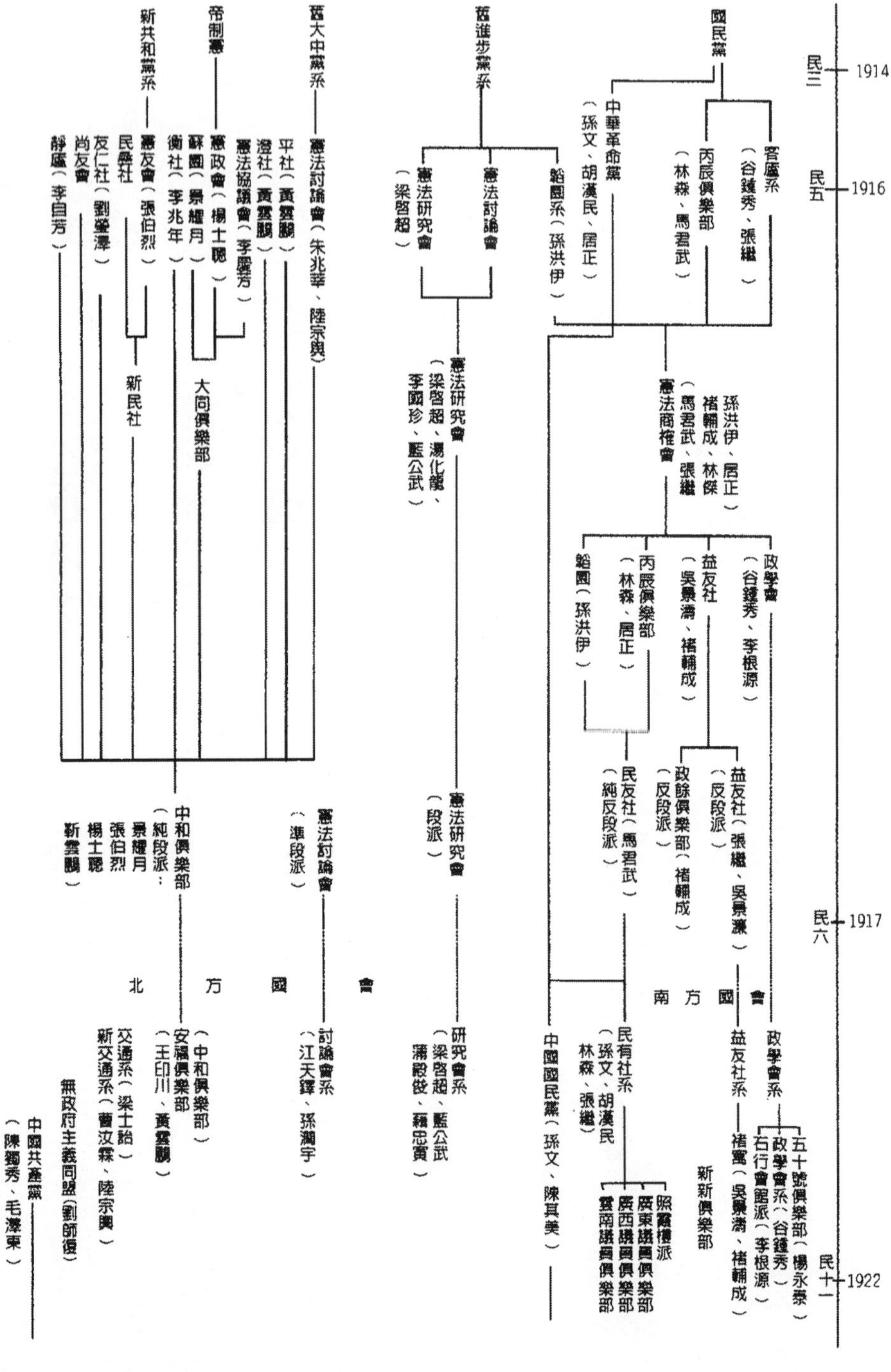

民三 1914
民五 1916
民六 1917
民十一 1922
國民黨
客廬系（谷鍾秀、張繼）
丙辰俱樂部（林森、馬君武）
中華革命黨（孫文、胡漢民、居正）
舊進步黨系
韜園系（孫洪伊）
憲法討論會
憲法研究會（梁啓超）
舊大中黨系
憲法討論會（朱兆莘、陸宗輿）
平社（黃雲鵬）
澄社（黃雲鵬）
憲法協議會（李慶芳）
帝制黨
憲政會（楊士聰）
蘇園（景耀月）
衡社（李兆年）
新共和黨系
憲友會（張伯烈）
民彝社
友仁社（劉瑩澤）
尚友會
靜廬（李自芳）
新民社
大同俱樂部
孫洪伊、居正
褚輔成、林傑
（馬君武、張繼）
憲法商榷會
憲法研究會（梁啓超、湯化龍、李國珍、藍公武）
政學會（谷鍾秀、李根源）
益友社（吳景濂、褚輔成）
丙辰俱樂部（林森、居正）
韜園（孫洪伊）
益友社（張繼、吳景濂）
（反段派）
政餘俱樂部（褚輔成）
（反段派）
民友社（馬君武）
（純反段派）
憲法研究會
（段派）
憲法討論會
（準段派）
中和俱樂部
（純段派：
景耀月
張伯烈
楊士聰
靳雲鵬）
南方國會
北方國會
政學會系
五十號俱樂部（楊永泰）
政學會系（谷鍾秀）
石行會館派（李根源）
益友社系
褚寓（吳景濂、褚輔成）
新新俱樂部
民友社系
（孫文、胡漢民
林森、張繼）
照霞樓派
廣東議員俱樂部
廣西議員俱樂部
雲南議員俱樂部
中國國民黨（孫文、陳其美）
研究會系
（梁啓超、藍公武
蒲殿俊、籍忠寅）
討論會系
（江天鐸、孫潤宇）
（中和俱樂部）
安福俱樂部
（王印川、黃雲鵬）
交通系（梁士詒）
新交通系（曹汝霖、陸宗輿）
無政府主義同盟（劉師復）
中國共產黨
（陳獨秀、毛澤東）

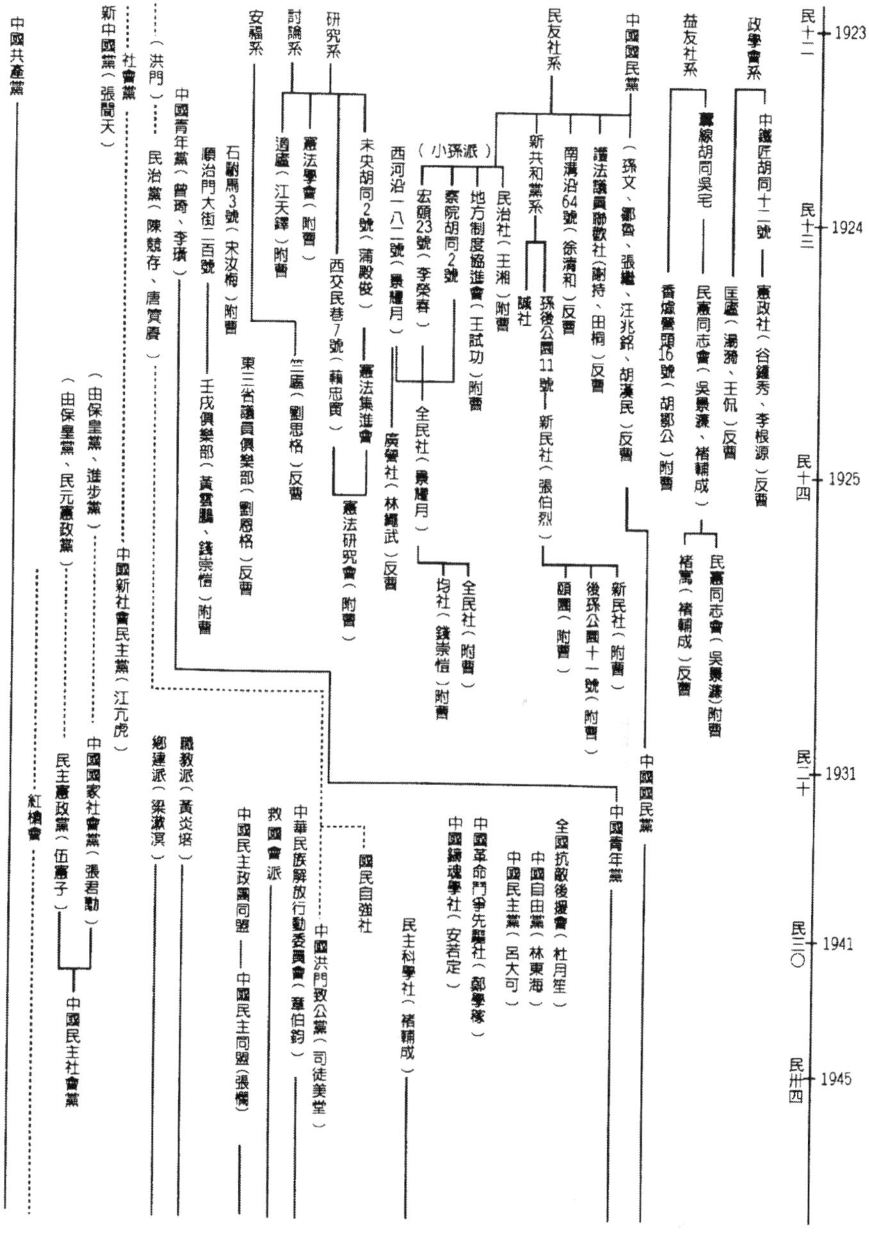
民十二 1923
民十三 1924
民十四 1925
民二十 1931
民三〇 1941
民卅四 1945
政學會系
中鐵匠胡同十二號
憲政社（谷鍾秀、李根源）反曹
匡廬（湯漪、王侃）反曹
益友社系
麻線胡同吳宅
民憲同志會（吳景濂、褚輔成）
香爐營頭16號（胡鄂公）附曹
民憲同志會（吳景濂）附曹
褚寓（褚輔成）反曹
中國國民黨
（孫文、鄒魯、張繼、汪兆銘、胡漢民）反曹
民友社系
護法議員聯歡社（謝持、田桐）反曹
南溝沿64號（徐清和）反曹
新共和黨系
孫後公園11號
誠社
新民社（張伯烈）
新民社（附曹）
後孫公園十一號（附曹）
頤園（附曹）
（小孫派）
民治社（王湘）附曹
地方制度協進會（王試功）附曹
棗院胡同2號
宏頤23號（李榮春）
西河沿一八二號（景耀月）
全民社（景耀月）
全民社（附曹）
均社（錢崇愷）附曹
廣譽社（林輝武）反曹
研究系
未央胡同2號（蒲殿俊）
憲法集進會
西交民巷7號（籍忠寅）
憲法研究會（附曹）
討論系
憲法學會（附曹）
適廬（江天鐸）附曹
安福系
三廬（劉思格）反曹
石駙馬3號（宋汝梅）附曹
東三省議員俱樂部（劉恩格）反曹
順治門大街二百號
壬戌俱樂部（黃雲鵬、錢崇愷）附曹
中國青年黨（曾琦、李璜）
（洪門）
民治黨（陳競存、唐寶鍔）
社會黨
新中國黨（張聞天）
中國新社會民主黨（江亢虎）
（由保皇黨、進步黨）
中國國家社會黨（張君勱）
（由保皇黨、民元憲政黨）
民主憲政黨（伍憲子）
中國民主社會黨
紅槍會
中國共產黨
中國國民黨
中國青年黨
全國抗敵後援會（杜月笙）
中國自由黨（林東海）
中國民主黨（呂大可）
中國革命鬥爭先鋒社（鄭學稼）
中國鑄魂學社（安若定）
民主科學社（褚輔成）
國民自強社
中國洪門致公黨（司徒美堂）
中華民族解放行動委員會（章伯鈞）
救國會派
中國民主政團同盟
中國民主同盟（張瀾）
職教派（黃炎培）
鄉建派（梁漱溟）

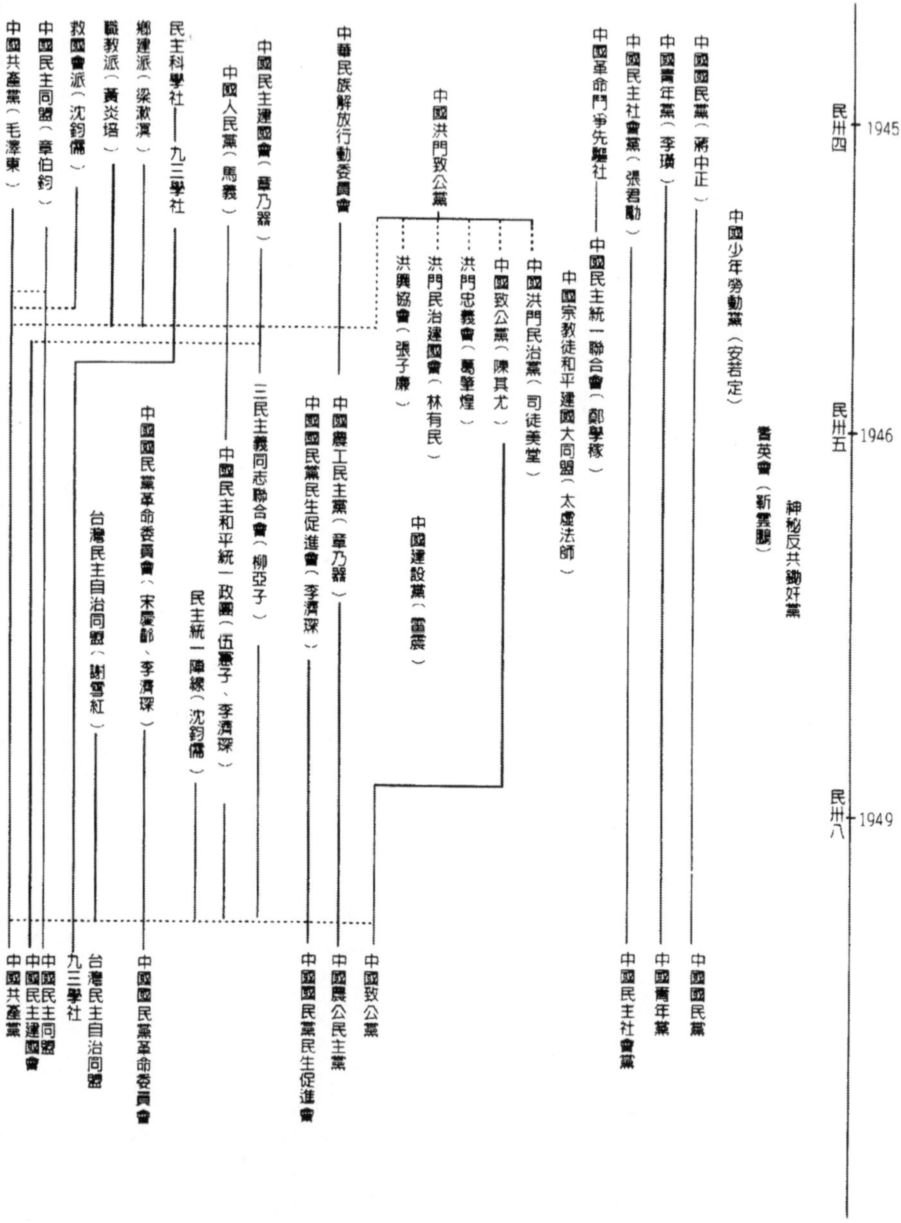
民卅四 1945
民卅五 1946
民卅八 1949
中國國民黨（蔣中正）
中國少年勞動黨（安若定）
中國青年黨（李璜）
中國民主社會黨（張君勱）
中國革命鬥爭先驅社
中國民主統一聯合會（鄭學稼）
中國宗教徒和平建國大同盟（太虛法師）
菁英會（靳雲鵬）
神秘反共鋤奸黨
中國洪門致公黨
中國洪門民治黨（司徒美堂）
中國致公黨（陳其尤）
洪門忠義會（葛肇煌）
洪門民治建國會（林有民）
洪興協會（張子廉）
中國建設黨（雷震）
中華民族解放行動委員會
中國農工民主黨（章乃器）
中國國民黨民生促進會（李濟琛）
中國民主建國會（章乃器）
三民主義同志聯合會（柳亞子）
中國人民黨（馬義）
中國民主和平統一政團（伍憲子、李濟琛）
民主統一陣線（沈鈞儒）
民主科學社
九三學社
中國國民黨革命委員會（宋慶齡、李濟琛）
鄉建派（梁漱溟）
職教派（黃炎培）
台灣民主自治同盟（謝雪紅）
救國會派（沈鈞儒）
中國民主同盟（章伯鈞）
中國共產黨（毛澤東）
中國國民黨
中國青年黨
中國民主社會黨
中國致公黨
中國農公民主黨
中國國民黨民生促進會
中國國民黨革命委員會
台灣民主自治同盟
九三學社
中國民主同盟
中國民主建國會
中國共產黨

第12章 永不低頭・絶不投降

■謝雪紅在一九六八年五月廿五日於文化大革命中，被台盟盟員第一次公開鬥爭，時年六十七歲。她胸前掛有「大右派謝雪紅」的牌子，鬥爭她的人按住她的頭說：「永不低頭的謝雪紅終於低頭了。」（北京朋友提供）

■左上：楊克煌攝於一九七七年左右的北京，時年六十九歲，謝雪紅已去世多年。（楊麥女士提供）
■右上：楊克培攝於晚年的北京，年代不詳。（楊麥女士提供）
■下圖：楊克煌，一位孤獨的老人，約攝於一九七七年，北京。（楊麥女士提供）

第12章 永不低頭・絕不投降

1、鍾問：陳老師，前面講到謝雪紅無限風光，突然間被政敵打成「反動份子」，地位跌到深谷裡，到底何謂反動份子？什麼罪名？總該有證據吧！

陳答：證據通常只在科學領域才講究，政治鬥爭向來不要證據（有更好，也可以視須要「創造」證據，古今中外的政治鬥爭大體如此，或五十步百步之差而已。）中共歷次「整風」、反右鬥爭也不談證據，只談對共產黨的「絕對忠誠、絕對服從」。

整風運動從一九五一年就開始，是對所有共產黨員的再教育、再清洗，清除不要（右派）的，是年下半年展開「三反」（反貪污、反浪費、反官僚主義）運動，謝雪紅這年從朝鮮回來立即面臨整風鬥爭，這時的台盟權力結構是：主席謝雪紅、秘書長楊克煌，理事有謝雪紅、楊克煌、李偉光、王天強、田富達、林鏗生。

謝的人馬有（謝、楊、林），蔡係有二（王、李），田富達中立。若打「內線作戰」，謝稍勝，偏偏這場仗打的是「外線作戰」，謝根本沒有贏的機會，她被鬥成「反動份子」。

因為整風不是台盟內部的事，而是黨中央出面主持，來主持的是浙江省委沙文漢（當時叫張登），屬饒漱石系統，支持台盟蔡孝乾一派，外加台灣省工委王錫珍、華東總支部主任李偉光，都是反謝大將。所以，所謂整風運動「三反」，根本和貪污、浪費、官僚主義無關，只是一種政治鬥爭，把不要的人、要報復的人，徹底清除，使權力結構「重新洗牌」。謝雪紅在這場鬥爭被控以四大罪狀：

第一、政治思想不純淨，指她的台灣高度自治主張。

第二、官僚獨裁，指她的家長作風和個人英雄主義。

第三、有貪污劣跡，指她收台灣同鄉的「賄賂」。

第四、她庇護壞份子，指她的「台灣無漢奸論」。

整風至一九五二年，謝系含支持者全部瓦解。謝保住主席，但成了「虛位」主席，權力被架空，楊克煌被解除秘書長調到安徽省圖書館工作，取代者正是李偉光的人馬徐萌山，他是反謝先鋒。整風後，謝住進上海高安路，過著隱居生活。

鍾問：真是好可憐！好殘忍哦！政治鬥爭真是太可怕了！那她當主席還能幹什麼？

陳答：她什麼都不能做，沒有聲音、沒有影子，不發表任何聲明。一九五四年六月，台盟增選副主席李純青，秘書長仍是徐萌山，另有李偉光、王天強、田富達。只有田是中立代表台灣少數民族，其他全是政敵、仇人。謝雪紅不僅是傀儡主席，也無比孤獨。

她應該知道她的舞台落幕了！她的世界也結束了！風光也將一去不回，但她不甘心，不甘心於被抹黑，不甘心於自己堅持的理想（台灣高度自治）沒滅！不甘心於自己一生的奮鬥竟成空，她至少要叫後人知道真正的謝雪紅，她開始寫《謝雪紅自傳》。這份自傳也檢討了倭據時期、國民黨主政、香港、到大陸等各時期面臨的問題。其實，就是不看她的自傳，看別的歷史文獻史料，謝無負於台共、無負於中共、無負於她的同志們！乃至無負於第三國際交待的任務。但到此時，她一生面臨最可怕、最致命的打擊，尚未到來，而在一九五七年反右鬥爭和文革。

鍾問：一九五七年反右運動鬥爭，聽起來有些印象，課本丟太久了，這到底在玩什麼把戲？才反右沒多久又在反右，有那麼「右」嗎？

陳答：老毛認爲，反革命份子在前次反右運動已肅清完畢，但到一九五六年又有一些反革命份子。外界始終不解「何謂反革命份子？」並無客觀公認的「概念」，基本上任何人被認定「對人民民主專政不利、危害祖國、敵視人民、對共產黨忠誠度不足、思想不純⋯⋯」你就是「反革命份子」

一六五七年的反右運動，台盟內部由秘書長徐萌山領銜導演並執行黨中央旨意，李純青和陳炳基依令整肅。這年九月八日，徐萌山先在《光明日報》發表一篇火藥味十足的文章，完全把台盟當成共產黨的外圍，對謝雪紅下達攻擊令：

> 現在台盟盟內，仍然有一些堅持資本主義立場，口裏擁護社會主義，實際上是反對社會主義的，特別是反對黨對台盟的領導。這種人，不是幫助盟員去完成社會主義的自我改造，而是代表資本主義的傾向和要求，支持中間份子落後的一面，把中間份子拉向後轉。因此，長期以來，在許多盟友中間造成混亂，政治上的大是大非沒有弄得清楚。台盟盟內一直進行著社會主義和資本主義兩條道路的鬥爭。

這篇文章完全針對謝雪紅，直指她口裡講擁護社會主義，心中堅持走一些資本主義立場，這真是很詭異的事。我研究謝雪紅一生奮鬥足跡，她向來反美帝、反資本主義，堅持爲無產階級、社會主義而努力，現在那些圍攻她的人說她是「走資派」，不須要任何證據，掌權的人說了算數。

鍾問：發表這篇文章的報社還叫《光明日報》，很諷刺！真是黑暗日報才是！

陳答：是啊！向來如是，《真理報》沒真理，《民主報》不民主；台灣的《自由時報》民主自由都沒有，只是一份「抹黑抹紅時報」，實際上等於「作假時報」，所以兩岸一家人，誰也別笑誰！

清算謝雪紅不單對她一人，而包含所有各支部、各界支持謝的人，全都一網打盡劃爲右派。其中知名者如音樂家江文也，因支持謝被劃入右派，成爲必須被清算的對象。立即，音樂界人士如音協主席呂驥、副主席馬思聰、中央音樂學院副院長繆天瑞、作曲系主任江定仙等，都站出來圍剿江文也。

照理說學音樂的比較溫和、善良吧！至少比較接近人類感性思維，也保存較多良知良能吧！其實不然，經政治加持加溫，人性很快全面變質腐化。一九五八年元月的《人民音樂》發表一篇文章：

當黨提示要整風後，江文也和社會上的右派份子一樣，認為他們的時機已到，在中央音樂學院和台盟的座談會上，向黨和人民猖狂進攻。為自己的反動作品翻案，為自己醜惡的歷史辯解。無恥地說「台灣人為日本帝國主義服務是必然的」。還把自己說成是「拋棄一切回到祖國服務」，幾十年來卻得不到「祖國的溫暖」；「新中國同樣是歧視台灣人」等等。他對中央音樂學院的黨和行政領導大肆污蔑地說，「學校領導工作搞得這麼壞，就是台灣派來的特務也不至於把學校搞得這麼糟」。在台灣民主同盟舉行的整風座談會上，他和台盟右派份子謝雪紅勾結在一起，有計劃有組織地展開攻勢說「台灣派來的特務也幹不出來的事，統戰部都幹出來了」；應改組後的台盟「冷冰冰，像憲兵隊，像警察局」。而對過去為壞份子、不法資本家所把持的台盟卻感到「很溫暖」，在鳴放會上大肆攻擊台盟中的左派，準備把左派趕走，為資產階級右派路線的復辟開闢道路，以反對黨對台盟的領導。在台灣問題上，江文也在會上揚言：「廖文毅〔廖係美國的傀儡〕的宣言有相當號召力，得到台灣人的共鳴」、「別看他現在人少，星星之火可以燎原」，還說「共產黨管不了台灣，台灣要實行高度自治」。從這些言論裏，暴露了他一貫的極端反動思想。

江文也是台灣人，也是現代知名音樂大師之一。他就像文章中說的，那應該只是一些牢騷話，現在全被當成反黨、反動份子，爲資產階級右派開路，和謝是一夥的「極端反動思想」，真是可怕極了。

2、鍾問：一九五七年的反右運動至此，主目標是要鬥謝雪紅，先把她四周有關人等鬥垮了，下一步就直接鬥謝雪紅，這回要給她扣上什麼罪？

陳答：這回的罪名並無新意，只是把一九五二年的整風重炒一次冷飯冷菜，不外乎是反黨、反革命、走資派、反社會主義等。在鬥謝之前，已先鬥倒謝的支持者如江文也、楊克煌等，最後徐萌山、李純青、陳炳基等開始把目標指向謝雪紅，具體而言，謝被戴上四頂大帽子——四大罪狀：

第一、點火煽風向黨進攻，破壞反右派鬥爭。

第二、反動的政治路線，狂妄的個人野心。

第三、一貫地依靠壞人，打擊左派。

第四、共產黨叛徒，二二八的逃兵。

以上這謝雪紅的四大罪狀，其實不知所以，似是而非。嚴格說來只有第二條「反動的政治路線」，指台灣高度自治，中共擔心會質變成台獨，必須鬥到她放棄這種主張。但她這主張並非現在才有，香港時期早已提出，要利用她說她是「女英雄」，現在說她反動；另第四罪狀「二二八逃兵」也奇怪！沒根沒據，莫明其妙！

鍾問：是啊！四大罪狀總要有個說明吧！

陳答：針對四大罪狀，想要鬥倒她的人當然有個說詞，以下針對四罪說明，第一罪是「點火煽風向黨進攻，破壞反右派鬥爭」：

> 在大鳴大放期間，謝雪紅以各種方式點火。她在幕後主使台盟幹部、右派份子沈毅，攻擊黨的幹部政策有宗派主義，誣蔑共產黨員「無法無天，作威作福」；攻擊統戰政策是「寧左勿右」，「偏聽偏信」。謝雪紅又煽動高山族幹部攻擊台盟中的進步人士，說：你們高山族多來些人，不要放過機會要狠狠地整整他們（指

進步人士」，並無恥地說：「只有我才是真正關心高山族人民。」謝還通過親信串連台盟盟員、右派份子江文也等人，挑撥共產黨和華僑的關係。他們又為謝吹噓說：「東京有個廖文毅，台灣有個蔣介石，大陸有個謝主席。」謝雪紅還煽動台盟幹部用寫大字報等辦法企圖趕走在台盟的共產黨員。謝雪紅不僅在北京點火，她還到天津、廣州去煽動右派份子向黨進攻。

謝雪紅又積極阻撓和破壞反右派鬥爭。今年全國人民代表大會開會時，有一位代表要謝一道揭發章伯鈞，謝卻說：「不要落井下石，不要指名批判，放放空炮。」當台盟開始反右派鬥爭的時候，謝又放出空氣說「台盟沒有右派」；並且惡意地歪曲黨的整風運動說：「整風只不過搞搞高級知識份子而已」。當群眾要右派份子沈毅交代她和另一右派份子江文也的私房話，謝雪紅竟然教唆沈毅說：「你可以說你是寡婦，私房話是對你侮辱。」她還教沈嫁禍於人，說：「反正已撕破臉皮，你就說是陳炳基（台盟整風領導小組成員）叫你點火好了。」到了批判沈毅的時候，謝又送錢送禮給沈，鼓勵她要「像永遠踩不死的野花那樣」頑抗到底。

批文中提到章伯鈞和沈毅，章主持《光明日報》，因主張民主黨派，不願對他落井下石。沈毅是謝雪紅最得力、心愛和忠誠的秘書，中共想利用這點來鬥謝，要沈「製造」的反黨罪狀，沈堅持不出賣謝，謝也以「永遠踩不死的野花」鼓勵沈，幸好沈終不屈服，也被打成右派。做爲謝的戰友、朋友，乃至一個像「人」的人，沈毅的精神是可敬、可佩的，她在極困境中還能保住人性的美善！

台盟指控謝雪紅的第二個罪狀，是「反動的政治路線，狂妄的個人野心」：

謝雪紅有一套反動的政治主張，她否認共產黨的領導，說「台盟是台灣各階層人民統一戰線的核心。」並荒唐地說：「台灣人對共產黨不了解，對共產黨沒有好感，對台盟有好感。」企圖以台盟代替共產黨的領導。

謝雪紅的心腹楊克煌、王思翔等人寫過幾本吹捧謝的小冊子，把謝雪紅描繪為一個偉大的人物。而謝雪紅把這些書到處分送。謝還要人為她的「英雄歷史」編寫話劇和歌劇。在香港時，謝把自己的自傳和照片分寄美、英、日及東南亞各國，廣為向資本主義國家作自我吹噓。謝又叫人寫文章稱她為「台灣人民的媽媽」，稱她為「我們偉大的領袖謝主席」。在台盟華北總支部大會上，謝的親信動員群眾向謝「致敬」，喊出「偉大的台灣人民領袖謝主席萬歲！」在這次批判會上，有人對這些事情向謝提出質問，謝竟回答說：「對我喊萬歲是需要的，自然的。」一九五〇年十一月謝雪紅原來準備出國參加一個國際會議，她印了一百多張照片，打算沿途分送。後來出國未成，她對人埋怨說：「很可惜，差一點我就成了著名的國際人物了。」

鍾問：這段文字指控，有些說謝在「自我行銷」，叫別人稱她「偉大的領袖謝主席」，真有這回事嗎？

陳答：當然是政治鬥爭者「創造發明」出來的，就以出土的文獻史料，都無法證明她是那樣的人，但自古以來要「抹黑、抹紅」一個人不難，我們只要注意中外歷史，運用這種方法整垮敵手的史例，真是多如牛毛。批文中講到謝的「統一戰線思想」，中共用就沒罪，謝用就有罪，所以古人言「欲加之罪、何患無詞」！她的第三罪狀是「一貫依靠壞人、打擊左派」：

謝雪紅的組織路線是為她的個人野心服務的。她一貫依靠反革命份子、漢奸、不法資本家及各種壞份子。台盟總部在上海時，謝雪紅依靠反革命份子李上根、王思翔，事無大小皆與共謀。在北京、上海、廣州等地也是依靠漢奸楊克煌、郭良，反革命份子林政漢這一類人，並且以這些人作為台盟地方組織的領導骨幹。當這些人被開除盟籍和依法處理後，謝雪紅極端不滿，一直為他們呼冤、翻案。

當右派份子瘋狂地攻擊黨的肅反政策的時候，謝雪紅也不例外，她在今年一月二十二日政協視察工作座談會上提出一批案件，要求平反。如反革命份子陳昌岱已被依法逮捕，謝仍為他呼冤。反革命份子林政漢被判處徒刑後，她仍向檢察機關提出林不是反革命份子，要求平反。當王思翔已肯定為反革命份子時，謝對人說：「王思翔是和革命有血肉關係的人，他是被人陷害的。」謝雪紅對三反、五反、土改政策也採取和黨敵對的立場。

謝雪紅還一貫仇視並不擇手段地打擊盟內的共產黨員和左派。在北京，她指示親信監視黨員行動，收買某機關一個壞份子造謠說：「陳炳基要殺謝雪紅。」她還指使人向中共中央紀律檢查委員會誣告共產黨員。她對上海、廣州等地台盟左派的領導人也進行惡毒的打擊和陷害。依據沈穀揭發，被謝雪紅誣告為反革命份子和反革命嫌疑份子的已有黨員和進步人士十七名。

會上還揭發了謝雪紅用封官許願、小恩小惠、金錢收買、「同鄉感情」等手段，拉攏、蒙蔽和欺騙一些人，培植個人勢力。

對於謝雪紅錯誤的組織路線，台盟總部在黨的領導下，曾多次加以批判和糾正。但是她一直反抗。在共產黨提出「長期共存、互相監督」方針以後，謝雪紅更變本加厲，四處活動。她未經總部討論，私自提出了一批主委、副主委名單，企圖一手包辦各地台盟組織，積極推行右派的組織路線。

這裡很可怕的又利用二分法鬥爭，凡是和謝在一起工作的、支持謝的，全都是「壞人」，要被打成反革命份子。如李上根、王思翔、楊克培、楊克煌、陳昌岱、林政漢等。當然，中間有中共黨中央對謝的鬥爭教育，因爲在階級鬥爭的理論「正－反－合」過程，可以得出最後的和諧團結；還有重要的因素，是台盟內部的奪權謀略。

3、**鍾問：謝雪紅還有一條大罪為何？有了四大罪狀，還能當台盟主席嗎？**

陳答：她的第四大罪狀是，「共產黨的叛徒，二二八的逃兵」，指控者說：

謝雪紅所以成為右派份子是有歷史根源的。會上揭露，她早年參加革命。一九三一年在台灣被捕後變節自省，並一直隱瞞出賣同志的罪惡事實。直到這次批判會上，被她出賣過的楊春松當場揭發她稱為「兵之家」。日本投降後，謝又經營「大華酒家」，做了許多不可告人的勾當。一九四七年，台灣人民爆發了英勇的「二・二八」起義。謝雖然在台中地區參加起義，但當群眾一致要求槍斃有血債的偽台中縣長劉存忠時，謝卻加以包庇，硬將劉存忠送還偽警察局的保護。謝還到其他各處，盡力為國民黨反動派解圍。在國民黨援軍反攻台中時，謝不顧起義部隊的死活，攜走了人民捐獻的公款台幣十萬元，和楊克煌逃往埔里。當敵人進攻埔里時，謝又背棄人民武裝和楊一起逃跑。在逃跑途中，看見報載蔣經國要去鎮壓「二・二八」事件的消息，她就寫信給蔣經國，介紹她自己是國民黨員，要求蔣經國「寬大處理」。謝雪紅一直宣傳自己是「二・二八」的女英雄，事實上她是「二・二八」的逃兵。

台盟總部對謝雪紅的反黨、反社會主義罪行進行了徹底的揭露和批判，但謝雪紅在確鑿的人證物證之前，不承認事實，一再當眾撒謊和抵賴，甚至顛倒黑白，混淆是非，有時還拍桌子，瞪眼睛，蠻不講理。她甚至侮辱「全體盟員都是反黨、反社會主義」。謝雪紅的這種頑強態度引起了群眾的無比憤怒。台盟各地方組織紛紛發來了全體盟員簽名的聲討會，全體盟員一致要求右派份子謝雪紅必須徹底交代，低頭認罪，絕不容許她進行反黨、反社會主義的罪惡活動。

從這指控文中，吾人可知政治鬥爭中的可怕、黑暗，二二八之事，不久前中共才以謝雪紅的領導正確，讓她風光，擁有十多個頭銜，都因二二八事件的武裝鬥爭，被黨中央肯定爲正確路線。而事件中先行離開，也是黨的指令，如今成了反黨。控訴文中還有更奇怪的，說二二八之後，謝雪紅寫信給蔣經國，介紹自己是國民黨員，要求蔣經國「寬大處理」，不知爲何？這種神話故事就算有人編得出來，又怎會有人相信？又怎能用來鬥爭？手段很黑，而層次很低級！爲較完整呈現最後鬥謝經過，引蔡文金的回憶文章如下：

十二月初，鬥爭謝雪紅的工作加緊，「台盟」整風會議的第七次會議上，李純青說：「同志們，我們已經認清了謝雪紅的反動面目和她的本質了，今天我們必須堅持要謝雪紅承認她的一切罪狀。」

謝雪紅同志說：「我謝雪紅有什麼罪，同志們聽吧，黨與毛主席要把所有留在大陸上的台灣人一律下放，並且要一放到底，歸農落戶，對台灣人來說這是極殘酷的，試問台灣人民生長在一個亞熱帶地方的，住在大陸北方寒冷地帶，已經有些受不了，今天要他們到東北，要他們到西藏要他們到……倒不如把他們早點弄死，反而乾淨。我是台灣人，向黨要求留一點台灣人在大陸的根，他們雖都絕望，卻希望黨不要逼死他們。今天把台灣人一律下放，這不是把天上飛的鳥送到水裏，水裏的魚兒送到岸上一樣嗎？因此，我覺得下放太可怕，我在替大陸上的台灣人，向黨要求，饒他們一條垂死的命，這樣你們就控我反黨、反社會主義，我倒要請問一聲：是不是把台灣人都搞死，才是共產黨，才是社會主義，我真不知道你們是怎樣想法的。」她用倔強的聲音答履了李純青，然後，這個鬥爭會就在幾個中共份子的喝聲中草草結束了。

同日下午，會議繼續進行，李純青又說：「讓謝雪紅徹底交代她的反動歷史。」謝雪紅同志說：「哼，我的反動歷史就是這樣，還不是昨天要利用我時，黨就把我捧成天上的神仙，今天不利用我了，就把我說得比魔鬼還壞。這簡直成了什麼世界，一點人性都沒有，一點同情都沒有，說句實在話，只有共產黨才如此待人，資產階級是不會如此沒有人情味的，至少人性的尊嚴和體面是會保留的。」

陳炳基指著謝雪紅同志說：「謝雪紅，我們要你交待的是反動歷史，不是要你說這些廢話，這裏是不容許做反動派的講壇的。」

謝雪紅同志激動地說：「要我再交代一遍我的反動歷史嗎？好，我說，我謝雪紅參加革命的時候，你們這些小子還沒有出娘胎呢？」

李純青說：「謝雪紅，我現在要你交代一件事，你說過，台灣人不了解共產黨，不喜歡共產黨，是嗎，你是反對黨解放台灣的政策嗎？」

謝雪紅同志說：「讓我重覆一遍，我對同志們這樣說的：過去他們（指中共）聲言要解放台灣時，用我做對台灣的宣傳工具，現在解放台灣有困難了，就對我不滿，既然共產黨和毛主席對台灣沒有辦法，甚至蘇聯對台灣也沒有辦法，叫我謝雪紅有什麼辦法呢？即使我能再到台灣去開三美堂、大華酒家也沒有用呀，我老了，我的時代過去了，我是不願把我這條老命再到台灣去丟人的。」

李純青用威脅的口吻對謝雪紅說：「謝雪紅，你既不肯承認你的一切反革命罪行，那你一定就準備和黨抗拒到底了；我現在給你最後一次警告，你考慮考慮吧！」

謝雪紅同志說：「我沒有什麼考慮的，我不怕你們敢於把我怎樣處置，並不是我謝雪紅自負，在中國、在世界來說，都曉得我謝雪紅這個人，你們說我狂妄野心，說句實在話，我的價值是不可毀滅的，毀滅了謝雪紅，就是毀滅了共產黨；我不怕，我不是丁玲，也不是陳學昭，他們在鬥爭時退卻，我是要在鬥爭中還擊的。毛主席還說要我們擺事實、講道理的，實際上你們是這樣不顧事實、不講道理。好吧，反正大家不顧體面，反正我已經五十七歲的人了，大不了命一條，好吧，反正我是要死的，反正我們大家也都是要死的。」她這末了一句話是緩慢地一個字一個字說的。

鍾問：蔡文金的文章生動明白，也不必再解釋了！這場鬥爭的結論如何？

陳答：台盟這場反右鬥爭，在全大陸株連百餘人，他們的罪名不外反黨、反革命、漢奸、反社會主義，他們都因「謝雪紅宗派」，有的甚至下場很慘。以下只是幾位代表性人物的罪行「定論」：

謝雪紅：反革命份子、右派份子。

楊克煌：反革命份子、右派份子。

李上根：反革命份子、投機份子。
林政漢：反革命份子、漢奸。
沈　毅：右派份子。
郭　良：漢奸、右派份子。
陳昌岱：漢奸、右派份子。
呂　連：反革命份子。
江文也：右派份子、漢奸。
王思翔：右派份子。
楊克培：漢奸、反革命份子。

鬥爭結果鬥掉許多人的權力大位，換贏家上台，不久勝利者又被鬥成反革命份子，這是政治鬥爭永恆的真相。謝雪紅被鬥垮後，當然什麼頭銜也沒了，也被開除黨籍，她和楊克煌在北京東單附近買了一棟小四合院的民宅。這對戰場夥伴、患難夫妻，終於有幾天家庭生活的感覺，但文革期間她最後一次受到毀滅性又不人道的摧殘，結束了她的生命。

鍾問：文革大浩劫許多人沒過關，很可怕，沒想到謝雪紅也在文革劃下人生的句點！

陳答：文革期間，謝雪紅又被政敵、仇人圍剿一翻。紅衛兵令謝雪紅下跪，她拒絕，紅衛兵用腳踢她膝部令她下跪，其中一位按住她的頭部說：「永不低頭的謝雪紅終於低頭了！」

紅衛兵「修理」完後，舊台共王萬得走過來給她飽以老拳，謝昏過去，王以冷水潑醒她，再打⋯⋯

書寫到這裡，我不得不要批判王萬得，他的行為不僅不人道，而且很下流；別說不夠格當一個革命者，就是當「人」也有問題，他的人性是扭曲變質的，他幫謝雪紅拎高跟鞋也還不夠格！

經過這麼殘忍的鬥爭，她的身體吃不消。一九七〇年夏天，她因肺癌送至北京首創路的隆福醫院，比她小的楊克煌不良於行，日夜照料她。去世前，她留下三點遺囑，軍方代表馬再光見證，楊克煌也在場：

第一、我不是右派。

第二、我仍然擁護共產黨，擁護社會主義。

第三、我一生也犯過錯。

一九七〇年十一月五日十三時三十七分，謝雪紅扔下紅塵世界，享年七十歲。楊克煌哀慟欲絕，不斷喊著「謝，謝⋯⋯」她的遺體火化後，骨灰放北京八寶公墓的普通幹部區。

尾聲：一個女革命家的自我實現

■楊克煌與謝雪紅合攝於北京中山公園，大約在一九六二至一九六三年左右。他們遭受兩次政治鬥爭後，幾乎過著一種隱居的生活。楊克煌晚年中風，不良於行。（北京朋友提供）

■上圖：一九八六年九月十五日，台灣民主自治同盟於北京八寶山革命公墓為謝雪紅骨灰舉行移放儀式。主持儀式者，是當時台盟主席蘇子蘅。這是中共為洗刷自己迫害謝雪紅的形象而舉行的儀式，所有謝氏家屬、親戚未獲通知，許多謝系支持者也不知情。（取自《台聲》，一九八六年十一月號）

■下圖：一九八六年九月十五日，台盟舉行謝雪紅同志骨灰移放儀式時陳列的照片。照片中的謝雪紅，約拍攝於一九五二年整風運動前後。（取自《台聲》，一九八六年十一月號）

尾聲：一個女革命家的自我實現

謝雪紅去世時，楊克煌已是六十二歲的老人。一九七二年，他搬到北京建國里三巷獨居，楊克煌在一九七三年二月親自寫下遺囑，全文如下：

我和謝雪紅在一九六五年間楊玫珠來北京看我們時，因楊玫珠一家在台灣就有親戚關係，而在一九四九年以後，我們就一直了解楊玫珠的成長，因此在當時，我們就承認楊玫珠是我們的義女，楊玫珠也同意了。謝雪紅在臨終的病床時，也一再交代我這件事。

為此，楊玫珠是我和謝雪紅唯一的親人。在我萬一死去時，一切後事應由她來處理，我們留下的東西只有她有權處理。

我希望楊玫珠把謝雪紅和我的骨灰運回彰化埋葬，我們所用的一點東西送回故鄉給我們的家族做紀念。

以後如我再結婚，楊玫珠仍是我們的最親人，此書寫的事仍然有效。如未來同我結婚的人，只對從同我結婚以後的事有權，結婚以前的事只有楊玫珠才有權處理。

關於我們後事的處理，在台灣的我的女兒及家族，和謝雪紅的家屬，可以向楊玫珠提意見，但只有楊玫珠有權作最後決定。楊克煌。一九七三年二月十二日，於北京市建國門外建國里三巷33號寫。

遺囑中的楊玫珠，是楊克煌的堂兄楊克培的女兒，謝雪紅一生沒有養育兒女，乃收楊玫珠爲義女。楊克煌在台灣有三位女兒，均久已失聯。一九七八年八月廿九日零時，楊克煌逝世於北京，享年七十。

對於謝雪紅同時代的左翼運動者，另一個讓我佩服敬重的人正是楊克煌，因爲他在飽受政治摧殘之後，人性並未扭曲變質，且能始終如一，他散發出人性中真善美的光輝。由他所寫的《台灣人民民族解放鬥爭小史》，寫的正是「謝雪紅史觀」，深值一讀。書前有一篇謝雪紅的「讀後感」，要點如下：

……政權表現軟弱無力的時候，台灣就成為外國海盜、野心家、殖民者首先侵略的對象。歷史告訴我們，在十五世紀到十六世紀，日本的海盜、野心家，就曾經四次侵略過它。從十七世紀初起，西方殖民國家向東方活動時，第一個侵略台灣的是荷蘭殖民者；它曾經長時間盤據了台灣的大部地區，直到中國民族英雄鄭成功把它趕跑為止；當中西班牙也曾插過一腳，但沒有站住。在整個的十九世紀，台灣先後受過法、美、英等西方殖民大國多次的侵略和窺伺。這就是說：台灣人民從十五世紀起到十九世紀末，在五個世紀裏，不斷地和東西方的海盜、野心家、殖民者作過鬥爭，一直英勇地站在保衛祖國領土和反抗外國侵略者的前哨。

從一八九四年甲午之戰台灣被迫割給日本以後，到一九四五年日本投降，遵照開羅宣言、波茨坦公告等有關的國際協議和文獻，將台灣交還給中國為止，台灣人民處在日本帝國主義的殖民統治下整整有五十年。而在日本投降、台灣交還中國時，中途一轉手又被美國搶佔以來，很快又是十多年。在日本統治下的半個世紀比起過去的五個世紀，在美國搶佔下的十餘年比起日本佔領下的半個世紀，當然在時間上都短得多，然而，如果以台灣人民在反抗日、美兩帝國主義侵略者艱苦十年中所支付的生命、財富的數量來看，犧牲之大卻是無法計算的。

就抗日鬥爭來說，台灣人民從日本侵略者踏上台灣的那一天起，敵人每前進一步，都曾叫它付出血的代價。當敵人武力佔領台灣並建立起它的殖民統治後，台灣人民並未屈服和罷休，仍不斷地以武裝起義和游擊戰等等鬥爭來打擊敵人。用台灣人民自己的話說，這叫做「三年亂，五年反」。五十年的歷史，就是這樣的歷史，這個歷史是台灣人民用血和淚寫成的，是可歌可泣、有聲有色的史詩。台灣人民反對美、蔣黑暗統治的鬥爭，雖然由於環境的限制，現在所收集的資料還很有限，在這本書裏所佔的內容比重還不太多，可是也足夠說明問題了，而且那種艱苦、激烈的情況，更是完全可以想像的。毛主席說：「中華民族不但以刻苦耐勞者稱於世，同時又是酷愛自由、富於革命傳統的民族。」這是中國人民幾千年來從事生產鬥爭和階級鬥爭的歷史傳統的一個總結。台灣人民［包括高山族人民］用自己進行民族解放運動的小史，來證明自己毫無愧色地是這樣優秀的人民和民族的一個光榮的成員。

這本小史，就其內容和材料來說，是比較豐富的、實際的，通過它，把台灣我們先人的革命實踐所創造的歷史，特別是在無產階級黨成立以後領導時期內的鬥爭史，忠實地、樸素地記錄下來，這種意義是不言自明的。它將教育中國人民「包括台灣人民」，它將告訴全世界愛好和平的人民，它也將警告我們的敵人：台灣是中國領土不可分割的一部份，台灣人民「包括高山族人民」是中國各民族親戚友好的大家庭中不可缺少的成員。我國台灣的人民在以往、在今天，為保衛祖國的領土主權和爭取自身的解放所流的鮮血，絕不是白流。現在，祖國新民主主義革命已獲得成功，社會主義革命正勝利前進，新中國正在積極建設和不斷強大，這也都是與台灣人民的英勇鬥爭分不開的，這就是過去流血鬥爭的偉大代價。正因為這樣，今天台灣人民的反美鬥爭，與過去半世紀反日鬥爭中，祖國人民自身遭受內外敵人的統治，愛莫能助，而處在孤立無援的狀態下，完全不同了，六億中國人民在偉大的中國共產黨和毛主席的領導下，已經發出了「中國人民一定要解放台灣」的莊嚴宣言和號召，這就是可靠的保證。台灣人民的解放，神聖國土的光復，只是時間的問題了。因此這本書的出版，將幫助鼓舞我們的人民解放台灣的神聖鬥爭，蔣幫徹底揭穿美國帝國主義者侵略台灣的陰謀與野心，將進一步引起全世界人民對台灣和中國人民的同情，將迎接我國神聖領土台灣省的光榮解放。

謝雪紅走了，她成爲台盟內部的「雷區」，不能碰，因爲鬥死她的那些人，李純青、徐萌山仍然掌權。一九八〇年十二月十九日，謝雪紅去世的十週年，《人民日報》忽然出現一首悼念謝雪紅的詩，作者署名符號，如下：

懷謝雪紅同志

符號

永安宅里尋常見，萍水天涯劇可憐；
恤我親貧敬白髮，嗟君命苦泣紅顏。
八千子弟高山火，十萬珠璣平地煙；
浩劫同逢生死際，靈犀一點伴重泉。

《人民日報》（北京：一九八〇年十二月十九日）第八版。

「符號」爲何人？至今未暴露身份，他爲謝雪紅整理自傳，手稿數十萬言，十年文革中被焚毀。作者在詩註中說謝被同志「鞭撻致死」，這是極有可能的，王萬得對她拳打腳踢，一個老婦人那能承受？可見其恨之深！

一九八六年九月十五日，謝雪紅去世已十六年。中共黨中央正式爲謝雪紅舉行骨灰移放儀式，把她從「一般幹部區」，移到尊崇的「功勞元勳區」，並重寫他的生平簡介，這是一個平反，也是重新肯定她一生奮鬥是「功勞元勳」。

共產黨對「政治徵候」的「操作」，本來就很敏感、很細膩，政治觀察力好的人可以看得很清楚明白。兩岸關係變了，謝雪紅的高度自治不就是「一國兩制」嗎？還有，懷念謝雪紅的人愈來愈多，這個世界並未忘記這位女革命者，她從奴婢妾匪到成爲革命家的歷程，像一首散發恆久光輝的〈史詩〉。

附件：

一、台灣民主自治同盟主要文獻
二、謝雪紅相關珍貴圖照
三、台灣省文獻委員會二二八主要文獻
四、謝雪紅與台盟紀事年表

台灣民主自治同盟籌備會
第一次會員代表會文告
1947年11月12日

一、本同盟籌備會辦事處地址及會員名單暫不公表。

二、通過本同盟規程草案，綱領草案及本籌備會時局口號。

三、省內外各地同志得立即依照規程草案之規定及綱領草案之宗旨開始活動。

四、各地方之支部，分部組織由各地方籌備會員相量規定之。

五、各地方同志應立即提出本籌備會時局口號不斷向群眾宣傳。

六、各地方支部，分部之經費得暫徵募會員特別捐及同情者之捐助以應各項開支，但入盟費及盟員年費非經本同盟正式成立後不得籌集。

七、本同盟籌備會員除經正式之介紹以外，暫不徵求入盟或籌幕捐助。請提防奸細及拐子。

八、本同盟籌備會員決不違反人民利益和違背民主精神之言行，如有假借本盟盟員或籌備會會員名義，作出違反人民利益之行動者，請協力檢舉。

中華民國三十六年國父誕辰日
台灣民主自治同盟籌備會

台灣民主自治同盟綱領草案
1947年11月

一、設立民主聯合政府，建立獨立、和平、民主、富強與康樂的新中國。

二、保障人民身體、行動、居住、遷徙、思想、信仰、言論、出版、通訊、集會、結社之基本自由。

三、省為地方自治最高單位，省與中央政府權限之劃分。採取均權主義，省得自制定省憲及選舉省長。

四、實行台灣省徹底的地方自治，省長、縣長、市長、區長、鎮長、鄉長，一律由人民直接選舉。

五、省設省議會，縣設縣議會，市設市議會代表人民行使行政權之機關。

六、實行普選制度，人民之選舉權不受財產、教育、信仰、性別、種族之限制，廢除選舉人之公民宣拆登記及候選人之檢核制度。

七、司法絕對獨立，不受行政軍事之干涉。撤銷政治警察、經濟警察、秘密警察，及一切特務組織。

八、中國之領土及領海不許任何外國軍隊之駐紮。

九、反對帝國主義侵略，確立獨立自主之外交。

十、保障人民之生存權、勞動權及營業權。

十一、發展民族工商業，廢除一切經濟統制。

十二、實行八小時勞動制，制定保護工人應有團體交涉，及罷工、怠工之權利。

十三、“耕者有其田”為土地改革之基本原則。

十四、廢除一切苛捐雜稅，實行所得統一累進稅。

台灣民主自治同盟規程草案
1947年11月

第一條：本同盟定名為台灣民主自治同盟。

第二條：本同盟以省內及旅外台灣省民組織之。

第三條：本同盟以實現台灣省之民主政治及地方自治為宗旨。

第四條：本同盟總部設置於台灣省台北市。

第五條：凡贊成本同盟之宗旨及綱領並服眾決議，經過入盟手續者得為本同盟盟員，入盟手續另訂之。

第六條：本同盟之最高機關為盟員代表大會，但在閉會期間為理事會。

第七條：本同盟設理事會；名額為三十五人，由盟員代表大會選舉之，任期為一年，連選得連任。

第八條：本同盟設常務理事會，綜理本同盟盟務，名額為十一人。

第九條：本同盟設主席一人，副主席二人，由盟員代表大會選舉之。

第十條：本同盟理事會得設下列各部門：
㈠秘書處　㈡組織部　㈢宣傳部　㈣財政部　㈤工農部㈥青年學生部　㈦地方部。各部設正副部長各一人由理事會推定之。

第十一條：本同盟於省內各縣市及省外各地得設總支部或支部，其組織規程另訂之。

第十二條：本同盟於省內各區鎮鄉得設分部，其組織規程另訂之。

第十三條：本同盟盟員代表大會每年舉行一次，由常務理事會召集之。

第十四條：本同盟理事會每四個月舉行一次，由常務理事會召集之。

第十五條：本同盟常務理事會每月舉行一次，由主席召集之。

第十六條：本同盟各部門每月舉行聯席會議一次，由秘書處召集之。

第十七條：上列各項會議必要時得召集臨時會議。

第十八條：本同盟經費由下列各項籌集之。

㈠入盟費暫定台幣一百元　㈡盟員年費暫定台幣一百二十元，分兩星期繳納　㈢盟員特別捐由盟員量力捐助　㈣同情者自願捐助。

第十九條：本同盟各支部分部每年全收入應按期交納總部十分之三，如有困難時得呈請總部核免或補助之。

第二十條：本同盟各級機關經費收支應向所屬機構報告之。

第二十一條：本同盟盟員有違反本盟宗旨綱領決議及不履行本規程所規定之言論及行動以破壞本同盟者，經理事會之決議得令其退盟。

第二十二條：本同盟盟員得向理事會申述理由請求退盟。

第二十三條：本同盟盟員於退盟後，凡本同盟未經向外公布之事項仍有保持秘密之義務。

第二十四條：本規程自本同盟盟員第一次代表大會通過之日起發生效力。

第二十五條：本規程經盟員代表大會過半數以上之通過得修改之。

台灣民主自治同盟籌備會時局口號

1947年11月12日

1.打倒獨裁專政，實行人民民主制度！
2.人民有言化、出版、集會、結社、遊行、示威等自由！
3.撤廢人民團體組織條例，取消新聞雜誌登記制度！
4.解散政治、經濟與秘密警察及一切特務機關！
5.打倒貪官污吏土豪劣紳！
6.打倒官僚資本，沒收貪污財產！
7.反對帝國主義侵略，美軍退出中國去！
8.反對美軍在台建設軍事基地，日人退出台灣去！
9.不許日本侵略勢力復活，反對非法的對日和約！
10.否認要求出席和會的自稱代表，打倒陰謀托管的賣國賊！
11.擁護開羅會談公報、波茨坦宣言，反對國際托治！
12.趕出日本侵略者，逮捕長谷川、徹底嚴懲日本戰犯！
13.不做日本奴隸，也不做美國奴才！
14.取消通緝，嚴懲陳儀！
15.嚴辦屠殺人民凶犯，救濟民變犧牲者！
16.打倒台奸，擁護愛國志士！
17.立即釋放民變被捕者及一切政治犯！
18.反對軍隊拘捕人民，撤銷勞動訓導營！
19.保護工商業，撤廢一切經濟統制！
20.反對徵兵、徵糧，取消苛捐雜稅！
21.恢復生產，救濟失業者及貧民！
22.要和平，反內戰！要自治，反賣國！
23.撤銷欺壓人民的保甲制度、國民身份證辦法及連保聯坐的措施！
24.撤銷軍隊學校中之黨團組織，禁止黨化教育！
25.台灣人民團結起來，爭取台灣自治！
26.中國人民團結起來，組織民主聯合政府！
27.中華民族解放萬歲！

台灣民主自治同盟擁護
中共「五一」號召告台灣同胞書
1948年5月7日

全體台灣同胞們！

中共中央最近發表紀念「五一」勞動節口號，其中第五條說：「各民主黨派、各人民團體、各社會賢達，迅速召開政治協商會議，討論並實現召集人民大會，成立民主聯合政府！」這個號召已引起全國各民主黨派、各人民團體以及海外僑胞的絕大影響，紛紛通電擁護並希望由中共召集。

目前中國新形勢，大家都看得很清楚，一方面、反動政府更加緊賣國，更瘋狂壓迫人民，以圖挽救其滅亡的命運，另一方面、人民解放軍的全國勝利，已經定局，解放局已占全國土地的一大半，且已打成一片，日加鞏固，全國人民都已廢棄反動政權，而期待其早日結束，籌建民主聯合政府的時期，已經成熟了。

在這時候，中共中央發表了這個號召，正切合全國人民目前的要求，也正切合台灣全體人民的願望，無論任何政府的產生，必須建築在全國人民的共同意旨上，即必須能夠真正代表全國人民的利益，南京政府之所以「非法」，是因為它代表四大家庭和少數官僚集團的利益，而不是代表全國人民的利益。中共中央這次提出了「召開政治協商會議，討論並實現召集人民代表大會，成立民主聯合政府」，這樣的政府才是一個真正合法的中國政府，真正代表人民利益的政府。

全體台灣同胞們！目前台灣的形勢，大家也應該看得很清楚：自從台灣收復以後，以陳儀為首的貪污集團，不顧台灣人民的利益，實行劫收政策，造成了台灣人民空前的窮困，在這種情形下，發生了「二二八」民變，但這個民變卻被野蠻的屠殺鎮壓下去，犧牲了一萬多人。魏道明到後，還繼續著陳儀的劫收和屠殺政策，一切民族工商業家，都已陷於破產的狀態，大多數人民已無法活下去，逮捕、暗殺不斷地發生，台灣人民正在窮困和恐怖之下呻吟著。

一方面反動政府已把台灣一切主權賣給美帝，美帝的海空軍已控制了台灣一切港口和機場，美帝的資本已支配台灣所有的重要企業。美帝國主義者又為了準備反動政權垮台後侵占台灣之計，拉攏少數親美分子，陰謀「台灣分離運動」，以「反蔣不反美」為目標，來分裂中國民族統一戰線，製造台灣民主陣營的混亂狀態，台灣的手腳正被國內外強盜捆綁得動彈不得，而且連喉管都被攏住了。在這種情形之下，我們不但要反蔣，更加要反美帝的侵略，「反蔣不反美」這不但不能解放台灣，反而促進台灣成為美帝的殖民地。

同胞們！趕快起來響應和擁護中共中央的號召，配合全國人民的革命戰爭，廣泛地展開反對美帝國主義，反對封建主義，反對官僚資本主義，反對台灣分離運動的各種鬥爭，準備參加「政協會議」，「人民代表大會」和「民主聯合政府」，這樣，台灣人民才能由美蔣聯合統治的痛苦中解放出來……。

台灣民主自治同盟
擁護毛主席八項主張的聲明
1949年1月17日

香港文匯報台北消息：台灣民主自治同盟發表聲明，熱烈擁護毛澤東主席的八項主張，揭露反動派的血腥統治。聲明稱：自從南京反動政府撕毀政治協商會議的決議，並發動反人民的內戰以來，它一向勾結美帝國主義者，出賣國土主權、剝奪人民自由、搜刮人民財富、逮捕殺戮人民。直到最近，反動政府已眾叛親離，兵敗政亂，方提出所謂和平談判的「建議」，竟無恥地主張要保存偽憲法、偽法統和反動軍隊，這完全是它為保持其殘餘力量，分地割據。以便取得喘息時間，企圖捲土重來的陰謀。真正的和平是全國人民所渴望的，但是我們認為為取得真正的和平、即戰爭罪犯必須嚴懲、內戰的罪責必須徹底清算，反動統治的根基必須乾淨消滅，因此我們完全同意並堅決支持毛澤東先生提出的八項和平條件：同時我們認為這些條件的任何一項都不得缺少，也不許任何的妥協或讓步。反動派正在裝模作樣地號叫和平，這完全是欺騙的苦肉計。由陳誠主台十日來的倒行逆施，就可以看得很清楚，他正在拚命加緊徵兵、徵投、徵糧；要把在本省有軍事經驗的青年抓去當炮灰，把空軍、海軍的總部遷來台灣，增加軍事力量，加緊軍事施設：並命令特務分子發動組織流氓地痞；加強新聞、通訊和出入口的管制；本日又頒布強制征購人民的黃金及外幣辦法查禁民間的金鈔買賣，要再施行匪盜的搶劫，這些都是在加強對人民的進攻。另一方面，美帝國主義者仍然在進行它的侵略遠東的計劃，積極的布置在台的軍事和經濟的控制，反動派由於它凶狠的本性，和為保存它的反動統治機構，它是要反革命到底的，當然我們為實現全國解放，取得真正的和平，對垂死的反動派只許它接受八項條件的無條件投降，否則必須向它作戰到底。

台灣自治同盟首席代表謝雪紅在一屆政協全體會議上的發言 1949年9月23日

各位代表，各位來賓，和各位旁聽先生們！

中國人民政治協商會議，在全國將要完全解放的時候召開了。真正的人民世紀開始了。中國人民做主人了，幾千年來的封建遺物和帝國主義統治的工具就要送到故宮博物院去了。一切反人民的戰爭罪犯們將要送到人民法庭去受嚴厲的懲罰了。

這是多麼偉大的勝利呀！這是多麼光榮的史實呀！

這些勝利和光榮是由哪裡來的呢？大家都很明白，這是由於中國共產黨、毛主席英明正確領導了全國人民起來作幾十年的革命鬥爭，特別是人民解放軍三年來英勇善戰而得來的。

中國人民革命的偉大勝利，已經結束了封建買辦的國民黨反動統治，而中國人民已經建立起自己的政府、國家的時候，全國人民所關心著的台灣，目前還被國民黨反動派的殘餘勢力所統治著。在那裡反動派依然繼續著反中國人民革命的活動，而且還在勾結美帝國主義，並企圖組織日本法西斯力量要來破壞中國人民革命的果實。而因為國民黨反動派將近完全被消滅，美帝國主義侵占台灣的陰謀活動也就更加積極公開起來了。

在這個時候，被蔣美反動派所壓迫剝削著的台灣人民是在有史以來沒有過的水深火熱當中過著極端恐怖、悽慘的生活，可是台灣人民已經認識了和覺悟了必須消滅反動派的統治，完成新民主主義革命，台灣人民才能夠得到真正的解放。

這次召開的新政治協商會議，以及由這個會議將要組織起來的中央人民政府，將要宣告成立的中華人民共和國，是完全根據全中國人民的要求和利益而產生出來的。六百七十萬台灣人民，三百多年來反對荷蘭、西班牙、日本等異民族的侵略壓迫，和反對國民黨反動派的封建買辦統治，不斷作流血犧牲的鬥爭也就是為了這個目的。全台灣省人民完全擁護這個全國人民民主統一戰線組織的中國人民政治協商會議，完全支持這個由工人階級領導的，以工農聯盟為基礎的，人民民主專政的中華人民共和國中央人民政府，並完全同意這個中國人民政治協商會議的共同綱領。在這個共同綱領中的每一條都是代表著我們的利益，所以我們不但應該要遵守，而且我們為著這個綱領的全部的實現，必須努力奮鬥到底。只在綱領草案第十二條中所說：「各級人民代表大會由人民用普選方法產出，各級人民代大會選舉各級人民政府」我們就覺得非常滿意，台灣人民的政治要求總結起來就是這個，僅僅這一條就有足夠的力量能夠號召台灣人民起來消滅反動派的統治和擊滅美帝國主義的一切侵略陰謀。

現在的台灣有著相當發達的工業基礎，有很多的各種工廠，物資豐富，生產力旺盛，鐵路、公路、電力均相當發展，還有很多的技術人材和勤勉樸素的人民，一旦解放了後，是有著許多新民主主義建設的有利條件，而對新中國的建設也可能有很大的貢獻的。而由於地理上的關係，為保衛中國國土，在國防上也是一個很重要的地方。所以在這個時候，我們要求全國人民積極生產，積極支援前線，迅速解放台灣，解放全中國。

台灣民主自治同盟代表全台灣省人民，包括二十多萬少數民族的高山人民，向大會表示對這三個文件的完全同意，同時負責傳達給台灣人民，組織他們一致來遵守，並為這個共同綱領的實現而努力奮鬥。

中國人民革命戰爭的勝利發展，台灣的解放是很快了，要建立一個民主、康樂、模範的新台灣也很快就會實現了。

中國共產黨萬歲！

毛主席萬歲！

朱總司令萬歲！

中國人民解放軍萬歲！

中國人民政治協商會議萬歲！

中華人民共和國萬歲！

附件二：謝雪紅相關珍貴圖照

謝雪紅與毛澤東

1949 年 10 月 1 日，參加建國大典的謝雪紅，登上天安門城牆恰巧在毛澤東主席的背後，這一刻是謝雪紅的政治顛峰，在新中國成立大典上，謝雪紅成為台灣人最高的政治代表，照片顯示即使身經百戰的謝雪紅，亦對毛澤東投以崇敬的目光。

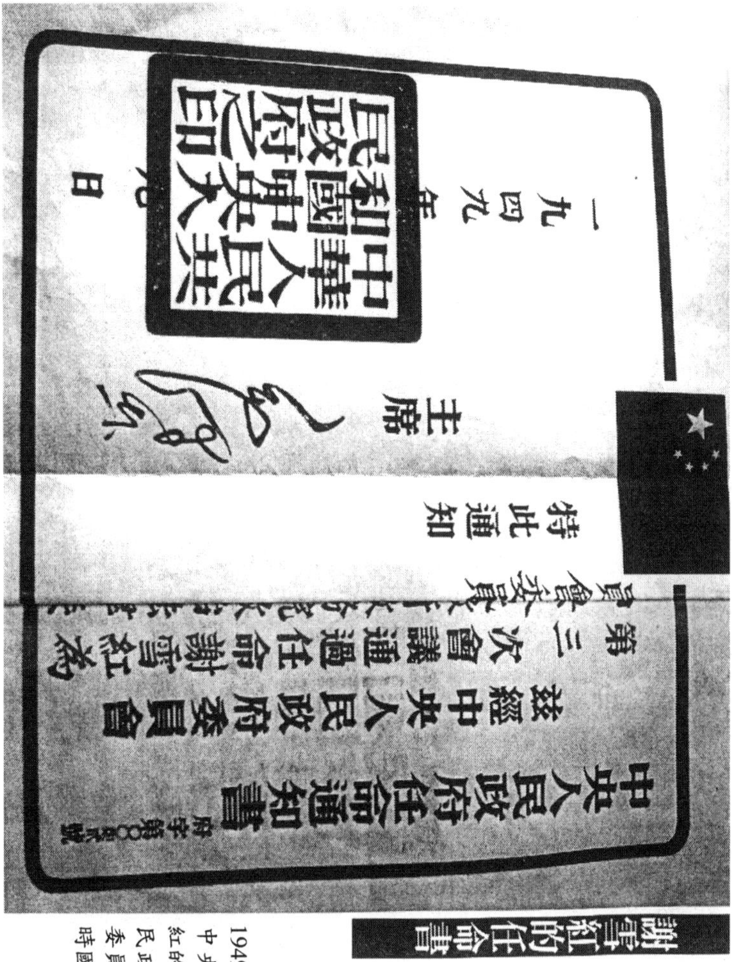

謝雪紅的任命書

1949年，中華人民共和國中央人民政府發給謝雪紅的任命狀，任命她為人民政府政務院政治法律委員會的委員，相當於臨時國會的國會議員。

第一屆全國政協

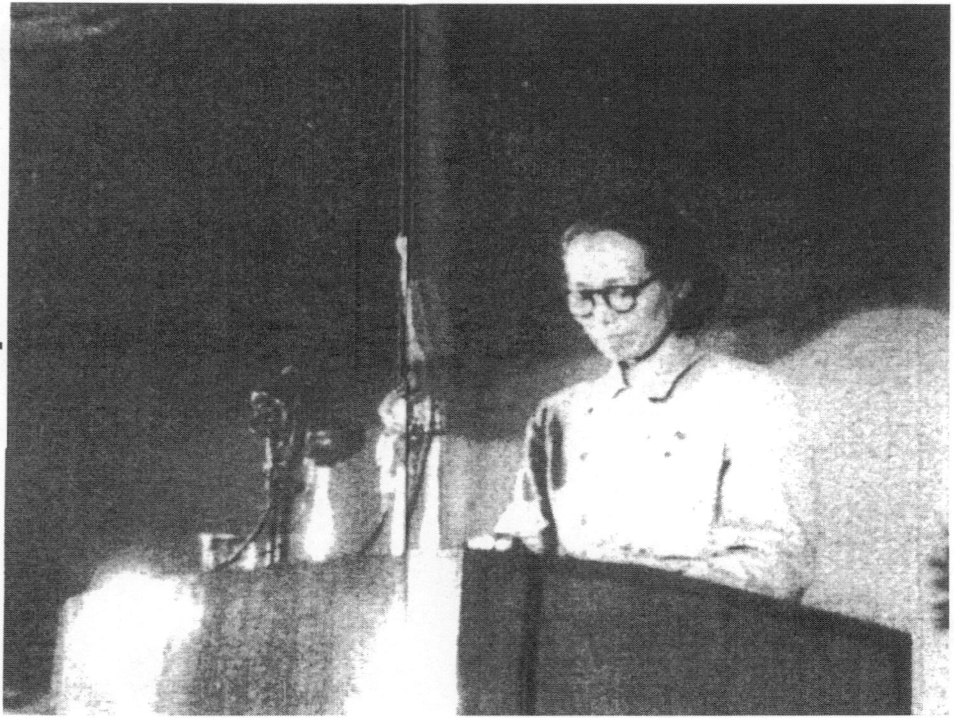

1949年9月23日，謝雪紅作為台盟首席代表在第一屆全國政協上發言，總結台灣革命的經驗與歷史任務。

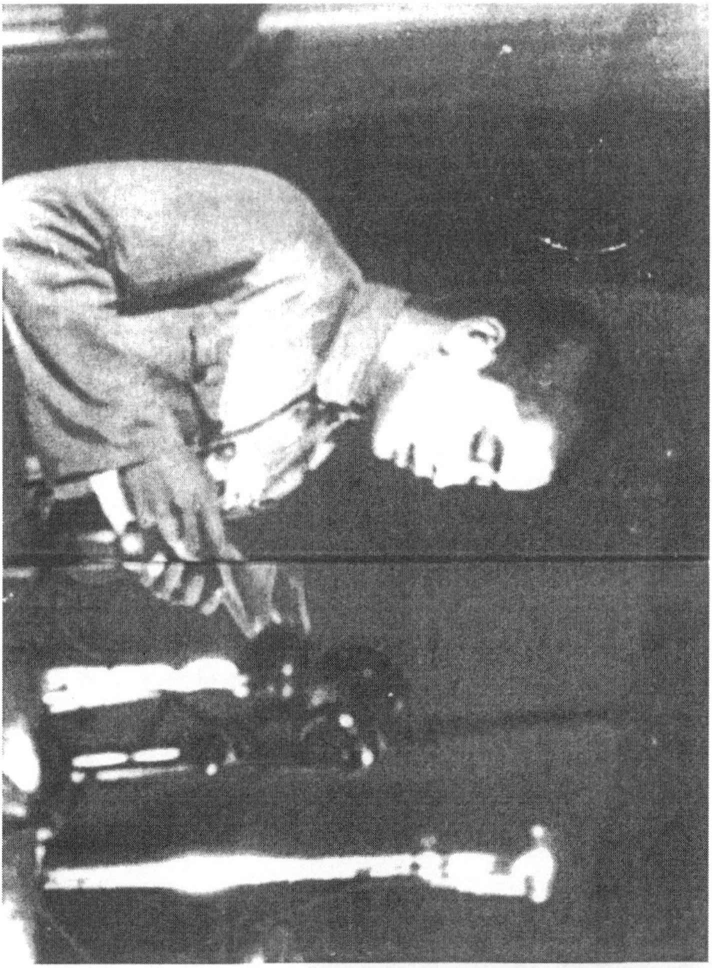

少數民族代表田富達

1949年9月，代表台灣少數民族的田富達在全國政協第一屆會議上發言。田富達係泰雅族，原名尤明巴都，17歲時參軍被調到大陸作戰，後加入解放軍，在政協會議上發言時年僅20歲，是台盟代表中最年輕的一位。

謝雪紅與朱德

1949年11月2日，謝雪紅陪同解放軍總司令朱德到華北軍政大學看望台灣隊學員，華北軍政大學台灣隊專門培育台灣籍幹部，由於此刻中共中央軍委正開始佈署攻台戰役，便加緊台籍幹部的訓練工作，此時的謝雪紅，實質上是在大陸的台灣人的最高政治領導。

台盟在上海

1950年，台盟在上海組織集會，要慶祝中華人民共和國成立一周年，由於這一年中央軍委佈署攻台戰役，台盟總部遷至上海，參與培訓台籍幹部的工作以為戰爭作準備。不過由於韓戰爆發，台海問題長期化，台盟總部又遷回北京。

「二、二八」四周年

1951年2月28日，在京台胞集會舉行「二、二八」四周年紀念大會。

1950 年 2 月 27 日，「二、二八」三周年紀念大會在北京舉行，出席紀念會的在京台籍人士，右為朱德元帥。

1950年2月27日，台盟舉行「二、二八」三周年紀念大會，朱德元帥到會致詞，謝雪紅是「二、二八」的重要人物，台盟也因「二、二八」而誕生。

1951 年，謝雪紅與楊克煌合影，一臉愉悅。

1950 年代，謝雪紅與丈夫楊克煌合影。

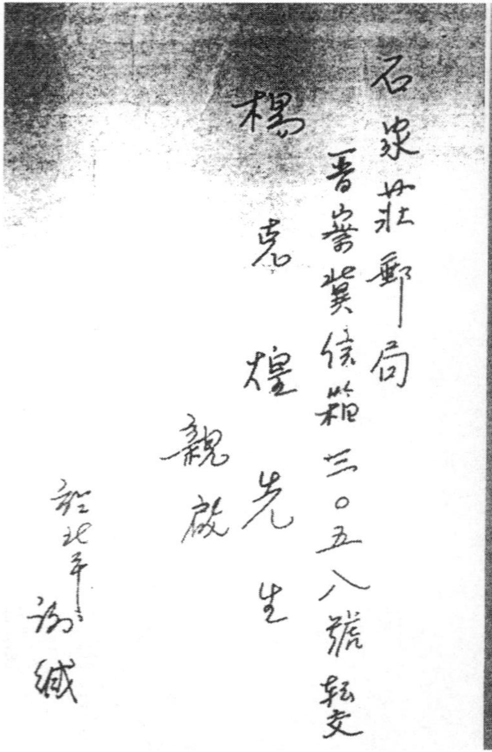

1950 年代初，謝雪紅寫給楊克煌的信和信封。

1950 年代初，浴公中的謝雪紅。

1950 年代初，台灣民主自治同盟同志們的合影，充滿了蓬勃的朝氣。

建國初期的合照

無產階級革命戰士

1950 年代初，中共建國初期的謝雪紅一身無產階級革命戰士的穿著。

1950年代初，閑居生活中的謝雪紅（右二）。

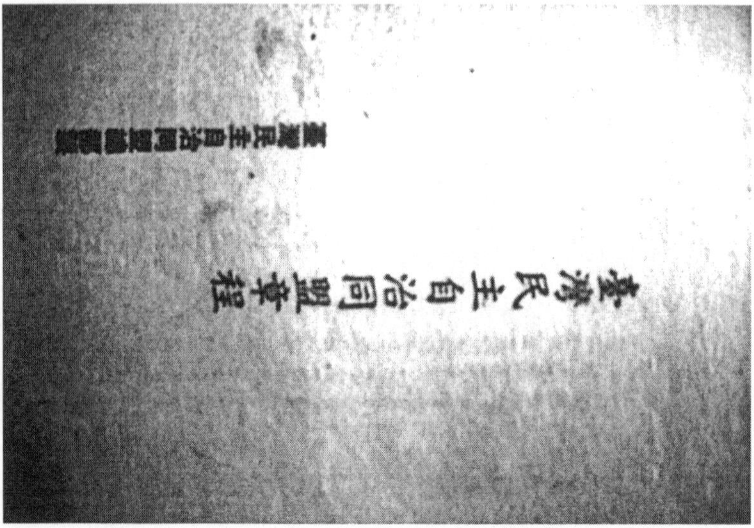

1947年底，台灣民主自治同盟章程。

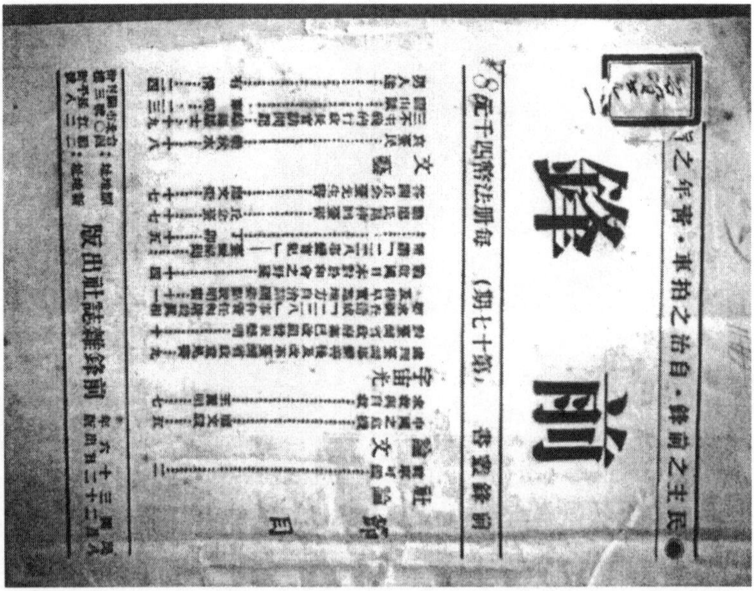

台盟刊物《前鋒》。

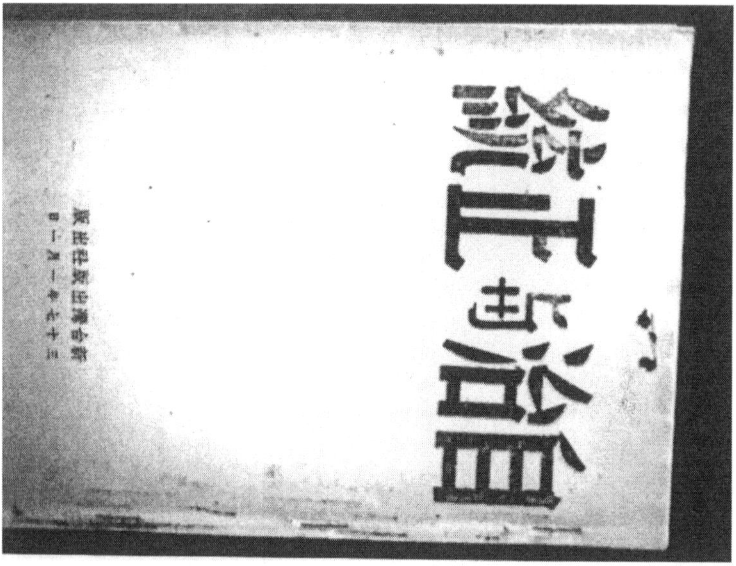

台盟刊物《自治與正統》。

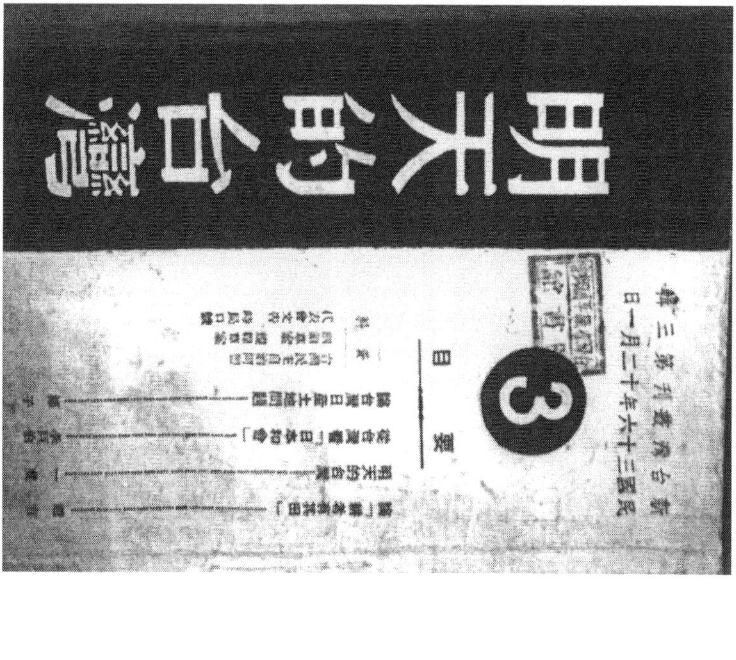

台盟刊物《明天的台灣》。

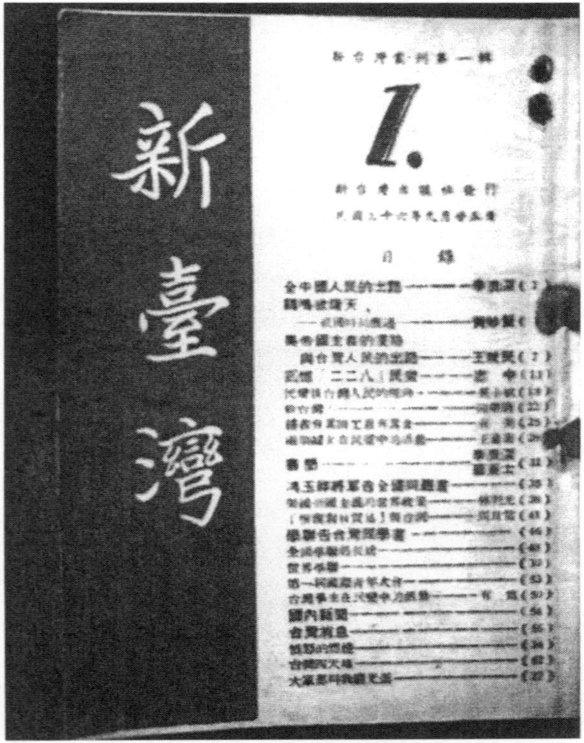

台盟刊物《新臺灣》。

台盟刊物《台灣人民的出路》。

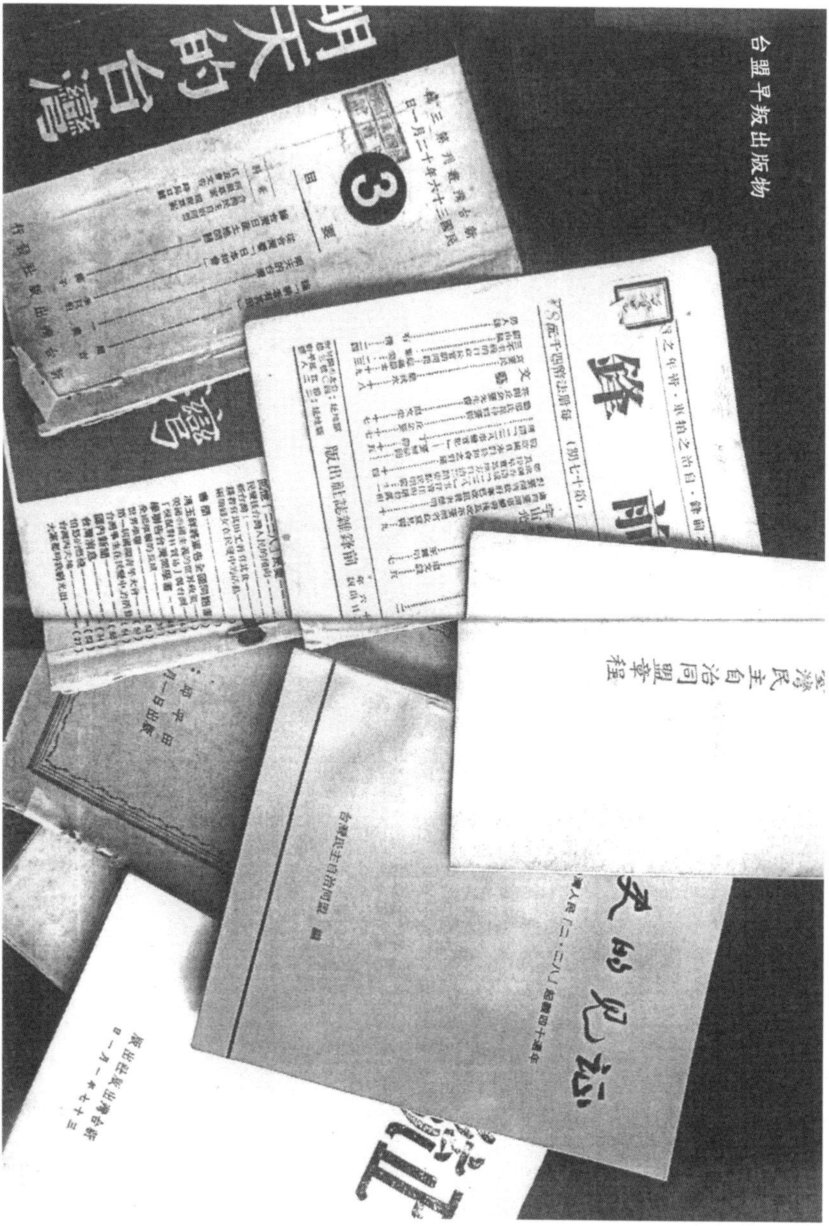

台盟早叛出版物

1954 年，謝雪紅在全國人大第一次會議中發言，由於台海對峙的長期化，謝雪紅領導的對台工作集中在反美反帝的宣傳。

座談會

1959 年，台盟總部和台盟北京市支部召開座談會，紀念台灣人民「五、二四」愛國反美大示威（劉自然事件）二周年，主席台由至右為陳炳基、楊春松、徐萌山、謝南光、田富達。

謝雪紅與陳嘉庚

1959 年代末，謝雪紅（左一）在陳嘉庚先生（中）的陪同下，參觀廈門集美校園，作家冰心（右三）亦隨行。由於同樣使用閩南語，謝雪紅與陳嘉庚之間有一份文化上特殊的親近感。

1955年10月。謝雪紅（中坐者）主持台盟總部在京盟員座談會，強調台灣光復的重大歷史意義，站立發言者為台盟副主席李純青。

除夕晚宴

1964 年台盟總部、北京市支部舉行中秋聯歡晚會，左至右為陳炳基、蘇新、謝南光、林田烈、陳文彬、徐萌生。

毛澤東會見台盟

1956 年全國政協二屆三次會議期間，毛澤東會見了台盟政協委員及列席代表，聽取台灣人生活情形的報告。

國際婦女大會

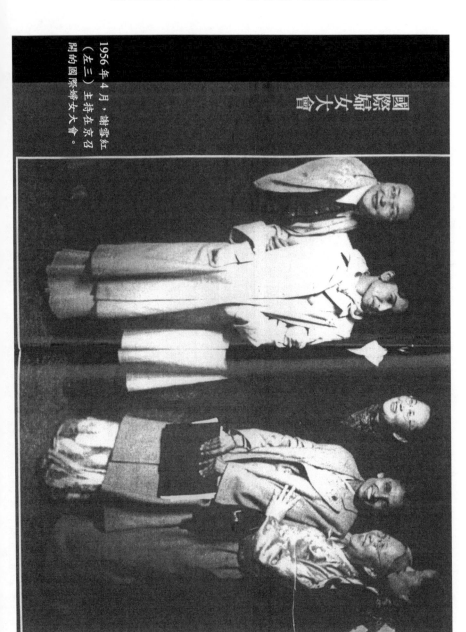

1956年4月，謝雪紅（左三）主持在京召開的國際婦女大會。

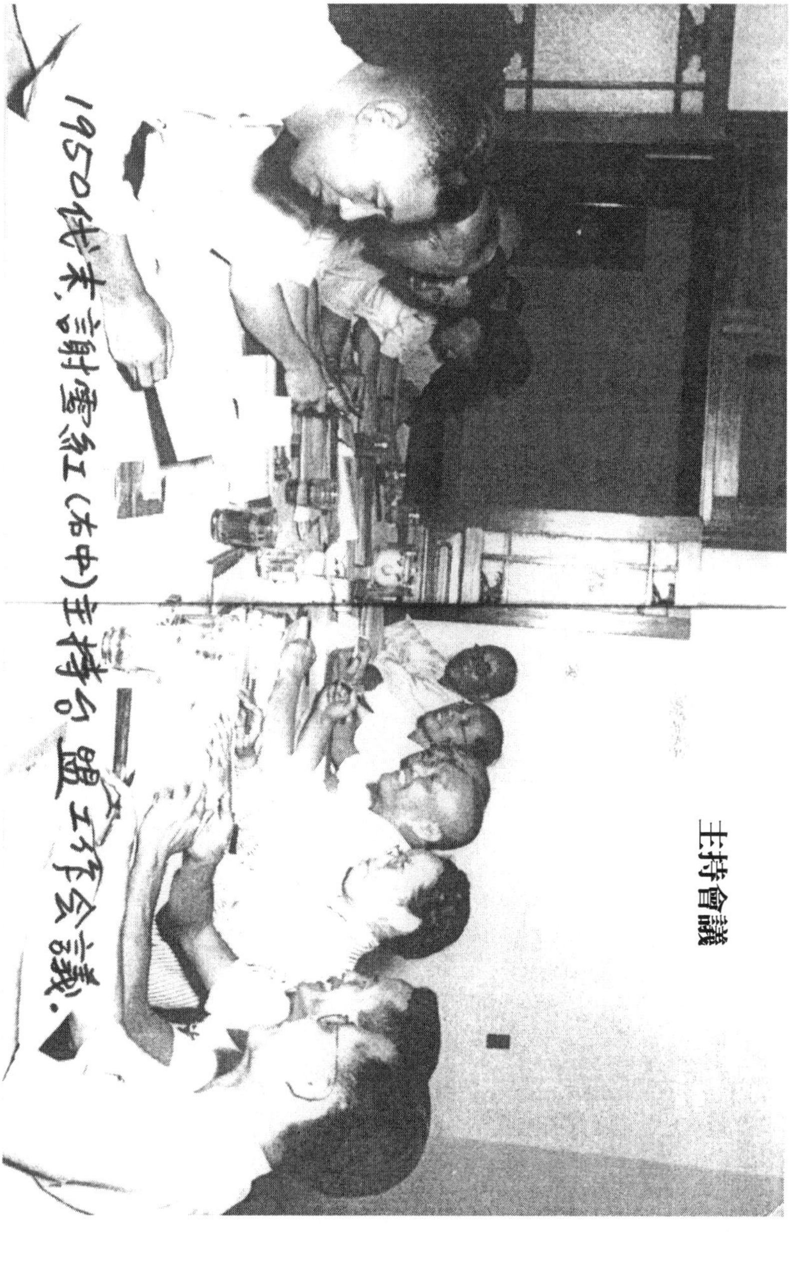

主持會議

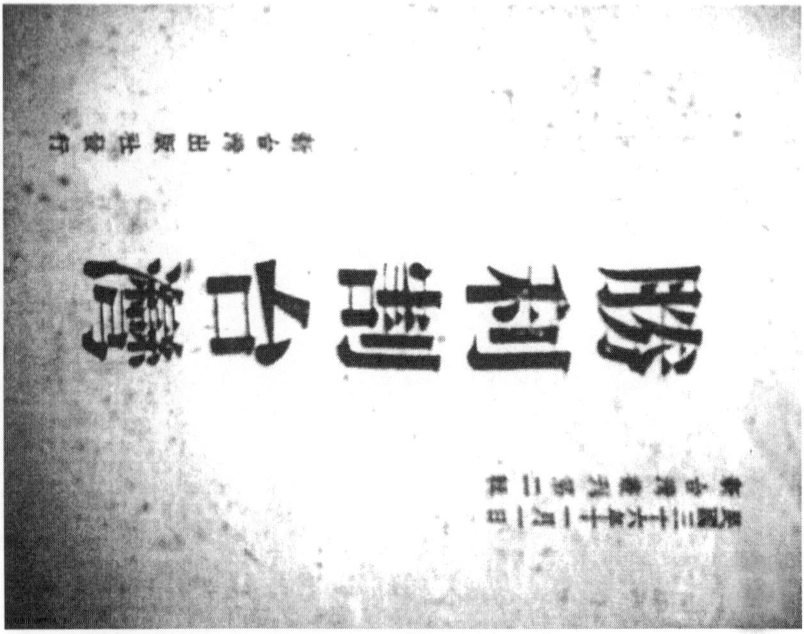

台盟刊物《勝利到台灣》

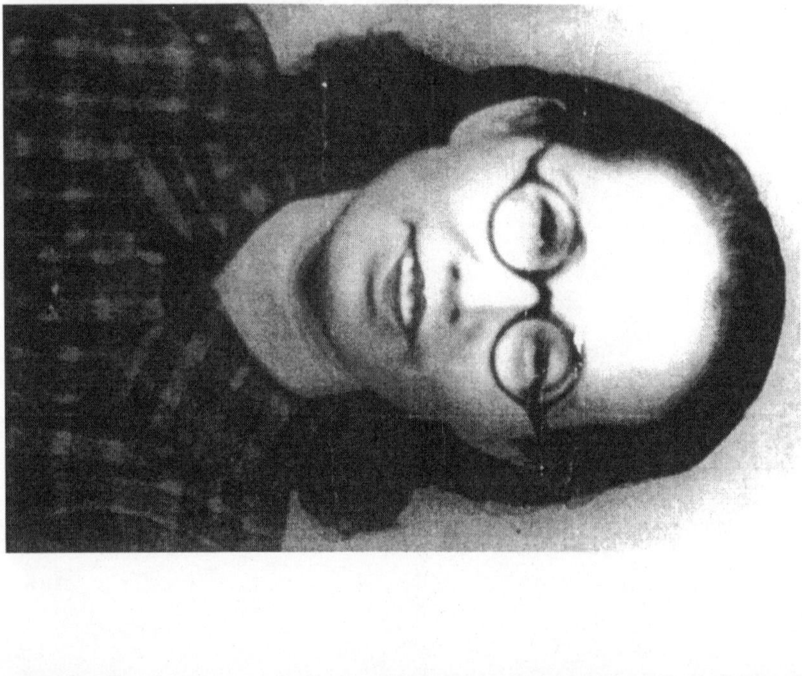

謝雪紅由台灣帶來大陸的肖像照

1950 年代中，身穿馬來民族服飾的謝雪紅，反映謝雪紅生活中輕鬆的一面。

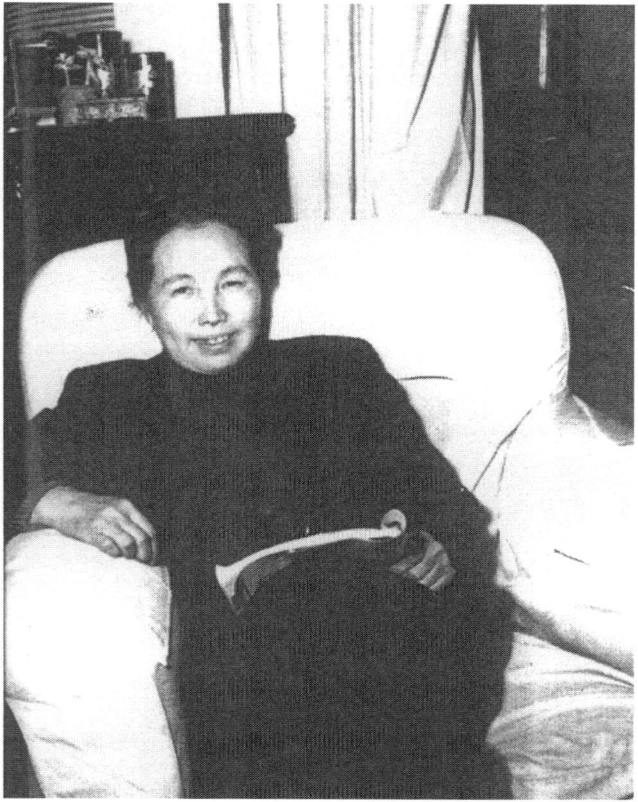

1950 年代中期，謝雪紅在辦公室沙發上閱讀刊物，略事休息。

會同志合影

寫於54.1.22日

中共中央組織部饒漱石部長：

一九五三年 月我和楊克煌同志曾共同向中共中央提出了請求黨檢查原華東局台灣工作委員會工作的報告，到現在雖然已經過一個多月的時間了，但我確信黨是一定會給我們[illegible]我們所提出的請求的。

在原台委會所存在的問題中，比較重要的[illegible]問題之一是關於楊克煌同志的問題。而楊的黨籍問題，我以為[illegible]問題也是解決其他問題的關鍵之一。[illegible]我認為有必要向黨說明楊克煌同志到底是怎樣一個人，供黨作為解決楊克煌同志黨籍問題的參考者，[illegible]我和他有著廿五年的私人關係，[illegible]

我以一個黨員的義務，必須向黨反映真實情況，才能維護黨的利益，所以現在提出這個報告。

對於楊克煌同志的[illegible]思想以及個人生活的全部情況，在黨內是我唯一對他最了解最熟悉的人，因我自從一九二八年以來的二十五年間，除了在獄裡的一段以外，幾乎我和楊同志是一直一起工作和一起生活的，[illegible]我要看在向黨說明楊同志為人的義務。對這個報告我以為是我做為一個共產黨員的重要政治任務，所以我立即努力[illegible]以[illegible]老實的態度來作這個報告。

一九五二年九月間我看到楊克煌同志在參加整黨後寫的[illegible]和整黨鑑定[illegible]文件，對楊同志自己

■左上／右上：這兩冊小筆記本，封面上有毛澤東的書法「學習」二字，顯然是當時中國百姓普遍使用的標準筆記本。當中記錄著謝雪紅在一九五四年間的零星手札與政治學習心得。

■下圖：左上有毛澤東頭像的小筆記本中，有謝雪紅為楊克煌所寫的申訴書。

上圖：李偉光領導的「上海台灣同鄉會」舊址，在今天上海武進路。
（周明先生提供）
下圖：1950 年代末期，台盟辦公室的謝雪紅，此時的她略顯發福。

西一、三室
謝雪紅魂歸八寶山

北京八寶山革命公墓的大門

八寶山革命公墓的樹葬區，骨灰撒在樹底下，與大地同眠，也回歸了大自然。

八寶山革命公墓的林間道路。

樹葬區指示牌上，列著赫赫有名的中共革命領袖。

樹葬區的指示牌。

附件三：台灣省文獻委員會二二八主要文獻

臺灣二二八事件概述（民國三十六年二月）

台灣島東臨太平洋，西隔台灣海峽與福建省相望，南隔巴士海峽對菲律賓羣島，東北望琉球羣島，遙接日本，全島面積三萬五千九百餘平方公里。其地本屬我國，夙為我東南方面海防之前哨。明季為荷蘭人所佔，清初鄭成功驅逐荷人，進據本島，作為反清復明之根據地，一時聲勢頗盛。成功卒，子經孫克塽相繼立。康熙時，為清兵所破，克塽降，台灣屬清，隸福建省。中法之役以後，闢為行省。甲午（光緒二十年即公元一八九四年）中日戰後，連同澎湖羣島割讓與日。在日據期間，台胞處於日人殖民政策高壓下，曾發起反抗運動，先後達四十餘次之多。日人武力征剿，曠持二十餘載，未竟全功，其後廼施懷柔政策，始稍相安。然人心思漢，不受同化。

光復台澎，為我國民革命主要目標之一。自本黨北伐成功以後，國民政府一貫為收復失土與主權而努力，乃因內憂外患迭起紛乘，遲遲未能實現。民國二十年瀋陽事變以後，東北四省又被日本宰割，越六年，蘆溝橋事變發生，日人侮我益急，我政府乃發動全民不惜一切犧牲，為反抗侵略恢復失土而作堅忍不拔之奮鬥。

民國三十二年十一月，中、美、英三國領袖會於開羅（Cairo），我國民政府蔣主席於會議中鄭重申明收復東北四省與台灣、澎湖之決心，深獲羅斯福（Franklin D. Roosevelt）總統及英首相邱吉爾（Winston Churchill）之同情，並同意以此列為開羅宣言中揭示共同對日作戰目標之要項。

三十四年（公元一九四五）八月十日，日本宣告向盟國投降，台、澎依法歸還我國，台胞重獲自由，莫不歡欣鼓舞，我政府比派陳儀為台灣省行政長官，前往組織公署，依照中央規劃接收行政主權及處理台灣區敵軍投降事宜。

之後，共匪倡亂於大陸，台灣亦為其赤化之主要目標，匪幫特工人員自大陸及海南島等地陸續滲入本省，到處利用機會，散佈共產主義毒素，並肆意挑撥台胞與政府間及與外省人之感情，以遂其擾亂社會，顛覆政府之陰謀。

三十六年二月初，蔣主席據報共黨份子在台灣潛滋暗長，漸起作用，曾電陳儀長官「應嚴加防制，勿令共有一個細胞遺禍將來」等語，具見最高當局關懷台灣情形之殷切。

溯自抗戰勝利後全國人民言論結社均極自由，國內共黨及其同路份子，遂藉機攻擊政府，並歪曲事實，作種種惡意宣傳，台灣光復後共黨及少數野心家之反動言論，亦乘間而起，與國內共黨如出一轍，加之省政措施不善，未能翕服人心，接收人員貪婪舞弊，滋生物議，復以戰後民生凋敝，失業衆多，政府未能設法予以救濟，省縣市高級行政人員任用台籍者過少，在在使人不滿，台胞受日本統治既久，對祖國語文多感隔膜，一經共匪及不肖份子之乘機煽動，遂易盲從附和，發生動亂。

是（三十六）年一月十二日三民主義青年團高雄分團部舉行成立典禮時，台灣省參議員郭國基向八百餘羣衆演講大放謬詞「望各青年均能立志為台灣獨立而努力，勿再受大陸中國之管轄」等語，以該分團負責人

皆係台胞故當時未予披露與制止

二月二十七日晚台灣省公賣局派專員葉德根率同緝私員警於台北市延平路廸化街等地查緝私烟遇婦人林江邁攜帶私烟五十餘條遂予扣留該婦人哀求放還正爭執之際羣衆圍集情勢洶湧該婦人被擊受傷市民覩狀憤而圍毆查緝員警致傷二人警察為自衛放槍擊斃一人於是羣衆益憤即湧至台北警察局要求交出肇事員警予以懲辦結果將葉德根等六人送憲兵隊看管旋即將解台北地方法院訊辦

二月二十八日上午十時少數陰謀份子驅使暴徒浪人將昨緝查私烟時被擊斃之死者屍體鳴鑼擊鼓湧至太平町警察派出所將所長圍毆傷四人並將庫存專賣物品縱火焚燬旋復湧至台灣省專賣總局以該局復搗毀門窗嗣乃裹脅民衆數千人搗毀專賣分局當場毆斃職員二人聞訊有備未被衝入下午羣衆湧至長官公署企圖衝入被公署衛兵開槍鎮壓當場死一人傷十數人始行退走

是日台北全市騷動羣情如狂商店輟市工廠停工學校罷課流氓三五

成羣手執刀棍，途遇外省人不通台語日語者，輒被兇毆，外省人經營之商店，亦有被搗毀者，台省警備總部，鑒於事態擴大，乃宣佈臨時戒嚴，在軍警執行任務時，民眾亦有傷亡。

同日基隆市亦發生騷動，當地流氓首於戲院毆打官兵及外省人士，繼即進攻警察局等機關，經憲警及要塞司令部派隊開槍彈壓，始行驅散。

三月一日，台北市暴民搗毀機關及外省人經營之商店，衝入外省公務人員住宅，毆殺劫掠等事實，仍不斷發生，是日台北市參議會，邀請國大代表，參政員，省市參議員等開會商討處理辦法，公推黃朝琴、王天灯等八人為代表，赴長官公署向陳長官提出五項要求：(一)立即解除戒嚴，(二)懲辦兇手，(三)撫卹死傷，(四)被捕之市民立即開釋，(五)組織調查委員會。陳長官均予接受，並以廣播宣佈自一日晚十二時解除戒嚴，一面將緝私傷人者交法院嚴辦，對死者發給卹金二十萬元，受傷婦人林江邁發給醫藥費五萬元，關於官民合組處理機構問題，當經各代表與陳長官商決，組織二二八事件處理委員會，長官公署並派民政處長周一鶚、警務處長胡福相．農林處長趙連芳．工礦處長包可永．交通處長任顯群等五人代表參加．

三月二日台北方面之暴民依然四出騷動十二時陳長官復接見全體調查委員並決定四項辦法(一)對參加事變者不加追究(二)被捕人民可免保領回(三)死傷者不分省籍一律撫卹(四)處理委員會准增加各界人民代表

下午三時陳長官再將右列四項辦法以廣播公佈．

三月三日二二八事件處理委員會於中山堂召集首次會議（長官公署所派之五處長均出席以後即未參加）商定軍隊於本日下午六時撤回軍營由憲警學生組織治安服務隊維持治安交通等項陳長官均予照辦然市內毆打外省公務人員及搜索搶劫之事實仍未停止．

自二二八事件發生後各地奸黨及地方不良份子乘機而起除基隆方面首先響應外彰化新竹台中嘉義台南高雄屏東台東花蓮宜蘭等縣市亦相繼發生暴動並有劫奪警局及機場倉庫軍械包圍縣市

政府等不法行為，台中方面由共黨謝雪紅率領黨徒煽動民眾圍攻政府機關，搶奪軍警槍枝，毆傷外省人，佔領供應廠庫，公然組織指揮部，並派遣暴徒馳赴嘉義會合嘉義匪徒，攻陷空軍油彈庫，劫去大批武器，及圍攻駐軍，且有日僑暨潛伏日軍參加，情勢尤為嚴重。

三月四日，台北市二二八事件處理委員會宣佈十七縣市一律成立分會，並向工商銀行強提二千萬元以充該會經費，同時佔領廣播電台，蔣渭川等更利用廣播電台任意播講，號召全省青年成立台灣自治青年大同盟，參議員王添灯且公開宣稱台中一切機關業已接管完竣。

三月五日，處理委員會開會決定該會組織大綱，通過政治改革案，其要點如左。

(一)長官公署秘書長及民政、財政、工礦、農林、教育、警務等處處長及法制委員會過半數之委員應以本省人充任。

(二)公營事業歸本省人負責經營。

(三)立刻實行縣市長民選。

(四)撤銷專賣局。

(五)撤銷貿易局及宣傳委員會。

(六)保障人民之言論出版集會自由。

(七)保障人民生命身體財產之安全。

同日「台灣自治青年同盟」舉行成立大會，決議成立市區大隊中隊，並以廣播召集全省服務於日本海陸空軍之退役人員及自海南島、東北、南洋各地歸台者，即日登記，集中訓練。

三月六日，處理委員會改設二局十組，選舉參議員王添灯等十七人為常務委員，同時以台省參政員名義致電中央，提出改革政治方案九項。

(一)重用台省人才，行政長官公署之秘書長、處長等，由台人担任。

(二)各級法院院長、首席檢察官及各級學校校長，盡量錄用台人。

(三)廢止專賣局，改為普通公營事業。

(四)貿易局改為商政機構，廢除營利行為

(五)日產處理，應考慮人民正常利益

(六)根據建國大綱即行縣市長民選

(七)保障人民言論出版結社集會自由

(八)保障人民生命財產安全

(九)速派大員來台處理本案，勿用武力彈壓，以免事態擴大

是日陳長官第三次廣播宣佈，盡可能採納民意要求，並提示左列三項

(一)改組長官公署為省政府

(二)各廳處長儘量任用本省人，並希望民意機關推選適當人員

(三)各縣市長定七月一日實行民選，在選舉前現任縣市長不稱職者可免職，另由縣市參議會及公法團推舉三人，由長官圈定

依上述情形，行政長官公署至六日止幾已全部接受處理委員會之要求，事變至此，本可告一段落，乃其時處委會已為暴徒所裹脅，且知

政府武力有限，乃益肆行無忌，復於七日提出處理大綱四十二條，竟列舉政府將各地武裝部隊應自動下令暫時解除武裝，武器交由各地處理委員會及憲兵隊共同保管，並將警備總部撤銷，在政治問題未根本解決之前，政府之一切施策，不論軍事政治，須先與處理委員會接洽，以免人民發生誤會等荒謬要求（詳見監察院四月二十四日報告）

台灣事變發生以來，蔣主席迭接各方報告，獲悉暴亂起因與演進情形，知其性質已非單純之政治改革問題，而實有叛國及奪取政權之重大陰謀夾雜其間，為免蔓延擴大，乃准陳長官之請，飭由國防部自上海調派第二十一師劉雨卿部，及自福州抽調憲兵兩營赴台，協助警備總部遏制亂源，安定現局。

三月八日台北之情勢更形嚴重，同時基隆台中彰化嘉義等地之暴亂事件亦愈演愈烈，是晚台北暴民自北投松山分兩路進襲台北市區，槍聲四起，警備總部，長官公署，陸軍供應局及圓山等處均被攻擊，經還擊驅散。

當日憲兵二營由福州運抵基隆，翌晨開入台北。

九日，我福建台灣監察使楊亮功奉監院命來台調查二二八事件，於由基隆至台北途中，遭暴徒襲擊，傷隨員及憲兵各一人。

同（九）日晨警備總司令部宣佈台北市重行戒嚴。

是日午後，第二十一師先遣之一個團到達基隆，十日進抵台北，基隆台北間之交通由政府恢復控制，於是軍憲警會同開始澈底搜索暴亂首要份子，長官公署並下令解散各地處理委員會，台北治安自是漸趨穩定。同時新竹花蓮屏東各縣市秩序已恢復，高雄市經要塞部戡定，業已確實控制，台南亦於十一日恢復秩序，惟台中嘉義台東等地尚在動亂中。

未幾，第二十一師之後續部隊陸續到達台北，即分向各縣市推進。蔣主席特於十三日致電陳儀，令其負責嚴禁軍政人員施行報復，否則以抗令論罪。

三月十三日晚，第二十一師之436團進入台中，暴民大部驅散，空運嘉義之部隊，亦於是日晨將葉氏驅出。

三月十七日，國防部長白崇禧，奉　蔣主席命，到台宣慰，並商籌善後，當日佈告民眾昭示中央處理台灣不幸事件之基本原則四項，其內容要點如左

(一)改台灣省行政長官公署為省政府，

(二)台省各縣市長提前民選，

(三)省政府委員及各廳處局長以儘先選用本省人士為原則，

(四)民生工業之公營範圍應儘量縮小，公營與民營之劃分辦法，由主管部會迅速審擬，呈報行政院核定施行。

(五)長官公署現行之經濟制度及一般政策，其與中央頒行之法令相抵觸者，應予分別修正或廢止，一面由行政院查案審議，一面聽取地方意見，以供修正或廢止之參考。

(六)台省各級二二八事件處理委員會及臨時類似之不合法組織，應立即自行宣告結束。

(七)參與此次事變或與此次事變有關之人員除煽惑暴動之共產黨外一律從寬免究

此後各地秩序逐漸恢復尚有少數暴徒盤據於新竹台中嘉義等市之山地總數不及二千人經國軍分別追剿後相繼崩潰事變主犯除被捕及於混亂中被擊斃者外尚有蔣渭川林日高王萬德等數人均逃入山地

事變既平陳儀引咎請辭台灣省行政長官兼警備總司令本兼各職中央予以照准並派魏道明為台灣省政府主席彭孟緝為台灣省警備司令

四月二十二日行政院會議決議台灣省行政長官公署制度應予撤銷照各省制成立省政府並正式通過台省府主席及各委員各廳處長之任命案省委十五人中有七人為本省籍並有二人兼任廳長充分給予台胞以參加政治之機會

五月十五日魏主席到台次（十六）日台灣省政府宣告成立

省府成立後，魏主席遵照中央既定方針，刷新政務，對二二八事變人犯一部由軍法審判，迅予清結，其未能結辦而案情較輕者，則由警備部移送地方法院繼續偵訊結案，三十七年三月，在逃主犯蔣渭川，因受中央寬大政策之感召，向警備部暨台灣高等法院自首，當局以該犯既深知悛悔，投案自首，且經地方公正人士之力保，遂予從寬處理，四月下旬，高院檢察署偵查終結，為不起訴之處分，二二八事變餘波至是完全平息。

1.保密局呈蔣主席情報

保密局呈蔣主席二月二十六日情報

情報提要

報告者	保密局　二月廿六日
原報告時間地點	三十六年二月十日　台灣張木山
內容摘要	（獨立）據報台灣省參議員郭國基近在公眾場合肆意攻擊政府，宣佈反動言論，元月十二日三青團高雄分團在青年館召行分團部成立典禮並成立青年館第一屆理事會，將高雄市參議會議長彭清靠、議員王清佐、陳啟川、蘇泰山、黃賜、宜蘭吉盛新、駱等七人為理事，並推王清佐為理事長，會上演說時，省參議員郭國基即席向八百餘群眾大放厥詞，略謂：中國國民黨成立國民政府三十餘年，並未真實實行三民主義，且攷察中國歷史，元朝異族不過數十萬人侵入中國為主，執政八十餘年，清朝滿族不過八百萬人侵入中國為主二百餘年，由此可見中國民族性之懦弱，我台灣民族現有六百餘萬人，自元明清歷代以來均不願受中國統治，歷有抵抗事實，望各青年均能立志為台灣獨立而努力，勿再受大陸中國之管轄等語，當時聽眾中有不少附和，後以該青年分團負責人皆係台人，故亦任其放肆，未予救露與制止。
判斷	前據保密局卅五年八月[illegible]報告三青團[illegible]高雄分團[illegible]……[illegible]。擬交陳書記長速併案辦理具報。

要批示登記

急電陳長官公俠徹查為何台省青年團支部無此不負責任[illegible]在何[illegible]人[illegible]李部長[illegible]查報期內

[illegible]　三、[illegible]

第　頁

三局

2.桂永清呈蔣主席簽呈

桂永清　呈　蔣主席三月五日簽呈

情報提要

桂永清　三月五日　簽上　三十六年

八、轉達台灣一部士紳意見

職此度巡視台灣，二月十五日在左營中學校長閣王貢及當地士紳十餘人聚餐會上，代等提出意見五點，要求轉達中央。

（一）台胞決無獨立思想，前中央日報所載台人有獨立企圖，完全無稽。

（二）從速改善外省人與台人間之誤會。

（三）台胞對中樞誠心崇敬，但以前來台軍隊予人民印象殊為太壞，以後駐台軍隊，希望遴派紀律嚴明者。

（四）從速解決失業問題。

（五）希望對過去接收期間諸不法官吏，分別懲治，時職即請其提出，職到左營後扣押林遂等三員之罪行證件，據謂過去向劉監察使告發案逾三百餘件，均如石沉大海，不見查辦，不敢再事檢舉。

當即席答告，鈞座關心台胞之殷切，並解釋外省人與台胞間之誤會，出於心理上之揣測各點，均答應特陳中樞，並據情一一報告陳長官。此次騷動係台省地方人士，憲政座談會到處派人演講，促進憲法提早實行之鼓動，及台灣浪人遣散返省，無所事事，加之米荒，促以政府通令拍賣人民及公務員已經佔住之房屋所引起，理合陳請

鑒察。

12/3

3. 張鎮呈蔣主席報告

張鎮呈蔣主席三月五日報告

情報提要

報告者	張鎮 謹
報告時間地點	台北三月四五日憲兵第四團團長張慕陶電
內容摘要	台省暴動事件專報 一、台灣暴亂形勢益趨嚴重 （一）此次台灣暴亂，其性質已演變為叛國奪取政權之階段，外省人之被殺擊而傷亡者，總數在八百人以上，地方政府完全失卻統馭能力，一切由民眾控制，暴民要求不准軍隊調動，不准軍隊帶槍，無異解除軍隊武裝，暴民在各地劫奪倉庫搶械，及繳收軍警武器，總數在四千枝以上。 （二）今日情勢似外弛內張，台北二日雖解嚴，并由憲警及民眾代表組成維持治安機構，但奸偽標語仍滿貼街衢，各工廠機器及物資損失殆盡，無法復工，長官公署及各機關迄未恢復辦公，台籍警察多携械潛逃，全省鐵路改組為鐵路委員會，已由台人掌握，陳長官似尚未深悉事態之嚴重，猶粉飾太平。 （三）台中憲兵被繳械，官兵被囚禁，并有械彈庫兩
判斷或擬辦	呈閱
批示	

職 俞濟時 呈 三十六年三月六日

4. 中統局陳誠呈蔣主席情報代電

報告者	呈報告	時間地點	內容摘要	判斷或擬辦	批示
中統局		三月六日報告 台北三月　晨電	個被刦，嘉義忠兵被暴民包圍，無法援救。 (四)台中嘉義市政府政權已被所謂二二八事件處理委員會(係由政府人員、參政員、參議員及各界民眾代表組成)篡奪，並電告省參議員王添燈轉告公署勿派兵前往，否則以武力對付。 (五)參加暴動者多係前日軍徵用之海外回來浪人(以海南島回者為甚)，全省約計十二萬人。投機者蔣渭川、王添燈(均為省參議員)等主張大台灣主義，不斷作煽動宣傳。二二八事變處理委員會已發電中央請撤調陳長官及取銷專賣、貿易、糧食各局，並改組長官公署。如三月十日前中央無答復，決定十一日再舉更大暴動。	又據俞飛鵬三月六日由台北電稱：(一)事變二二八處理委員會力量恐不足解決此事，台北現僅表面安定，新舉動尚有醞釀。(二)新竹、台中、嘉義、台南、高雄、花蓮港時有騷動，並有中共、日僑及由日與由海南島退伍軍人、失意士紳、浪人等在內，企圖台人治台或國際共管運動等情，謹併註明。	
陳誠		三月五日代電	二、派兵赴台情形 派兵赴台一案，(1)已令廿一師劉師長率師部及146B之一個團即開基隆，歸陳兼總司令指揮。(2)着憲兵第四團駐福州之第三營即開台灣歸制。	擬復悉	

報告者	
原報告時間地點	
內容摘要	(3)着調憲兵第廿一團駐福州之一個營即開基隆。 (4)青年軍202D即以一部接替146B遺防，並限該師於寅月底以前裝備完成，準備接替146B全部防務，以上已分令聯勤總部準備船舶，務限寅日由上海福州兩地起運，運開基隆，不得遲誤。
判斷或擬辦	
批示	

5. 陳儀呈蔣主席函

陳儀呈蔣主席三月六日函

主席鈞鑒

自二月二十八日台北事情發生以後曾有兩電　職陳儀

報告。今將此事詳述於左。

一、經過情形

此事發生於二十七日夜，其原因是查緝私香烟者為自衛放槍，誤斃一人，二十八日上午聚衆多人，毀壞台北專賣分局，擊斃職員二人，擊傷分局長歐陽正宅等四人，並焚燬庫存專賣物品及其他公物。路上遇外省人不問何人即肆毆打，不止對公教人員而已，商人亦遭波及。外省人開設之商店亦被搗毀（外省人（台北市）受傷人數約計在二百人左右且有致死者）下午羣衆到長官公署其中有放槍者，有奪衛隊之槍者，公署衛隊不得已放槍將羣衆驅散，但路上毆打外省人員之事，繼續發生，且有擅入外省人住宅，將其器物焚燬者。職為治安計，於當日下午六時戒嚴。三月一日仍有聚眾集會，毆人焚物情事，軍隊出動，以武力制止。在此兩日中，軍警以武力制止暴動時，民眾有傷亡者。三月一日，地方人士要求和平解決，職即徇省市參議員、國民大會代表及參政員之請，於當日夜十二時解除戒嚴，一面將緝私傷人者交法院嚴辦。對於傷亡之人民，不問本省人、外省人，予以醫療、撫卹。肇事民眾，從寬不予追究。被捕之人，交父兄及家屬領回。善後事宜，由民意機關組織處理委員會辦理。此項辦法宣布後，秩序漸安定，交通即恢復。現在雖尚有人散布謠言，希圖再發生暴動，但據職推測，台北不致再有大問題。惟自台北事件發生後，外縣市亦有少數暴徒煽惑民眾，以響應台北事件為名，聚

60-1

衆劫奪警局及機場倉庫等軍械包圍縣市政府縣市長因多數台籍警察避匿不服從命令武力太弱無法抵抗致縣市政府不能行使職權。同時與台北同樣發生毆傷毆死外籍人員情事。現在新竹縣市秩序已可恢復。台中台南等縣市亦已派員前往處置如無意外事故預計短期間內可望平息。

(二) 原因分析

此次事情發生之原因相當複雜。其一去年從海南島歸來台僑中因海南島當有共黨有不少奸黨分子。內地奸黨亦有潛来台灣者。彼等目的在隨時找尋機會奪取武器破壞秩序造成恐怖局面。其二留用日人中亦有想乘機擾亂者。此次事情發生後日人中竟有特著和服在街上行走者可以推見其用意。其三日本時代御用紳士及流

60-K

詆等因接收後不能遂其非官發財之目的，隨時
隨事攻擊政府，其中竟有懷台灣獨立國際共管
之謬想者（此次事變發生後，傳單中竟有「台灣獨
立打死中國人」荒謬絕倫之語。某次集會時竟派
代表到美國領事館要求將此事報告世界美國
人中亦有暗助台人詆毀政府者）其四，一般民眾缺
乏國家意識，易為排斥外省人的封建思想所惑。
其五，自三十四年十一月開始接收，因工作極其繁多，
而內地來台之人甚少，且限於交通時間等各種條
件，人選不能十分嚴格，故接收工作及接收人員難
免有不能滿人意之處。自二月二十七日事情發生，奸
黨御用紳士等即乘機鼓動排斥外省人反抗政
府，緝私誤傷人民，就事論事本甚簡單，民眾如有
不滿，請願可也，提出意見可也。但此次事件發生以

後即發生下列行為毀壞公私器物毆打外省人（此次外省公教人員吃虧甚大）散布謠言奪取槍械包圍縣市政府可知其決非普通民衆運動可比顯係有計畫有組織的叛亂行為。

（三）處置態度

此次事情發生後職之處置甚感困難。就事情本身論不止違法而已顯係叛亂行為。嚴加懲治應無疑義惟本省兵力十分單薄各縣市同時發動暴動不敷應付。且奸黨亂徒以台人治台排斥外省人之謬說煽動民衆民衆為其所惑自戒嚴後台籍鐵路汽車員工首先罷工電氣工人及其他工人亦有罷工之準備而糧食即大受影響如果依法嚴懲勢必引起極大反響無法收拾。為顧及特別環境不得不和平解決（對於毆打外省公教人員一事不予追究外省人以為此後工作將無保障心甚不安但職為顧及大局不能不如此）但因為和平解決奸黨亂徒更無忌憚仍作種種破壞活動。此次事情即使完全解決但禍根存在隨時可以竊發。職以為職到台灣以後如對於日本時代御用紳士等徹底剪除一面台灣兵力比較雄厚此次事情不至擴大至此。此後對付台灣之態度對於多數民眾應改變其封建思想並改善政治使其對政府發生信心不致為奸黨所蠱惑。對於奸黨亂徒須以武力消滅不能容其存在。關於前者可依照憲法規定予台灣以法定之自治權縣市長可先試行民選為滿足一般人之希望不妨將長官公署改組為省政府（因許多人均以長官制度為話病雖然其優點甚多）俾容納本省人之較有能力者。惟建設廳不必設

另設農林工鑛,交通三廳,保安司令部不設,設警
務廳,但省政府主席一職,務請
鈞座另派賢能,必不得已由 職暫兼一時。關於後
者,台灣至少須有紀律嚴明,武器精良之國軍
兩師,派大員主持,職前請派湯恩伯,李良榮等
來台,亦即此意,如此軍民分治。關於政治,可讓台
胞參加,關於軍事,既有實力,可以對付奸黨,及希
望獨立等叛國運動,必予消滅。為應付目前情勢
在不妨碍國家民族利益之範圍內,對於台胞之
政治要求,只能從寬應許。
鈞座如以此意為然,請即指示,俾職有所遵循,必
要時
鈞座可派大員來台協同辦理,但為保持台灣
使其為中華民國的台灣計,必須迅派得力

60-1

軍隊來台。如派大員亦須俟軍隊到台以後，否則亦恐難生效力。餘由李主任委員翼中面陳，不復一一。專肅敬請
鈞安。

職　陳　儀敬呈

三十六年三月六日於台北

第七號之附件

6.臺民暴動經過及其原因之分析

30-1

台民暴動經過及其原因之分析

查台北市民此次於二月二十八日，發生暴動，其導火線為二月二十七日台省專賣局檢查員協同緝私大隊，駕車前往延平路，迪化路等地查緝私烟，因而發生爭執，警察擊斃賣烟老婦及市民兩名，引起羣眾公憤，將卡車推倒焚燬，並要求警局槍斃肇事警察，而警局不允所請，當局亦未派員慰問，致二十八日晨，群眾流氓，竟集至數千人，圍攻專賣局，糧食局貿易局，通運公司及長官公署等各政府機關，當局雖動員憲警彈壓，亦無效果，午後，播音台亦被佔領，工人廣播鼓動全台民眾暴動及驅逐外省人等口號，致外省籍公務員工被毆傷者甚眾，英美新聞記者到處捕影，以為紀念。

三月一日午後，暴徒數千人，包圍鐵路警察署并焚燬國大代表謝娥住宅，同時發出傳單，呼籲台胞群起消滅陳儀現政權，并打倒貿易局專賣局，三月二日暴徒增至十餘萬人，台南台中電訊中斷，謠言熾烈，情勢益趨嚴重，暴徒中有少數日人參加，美人對暴民似亦表示同情，受傷群衆，多由美人救護，美領事且連日晋謁陳長官，詢問對暴動有無方法壓制，陳長官對此事極端容忍，凡因此案被捕民衆，一律無條件釋放，死者發給恤金，傷者發給醫療費，并絕不追究發生本案之民間負責人，暴民所組織之「二二八」事件處理委員會，要求當局撤銷巡邏軍警，亦經陳

60-1

長官接受，惟三月四日台北市廣播電台，仍為暴民佔領，所播消息，均屬煽動性質，市面并謠傳學生結集竹東（在新竹市之東），援救張學良出任台灣省長，高山族人佔據台中，市長已被俘擄等語，迄今台北市商店均未開門，路上外省人頗少。

此次台民暴動，導火線雖起於查緝私烟，然其蘊藏之因素，已非一日，本局對於台省情報，年來得到六十五件，其性質重要經絡續呈報者，亦達二十二件，對於台胞於政府措施不滿，社會紊亂，奸黨活動，以及日人在台陰謀等情形，均經先後呈報，綜析此次事變，實有其遠因與近因：其遠因亦即基本原因，即台灣在日本統治下，達五十年台胞所受痛苦至深，一旦獲得解放，情緒至為熱烈，而對政府之期望，亦因之過奢，故政府抵台之始，台胞莫不熱烈擁護，惟年來因：(一)物價飛漲，人民生活日趨困難，台胞失業者，亦日漸增加。(二)長官公署以下各級外省人員，以言語隔閡，對台胞缺乏溫和懇切之態度。(三)政府接管之產業及全台經濟事業，均為政府壟斷，台胞毫未獲得利益。(四)一部份行政人員之低能與貪污行為，亦為台胞所不滿。因此，台胞對政府均懷怨言。加以日人在台時常煽惑台胞叛亂，而共黨亦加緊活動，陳長官平時任由台省思想左傾份子遍地作反政府之宣傳，不加阻止，而台胞中有政治慾望之人士，高唱大台灣主義，冀達

66-1

台人治台之目的，彼等組有台灣政治建設協會，民衆協會，革新同志會等，處處作反政府之宣傳，而台灣流氓浪人，向又異常活動，在無固定職業之情形下，日以尋釁滋事為務，積此諸因，台灣局勢，久已不穩，本局於三十五年一月十九日，二月十五日，四月二十七日，九月五日，九月十三日，十二月十日及本年二月十五日，均有報告。

至其近因，為近一月來，台省糧荒嚴重，市民有錢無處購求，當局雖一再宣佈平價供應，而實際囤而不售，坐視民衆陷於饑饉激起民衆反感，又陳長官緊急統制輸出物品，為出口業從業人員所不滿，出口物資，大部因申請手續苛繁，致成霉腐，此次查緝私烟案發生，遂藉機宣洩年來對政府之不滿。

台省行政長官公署簡任參議邱沖霄，曾向陳長官建議改革台省政治意見數次，未蒙採納，對台省前途，深抱隱憂，曾於三十五年九月十六日，在寓投環自殺，足徵台省危機，蘊積已久，現大台灣主義者煽導人蔣渭川，王添燈、張晴川等，策動工人與學生不斷作煽惑性宣傳，「二二八事件處理委員會」（台北市參議會議長周延壽亦在其內）電請中央撤換陳長官及取銷專賣，貿易，糧食各局，改組長官公署，如三月十日前中央無答覆，決於十一日再大舉暴動，故前途甚難樂觀云。

7. 黃朝琴呈蔣主席電

黃朝琴　呈　蔣主席三月魚電

516-1

姓名或機關 地址	月日 文別 號次	內容摘要	批示
高級班二期生 黃朝琴	三月六日 11035 電 魚	事由：呈報台北事件發生經過請速決治台方針派員處理以免事件擴大貽笑外邦 台北民眾暴動實緣省署施政有失民心積怨所致經市參議會同省參議員參政員國大代表及民眾代表組織處理委員會與官方協力維持治安除嘉義軍民尚在衝突外其他各地秩序已漸恢復但民眾尤以學生堅持政治問題同時解決主張秘書長以下各處長半數以上徵用本省人各市縣長在憲政未實施前先行民選公營事業開放為民營此問題若不及時解決普遍暴動隨時有發生之可能 外僑託治及獨立並非事實擁護中央熱誠如故對陳長官個人感情尚佳發事之初民眾實激於公憤作無計劃之暴動現已組織化萬一再受煽動或對政治要求不能如願將不可收拾 琴在外交特派員兼台北市長任內感官民隔膜太深乃辭官出任省參議長志在作官民橋樑未達目的衷心慚愧琴服務政府逾二十年民眾視為官方人物無法制止除力領民意機關出面疏通並促陳長官果斷速頒治本辦法外敬乞速決治台方針簡派大員來台處理以免事件擴大貽笑外人	存

吳鼎昌　呈　三十六年三月十二日

8. 陳儀呈蔣主席電

陳儀　呈　蔣主席　三月陽電

60-2

429

發電人姓名或機關名稱	陳儀
來自	台灣
來電日期	三十六年三月七日
代電	寅陽

寅微府機電奉悉，業派21D師部及步兵一團及憲兵一營來台，無任感激。惟照目前形勢，奸匪到處搜繳武裝及交通工具，少數日本御用紳士利用機會煽動，並集合退伍軍人反對政府，公然發表叛亂言詞，並以暴行威脅公正之參議員及地方人士，使其不敢說話。職因兵力太少，深恐一發難收，明知長此下去，暴徒勢燄日盛，再不敢以強力即予制止。現著黨部李主任委員翼中於今（七）日午前已乘空軍飛機晉京面報經過情形。職意一團兵力不敷戡亂之用，擬請除21D全部開來外，再加開一師，至少一旅，並派湯恩伯來台指揮，在最短期間予以徹底肅清，至為感禱，並乞電示祇遵。

原件呈
閱。擬交陳總長速即核辦具報。
寅徽府機電係指示「已派步兵一團并派憲兵一營，限本月七日由滬啟運」等因，謹註。

職　俞濟時　謹簽　三月七日

本（十）日下午四時接海軍總部周參謀長憲章電話稱：接台灣九日來電，基隆之叛兵司令部已為我海軍及要塞部隊驅逐，又盤據左營汽油廠之叛兵已為我海軍肅清，俘獲百餘人，繳獲槍枝數十枝等情。

特

9. 陳儀呈蔣主席電

蔣主席：三月虞電

430

事由	姓名官職	發出	收到
	陳儀　台灣	三月七日 廿時卅分	

寅虞長府機手啓電奉悉寅陽申親電計蒙　鈞鑒此次事件有美國人参與反動分子時與美領事館往來美領事已發表種種無理由的反對政府言論反動分子目前最大詭計是使台灣兵力愈單薄愈好職三次廣播對暴動事件從寬處置對政治問題有府切實容納本省人縣市長可民選多數人民均甚滿意但反動分子又造謠言謂台人既毀擊殺傷外省人很多政府必不會如此寬大此種廣播係一時欺騙又謂政府正在調兵將大肆屠殺台民不以之抵抗將無噍類又謂須將國軍軍械放棄反動分子想借此謠言煽動人民使人民由猜疑而恐懼要求政府勿派兵一面却隨時搶奪軍火搶械自二月廿八日以來因警局倉庫等守衛力太單被劫槍枝已不少台灣目前情形表面似係政治問題實際反動分子正在利用政府武力單薄之時機加緊準備實力一有機會隨時暴發造成恐怖局面如無強大武力鎮壓制裁事變之演成未可逆料仍乞照前電所請除第廿一師全部開來外至少再加派一旅來台至美國大使館方面請其通知台灣領事為顧及國際信義勿為台灣反動分子所惑謹

復

原件呈閱

一、寅虞辰機手啓電係美使館擬派機在台撤運美員特電詢台灣實況

二、寅陽中親電係呈復　鈞座寅微手令「除請派整21D全部開台外請再增派一師至少一旅來台並請派湯恩伯來台指揮」等語經於七日呈　尚未奉批示謹註

職俞濟時謹簽　三月八日

10.王寵惠呈蔣委員長

王寵惠 呈 蔣委員長 三月八日呈

國京秘71

報告

516-

事由：為本會第二百二十四次常會關於臺灣事變問題決議三項報請 核示由

本會第二百二十三次及二百二十四次常務會議在席委員對於臺灣事變問題均極關心發言者十餘人僉認為事態嚴重推究事變近因雖在逮捕私售香煙之小販但如臺灣政治制度之特殊化接收日本工廠之多數停工政府對於經濟之統制過嚴對於臺籍優秀人士之未能盡量登用以及由內地赴臺官吏與地方人士之隔閡過深均為引起事變之遠因中央亟應妥速處理免使事態延長擴大嗣經決議

一、政府應派大員前往該省宣慰

二、臺灣省行政長官公署應依照省政府組織法改組為臺灣省政府

三、改組時應盡量容納當地優秀人士

以上三項仍候 委員長最後決定

理合報請

鑒核批示

附關於臺灣事件各委員發言紀要一件

國防最高委員會秘書長王寵惠 呈 三十六年三月八日

批示：已照決議三項原則進行俾將來省制當待派定宣慰人員出發時再發表消息 中正

二局

20237 36.3.10

第一四號之附件

關于台灣事件各委員發言紀要

姚委員大海：據文官長說，主席推測問題不會很嚴重，大約 主席是根據陳公俠同志的報告而來的，昨天聽到各位同志的報告都覺問題相當嚴重，應該再報告 總裁，請 總裁勿過於看得太輕

吳文官長鼎昌：文官處有位同事接到台灣親戚來電說已經沒有事，大概是事實

李委員敬齋：昨天大家一致同意要把陳長官調回來，這話有否對 主席報告

吳文官長鼎昌：報告的，我說大家對陳長官都不滿意，

田委員崑山：事變責任以後再說，假使要追究責任，真是國家最失面子的一件事，封疆大吏要他去為國家盡責任，不料他是去鬧這麼大的亂子，這種事情可以引起國際干涉，將陳長官調回來，在國法上還是不夠，不過在風潮中馬上調回來也值得考慮，台灣來的人說去的人不僅是做官，簡直是做生意，此次出了事，又不向中央陳報，想壓下去了再向中央報告沒有事了，這樣國家損失太大，所以今天要追究責任，不僅是撤回而已

張委員厲生：內政部與地方政府是最有關係的一部，事情發生後，私人打了一個電報去問，但回電內容很簡單，事情的發生近因是烟私，遠因很多，以前招待台灣國大代表時，問起他們台灣政治與對中央希望，結論是第一，制度要改善，台胞一致要求應和內地一樣，可以說眾口一詞的希望，他們有一個看法，內地去的人總看台胞是亡國的同胞，好像台胞不夠自己治理台灣，不說高級機關，就中下級的都是很少台灣人參加，第二是文化教育，極使他們不滿，第三接收四十多家糖廠到現在止恢復的還不過三十多家，最大的一個鋁鑛，工人有四五千，可是到現在尚未恢復，此外如房產問題失業問題都是造成此次事件原因，剛剛遇到查烟的事，才引起暴動，很值得注意的，他們沒有說打倒政府，甚至沒有說沒有打倒陳儀，可見這是突發的一件事，今天處理這件事，先要從

制度上改善，台灣同胞知識水準很不錯，雖受高深教育的不多，一般知識水準都是很好，各有關
部門應多找台灣人，不好以為他們受幾十年奴化教育不用他們，相反的，差一點也要用，內地去台
灣的人要有領導他們的態度，那麼像此次事變才可避免。
鄒委員魯：國大女代表謝娥，她是在台灣辦教育的，據她說日本對台胞教育，固然著重政治
教育，普通教育也很不錯，程度很高，我們去台灣的人態度必須改變，現在給人的印象總是有
些征服者的心理，這種觀念不改革，她以為很可能發生事變，這是去年的話，現在果然出了事
張委員厲生：說的很對，他們有能力的人，我們應設法羅致
于委員右任：台灣省稱長官不說台灣人，就是我們聽了也覺得不好，制度改革非常重要，記得
初到重慶時四川人對下江人感情很壞，這是甚麼緣故，祗為了他們生計問題，台灣也是如此，剛才宣
讀的陳長官報告說事情是為了查禁私烟，這話是掩飾之詞，我看到報告是為處理敵產問題
據說拍賣敵產上海的人都帶了錢去買，台灣人總以為你們拿錢來搶我們東西，內地去的人都是
對他們一種威脅，此次出事後報上說死了四百人，老實說死的都是江浙人，死的實在太多了，問題
要趕快解決，制度尤其非改革不可
張委員繼：兩件事我們都久考慮的，一件是台灣特殊化，一件是東北制度化，已經出了事，要趕
快補救，今天就應作一決議，廢除長官制度
賀委員耀組：政治制度之外，經濟制度要同時注意，陳長官的意思是好的，以為國內通貨膨
脹不要影響到台灣去，所以台灣實行統制經濟，但最近有一位台灣來的人說起最近台灣因
為糖價便宜，日本需要很大，所以走私到琉球等地的很多，台灣當局沒有辦法，便把糖價提
高，收了很多，因糖價提高，便影響米價，台胞生活也都受威脅，有一位台灣高級職員，他告訴

我他曾建議不要提高糖價但未蒙採納此次事變米價高漲是一個最大因素所以政治制度
改革而外經濟制度改革也非常重要
李委員敬齋：張委員說台灣出了亂子要改革，東北沒有出亂子也要改革我說整個要改革
這種一貫的作風是違背革命潮流的
賴委員璉：今天討論很久可否作一結束請孫院長和文官長向 主席將今天會場情形確
實報告各位委員意見也可抄送 主席參考
張委員道藩：今天會議 總裁沒有參加我們要集中意見報告 總裁我以為今天應該作
成決議報告 總裁台灣原來日本是總督而我們現在稱長官台灣人民既有誤會何不就成
立省下面設廳
朱委員家驊：無論甚麼風潮總是要很快的安定下來地方上不報告上來就是還要看看中央
了解程度如何發生了事情中央應趕快派大員幫辦長官公署處理其次說到制度問題的確是
很大的問題經濟方面也有很多問題據說台灣土地十之七八是長官公署所有經濟全部操在長
官公署手裡我們應該細細研究那些應該管那些不應該管政府與人民不應分開台灣目前政
府與人民分得太清楚官彷彿是與人民為敵，台灣經濟制度不改革，是無法平下來的
于委員右任：台灣情形可能引起人家干涉，我們要保持台灣不要給人家干涉為免人家
來干涉，最好自己早一點把制度改革和內地一樣使他們沒有話講
主席：作一結束，大家意見可集中為一、長官公署條例要廢止，台灣不要特殊化，依照省政
府組織條例來組織省政府二、派大員撫慰，三、人事調整，台灣省政府應盡量容納當地
有聲望人士減少內地去的人，四、經濟制度要改革以此意報告 主席。
張委員繼：作決議報告 主席

劉雨卿呈蔣主席三月九日報告

11. 劉雨卿呈蔣主席報告

516-1

報告 三月九日於台北市

竊職於三月九日午後二時到達台北謹遵囑面報陳長官本師四三八團於九日午後到達基隆關於此次台灣發生事件之經過詳情謹呈如右

謹呈

主席蔣

職劉雨卿

(二局)

114981
36 3 13

第二〇號之附件

516-1

台北市二二八事件調查概要報告

第一　原因

甲　遠因

(一)台胞於光復之初對祖國熱望過高如日本投降之時所留敵飛機及敵產等於接收人員未到之前曾自動輪流監護惟恐日人破壞而接收人員與奸商出並聞有將飛機拆毀原料盜賣情事以此台胞一般觀感最惡認為外省人無論官民盡皆貪污舞弊自私自利之徒極感失望

(二)台人極尚儉樸勤勞對外省來人奢華靡費尤不注重公共衛生不守秩序等極為不滿對外省人常存優越感自高自大以致極受台胞輕視

(三)台胞一般均受過六年小學教育具有中等以上之知識者極少兼之氣量狹小語言不通生活習慣不同與外省人情感不易融洽大都認為外省人腦筋最壞不顧接近

(一局)

(四)台灣所有工廠久未能復原失業台胞約五六十萬生活無法維持尤以政府之專賣制度使台人幾無生意可做同時公署高級人員走私舞弊

者甚夥因而一般極度怨恨政府

（五）台胞受日本統治五十一年一旦聞「民主」二字即忘乎其形閙光復之初尚有主張獨立者

（六）政府對台民不免過度優容光復迄今未曾處罰台人一人甚至殺人凶犯亦不嚴予追究

（七）國內來台軍人之服裝儀容均不如日軍之莊嚴可畏甚有污辱貪鄙[illegible]者故對國軍亦缺乏尊敬心

（八）國民代表大會之後共党來台參入學生運動者甚多此次暴動中學生主張最為激烈如將外省女人衣服脫盡遊街示衆以及用火燒死軍官皆係學生之主張

（九）前日人統制台灣時代所放逐火燒島之浪人光復後均能放回台又作無着舊性復萌此次暴動中最毒最有力之份子即係此輩

乙　近因

二月二十七日下午專賣局緝查局協同警察人員於台北火車站附近查

緝私煙致傷老婦一人死市民一人群眾氣忿遂將汽車焚毀次日十時更嘯
集市民數萬在奸宄份子煽動之下發起暴動

第二 事變經過概要

二月二十八日

台北方面：本日十時許少數陰謀份子將昨緝查私煙時被擊斃之死者屍体鳴鑼擊鼓抬遊市區更迫令民眾罷市罷工前往搗毀台北專賣局並將車輛文卷物資等搬掠焚毀午後集眾數萬進擾長官公署經憲警極力設法維持秩序無效衛兵遂鳴槍制止民眾聞有死傷一時群情急忿罷市罷工罷教罷課交通停頓廣播電台被佔並嘯集暴徒分股搜擾外省同胞不論軍民老幼婦孺被毆辱擄傷及擊死者為數甚眾外籍商店亦加搗毀公私汽車被攔下焚毀者數十輛台灣警備總部為保護良善特於七時宣佈臨時戒嚴

基隆方面：本日晚派赴基隆軍用汽車被暴徒攔擊押車連附被槍殺害士兵

三名受傷八時頃該市暴徒暴動要塞部官兵被傷二十員名
劫去自衛手槍五枝傳令兵二名人槍失踪

三月一日

台北方面：上午十時台北市參議會邀請國大代表省參議員等組織調
查委員公推定代表向陳長官提出五項要求（一）立即解除戒
嚴令（二）懲辦凶手（三）即撫死傷（四）被捕之市民立即開釋（五）組織調
查委員會均經長官允予照辦並向民眾廣播但暴徒仍四
處騷擾外省軍民被毆繼有死傷更集眾將新店供應局糧
服倉庫搶劫市區各處均有槍聲

桃園方面：本晚暴徒圍攻警察局及縣政府投擲手榴彈甚夥經激戰二小
時後始平息該處機場所存輕重機槍二三十挺步槍五六百挺
亦被劫去又八塊機場（桃園中壢間）於午后被襲機槍一部（數
目不詳）亦被搶劫

台中方面：於昨日晚既有暴動發生本日更集眾圍縣市政府及各機關強

炮接收職公人員均被迫逃逸又彰化市府及官吏官舍亦被搗
毀劫掠並發生侮辱婦女情事
高雄方面：本市暴徒數千亦起暴動企圖撲滅各機關經人勸制並未
遂，軍民死傷約四、五百人

三月二日

台北方面：下午一時正式成立二二八處理委員會并向陳長官提出四項要
求(一)因此案被捕之民眾全部無條件釋放(二)不究此案民間之
負責人代表并要求解散警察大隊等(三)死傷者一律撫卹(四)
處理委員會增加各界代表陳長官均表示接受
本日本市南機場飛機倉庫被圍奪去步槍十餘枝子彈數百發
新竹方面：本日午後暴徒聚眾數千包圍市政府及市長公館與憲警
衝突憲兵傷一名暴徒死傷一十餘人又台北暴徒五十名以緊
生為多人分乘卡車三輛前來新竹午后一時起放火焚毀市長
及官吏宿舍與法院文件郵局信件等并各處毆打外省同

肥自來水亦均放毒並通知市民停止飲用

桃園方面：埔心飛機場（距桃園15公里）被搶去重機槍一挺步槍三千餘枝子彈不少其他各倉庫駐守人員被繳械者亦甚多

三月四日

台北方面：處理委員會加強機構並擴大在十七縣市同時組設分會要求現電力公司全由台省人員負責工作禁止全島武裝軍隊出動官兵禁止攜帶武器外出等更有參議員正式[illegible]號喚起台民組織數十萬自衛隊並知照美國及國民政府然暴徒仍化整散佈大街僻巷毆打外省人員

嘉義方面：暴徒包圍市府及警局人員被迫星散印信公文公物亦及搶出駐軍禁止無效更迫繳憲警武器各機關首長及公職人員被毆傷者甚眾官舍及十九械庫亦被搶劫

大林本日六時被匪徒數百包圍虎尾機庫部隊亦遭攻擊

台南方面：暴徒佔據機關洗劫宿舍外省人員及眷屬傷害慘重警力已

縣參議會組織青年軍，收拾市區並撕貼共黨標語

花蓮港分團：本市學生青年於午后召開會議，響應暴動，隨即包圍各機關

迫令外省公職人員退出

三月五日

台北分團：本日午后商店開門營業，公共汽車及火車亦開使行駛，然外

省公員仍被嚴格檢查，出入更有遭毆打後拋擲車外情事。台

灣省自治青年同盟會本日成立，要求省縣市長民選，處理委

員會並請公署撥臨時款五千萬以為臨時治安費用

基隆分團：本日中興輪抵港，旅客下船有四人被暴徒痛毆致斃

台中分團：駐台中公館附近倉庫之國軍被遭圍攻，並迫令繳械，刻仍相持中

蘇澳分團：暴徒亦組織武裝暴動情形不詳。

三月六日

台北分團：處理委員會發表告全國同胞書稱志在肅清貪污，爭取本省

政治改革。上午十時召集本省曾受軍事訓練之退伍軍人於中

小黨開會至六時許

松山倉庫被暴徒襲擊槍聲甚密晚暴徒企圖大舉發暴動攻

佔台北各機關經派隊援擊未逞市區惟聞槍聲

基隆方面：自八堵至獅山鐵路各站均經國軍控制市面恢復常態

三月七日

台北方面：以處理委員會代向陳長官提出三十二條請求採納實施在軍

事方面要求撤銷台灣警備總部並解除國軍駐台武裝及從

對台人被徵參加內戰在政治方面要求台人治台並撤銷專賣

局與貿易局

高雄方面：本日由台南輪搬運暴徒千餘名旅客氣勢凶惡經要塞部

派兵鎮壓未出

三月八日

台北方面：據息台中新竹等處暴徒雖有北上參加暴動企圖當晚總

部再度宣佈戒嚴是晚暴徒數百初則圍攻總部電台繼則

進犯市區槍聲四起一小時後始告平息

12. 白崇禧呈蔣主席簽

白崇禧呈　蔣主席三月十日發呈

簽呈

承辦機關及文號　次人議子第064號

檔案編號　[illegible]

516-1

36 3 13

事由：奉　交處理台灣事件辦法迭經會商補充意見恭呈　核示

奉

鈞座交下李主任委員翼中處理台灣事件辦法飭即核議等因奉此遵經會同陳部長立夫李主任委員翼中詳細研討就原擬辦法加以補充謹繕正恭請

鈞座核奪為禱謹呈

主席蔣

附呈處理台灣事件辦法一份并李主任委員翼中原擬辦法一份

閱了

國防部部長白崇禧

中華民國三十六年三月十日

（二局）

批示：交行政院照此原則研究具体實施辦法為要並抄告國防會議　中

第二四號之附件

處理台灣事件辦法

中央對於此次台灣事件應迅速處理之以免遷延擴大為野心者所利用在不損害中央威信及採納人民合理要求之原則下決定處理辦法交由中央所派大員宣布施行在辦法宣布後必須做到下列二事(一)各級二二八事件處理委員會及臨時類似之組織應即自行宣告結束(二)地方政治常態應立即恢復其參與此項事件有關之人員除共黨煽亂暴動者外概不追究其辦法要點如下

一、改台灣省長官公署制度為省政府制度其組織與各省同但得依實際需要增設廳處或局改制業請

主席於本星期國防會提出至台灣省主席人選請

主席先行決定省委及廳局長等俟中央派員到台徵詢台省各

2940

方意見後，彙報請予核委。

二、台灣警備總司令以不由省政府主席兼任為原則。

三、省政府委員及各廳處局長儘量任用本省人士。

四、台灣省各縣市長提前民選，其辦法及日期由省參議會擬具呈報內政部核准施行。

五、在縣市長未舉行民選前由省政府委員會依法任用並儘量登用本省人士。

六、政府或事業機關中同一職務或官階者，無論本省或外省人員，其待遇應一律同等。

七、民生工業之公營範圍，應儘量縮小，公營與民營之劃分辦法由經

濟部資源委員會迅速審擬呈報　行政院核定請轉飭主管部

迅速擬辦．

八、長官公署現行之政治經濟制度及政策其有與國民政府頒行之法令相抵觸者應予分別修正或廢止一面由行政院查案審議一面由中央所派之人員聽取地方意見隨時呈報作修正或廢止之參考．

13. 憲兵司令部 中統局 呈蔣主席情報

憲兵司令部 呈 蔣主席三月十二日情報

憲兵司令部 中統局 呈 蔣主席三月十二日情報

情報提要

報告者	原報告時間地點	內容摘要	判斷或擬辦	批示
憲兵司令部 中統局 三十六年三月十一日	台灣三月十一日電	台灣近情續訊 一、九十兩日國軍絡續開到，警察及警備部軍士即施行報復手段，毆打及拘捕暴徒，台民恐慌異常。台省黨部調統室曾建議警備部應乘時消滅歹徒，並將名冊送去，警備部十日晚起開始行動，肅清市內奸徒。	一、擬飭陳兼總司令切實制止報復行為。	
憲兵司令部 三月十二日	台北三月十一日電	二、陳長官十日令憲兵駐台特高組秘密逮捕國大代表林連宗、參議員林桂端、李瑞峯、[illegible]等聯名接收高等法院徐律師(征)及奸偽首要曾璧中等，台灣自治青年同盟領導人蔣渭川現已潛逃，其組織亦無形消散。 三、二十一師部隊抵台後，有使用法幣者，頗引起商民之惡感。 四、台中嘉義仍為奸偽謝雪紅、何仁棋控制，計有暴民千餘，步槍千餘支，輕機槍四挺，高山族已二百餘人下山，並有日人三十餘名參加叛亂。	二、呈閱 三、擬飭劉師長糾並通令所屬嚴予禁止，以爭取民眾。 四、另據中統局三月十二日報告：台中市民包圍警察局，時該局局長率十抵抗，人持武器文共部屬何鑾閣(係奸偽份子)何將武器供給一般暴徒，以致瞬間全台中為其控制等情。謹註。擬電陳長官查辦。	蔣 三十三

頁 三十三

14. 陳儀、劉雨卿呈蔣主席電

陳儀呈蔣主席三月十二日電

劉雨卿呈蔣主席三月十二日電

情報提要

報告者	原報告時間地點	內容摘要	判斷或擬辦	批示
陳儀	三十六年三月十二日寅電	五、海湘輪自閩載憲廿一團之一個營於今晨七時抵基隆，台安輪自滬載廿一師一四六旅旅部及直屬部隊於今午後一時抵基隆	五呈閱	
劉雨卿	三月十二日電	六、(一)四三六團主力文晚到達新竹(附竹北竹南)台北間交通均已接到(二)空運嘉義部本日又輸送一連已向市區推進並捕獲暴徒首腦陳復志等五名俘獲步手槍四十餘支(三)由新竹南下工兵一連文午到達公館(四)屏東方面自佳起收繳暴徒機槍十餘挺步槍三百餘支(五)獨立團第一營元晨向宜蘭推進(六)花蓮港秩序平靜台東情況不詳	呈閱（原電為交通均已接到判斷似為交通均已修通之意）	

第　　頁

15. 蔣主席致陳儀電

蔣主席致陳儀三月元電

第三八號之卅件

手令69

3/3 17:00 收訖

台灣陳長官：請兄負責嚴禁軍政人員施行報復，否則以違抗令論罪。中。

寅元 府機

12987 36年

陳儀 三月 青 請兄負責嚴禁軍政人員施行報復，否則以抗令論罪。

陳長官寅元亥電呈復「已遵命嚴飭遵照」等語，經機要室遲呈，并奉批：閱。

第 頁

16. 陳儀上蔣主席呈

陳儀呈 蔣主席 三月十三日

528

主席鈞鑒

台北日來已見平靜，正在戒嚴以搜查亂徒，俟
二十一師到齊，即可向各縣市推進軍事，當無
問題，請釋
鈞念。此次事變，設非
鈞座調兵迅速，其演變不堪設想。三月一日以
後，台北亂黨（奸匪傀儡）公然以廣播集會煽
動叛國，搜索槍械，接收機關，最感焦急者，交通
員工無形罷工，外省籍公教人員及其眷屬散居
各區，隨時有被殺傷之虞。（公教人員被虐殺毆
傷侮辱其殘酷不忍聞問），此外，如新竹、台中、台
南、高雄、屏東諸縣市，台東、花蓮、澎湖、台北諸縣
及基隆、嘉義諸市，亦無不備受暴行迫脅之害。
此次事變表面似發生於緝私傷人，但三四日間

職陳儀謹呈 三十六年三月十三日於台北

騷亂暴動即蔓延全省而且勢態甚凶奸黨之預有計畫絕無疑義然檢討得以乘隙惑亂之原因不外下列七端：

(一)台人受日本統治五十一年深中日本帝國主義汙衊中國之毒素愛國觀念民族觀念薄弱易受煽動。

(二)一年以來因新聞言論過於自由反動分子得以任意詆毀政府離間官民挑撥本省人與外省人之情感。

(三)日本御用紳士之頑懸者（如皇民奉公會等重要會員）海南島回台被日徵用之青年流氓及若干逃匿之日本人均係奸黨利用之對象。

(四)台灣公營制度係實行民生主義之必要步驟祇因商人及資本家尚未認識清楚以為

60-6

妨害其自私之利，一年以來，不斷反對，對於專賣與貿易反對尤甚，奸黨利用之以助長毀壞政府之聲勢。

(五)駐台軍力，過於單薄，無法嚴厲彈壓台籍警察之避一空，散失槍械，增長亂源。

(六)台灣因非接戰區域，不能援用軍法，普通司法寬大緩慢，不足以懲巨兇，奸黨因得肆無忌憚。

(七)交通及通訊員工，多為台人，事變時無形停工，增加政府困難。

為根本消除禍患，使不再發生變亂，計謹呈善後辦法八項：

(一)軍隊除要塞部隊外，經常有一師駐台，平時注重訓練，不干政治，有事立即出動，警察仍可用本省人，惟限制其武器。

60-6

(二)司法手續緩慢，而台灣情況特殊，擬請暫時適用軍法，使得嚴懲奸黨分子以滅亂源。

(三)為順應台人心理要求，長官公署可以改組省政府，其改組辦法業已電請核示（附抄電）

(四)本省省參議會及縣市參議會議員，本有日本時代皇民奉公會幹部在內，當時因法無依據，不能限制其當選，此次事變發生，其中有不少參加謀叛者，為徹底清除叛徒計，擬請中央予本省以改選之權。又縣市長民選，職廣播時，定於七月一日，惟此事本須請示中央，而擬定選舉法，調查選民及其他預備手續，事實上恐來不及，鈞座在紀念週報告時，只說定期民選，並不限定七月一日，擬請中央以憲法定明年實施，且民選須有準備為理由，明定明年一月實行縣市長民選，由台部長到台時明白宣布。

(五)交通及通訊員工，必須逐漸用外省人，本省員工則設法調至各省服務，以免變亂時，又為亂黨把持。

(六)曾任皇民奉公會重要幹部者，均予停止公權，其情節尤重者，令其離開台灣。日本人擬於四月間遣回，不留一人。海南島返台人民及流氓參加此次事變者，嚴辦，以儆效尤。

(七)加强國語國文公民史地教育，改造台人思想，使其完全中國化。對於中等以上學校校長，教務訓育主任及語文史地等教員，須儘量選用外省人之優良者，因本省人除曾在外省受教育者至少數人外，幾無此類人選。

(八)財政經濟仍須維持原有政策，不能改取放任態度。但方法可以改善，人事可以調整。本年收支預算已經省議會通過，財政經濟方針即寓於預算之中（收入上列專賣貿易收入）可見合法的民意機關並未反對公署的財政經濟政策。對於專賣貿易兩句，多數明白事理之本省人，亦並無主張廢止者，彼等只要求多參加本省人而已。

總之治理台灣因其五十一年來之歷史已與各省不同，實非容易。此次事變，為一大教訓，以後政治當力謀適應實際，但治標的軍事與治本的教育，為國家民族計，必須把握。至於財政經濟為施政的命脈，亦不能放鬆，是否有當，謹乞

鑒核示遵。專肅恭請

鈞安

17. 保密局呈蔣主席情報

保密局呈蔣主席三月十五日情報

情報提要

報告者	原報告時間地點	內容摘要	判斷或擬辦	批示
保密局	三十六年三月十一日 台灣站 電	高雄台南屏東各城市叛亂經過情形。 一、台灣高雄在二二八事件未發生之前，由於省參議員郭國基等年來以言論攻擊政府腐敗，鼓動民衆爭取台灣獨立，以致台民對於政府官員即存仇視心理，此次台北事件發生後，郭國基等隨即策動涂光明（流氓領袖）楊金虎等十六人，發動組織地方處理委員會，於三月三日正式成立，發動在市區毆打市警局[illegible]局長焚燬市[illegible][illegible]並列隊毆殺外省人士，以致高市秩序極形混亂，九日夜由高雄要塞司令彭孟緝派部隊協同警憲痛加剿擊，兇徒伏後，高雄全境當場擊斃王石定、黃賜、許秋粽（市參議員）、陳金能（該處委員會宣傳組長）、林界（市商會常務理事）等五[人]，將捕獲之暴動首領涂光明、范滄榕、曾豐明等三人以槍決，高雄市秩序始行恢復。 二、屏東三月八日經彭孟緝[illegible]部[illegible]剿當[illegible]	閱 呈	
保密局	三月十五日 台灣站 電			

第　　頁

收文機關號次

發文密號次

情報提要

報告者	
原報告時間地點	
內容摘要	機槍八挺、步槍七十八枝，復在左營繳獲步槍四十六枝，並將該暴動首領葉秋木、陳崑崙、曾明等三人槍決，市區秩序始行恢復。 三、台南三月十一日晨經彭孟緝派隊將各要點佔據，匪徒見勢不佳，即逃竄，秩序已恢復。
判斷或擬辦	
批示	

第　　頁

蔣主席對台灣民衆廣播詞
三十六年三月

18. 蔣主席對臺灣民衆廣播詞

主席蔣對台灣民衆廣播要旨

全台同胞們：此次台灣不幸事件發生，人心驚動，社會不安，中正聞悉之下，至為軫念。為免事態擴大，致為野心者所乘，茲特派國防部白部長崇禧代表來台妥善處理，期於確保國家立場及採納台胞真正民意原則下謀合理之解決，爰將中央處理台省事件之方案，向我全台同胞揭發數端：

一、地方政治常態應立即恢復，其辦法要點如下：

1、原設台灣行政長官公署應改為台灣省政府，其組織與各省同，並得按實際需要增設廳處或局，改制後台省府委員及廳處局長人選盡量容納地方人士參加。

2、台灣省各縣市長提前民選，其辦法及日期由省參議會擬具，呈報內政部核准施行。

5、在縣市長未舉行民選前，由省政府委員會依法任用，並盡量登用本省人士。

7、政府或事業機關中同一職務或官階者，無論本省或外省人員，其待遇應一律同等。

8、民營工業之公營範圍，應盡量縮小，公營與民營之劃分辦法，由經濟部資源委員會迅速審擬呈報行政院核准施行。

6、台灣行政長官公署現行之政治經濟制度及政策，其有與國民政府頒行之法令相牴觸者，應予分別脩正或廢止，一面由行政院查案審議，同時採納地方意見，俾作修正或廢止之參攷。

二、台省各級二二八事件處理委員會及臨時類似之組織，應即自行宣告結束。

三、地方政治常態應即恢復，其參與此次事變

50-8

有關之人員除共黨煽惑暴動者外、一律從寬

免究。

抗戰勝利以還、台灣重歸祖國、台胞困苦、仍待

解除、建設事業、百凡待舉、此次不幸事件之發

生、至堪痛惜、切望全台同胞一致確保守法之精神、

以恢復社會秩序、安定人心、共為建設台灣建設

祖國而努力、、

第四三號之附件

19. 國防部佈告

國防部佈告　字第　號

這次臺灣發生不幸的事變，使人心騷動，社會不安，中央格外關懷，並已決定採取寬大為懷的精神來處理，在確保國家統一的立場，並採納臺胞真正民意的原則之下，以求合理的解決。

崇禧此次遵奉

國府蔣主席之命，特來臺灣宣慰，並對這次紛擾事件，查明實際情形，權宜處理。現在特將中央處理這次事件的基本原則，向我全臺同胞扼要昭告：

第一：臺灣地方政治制度之調整

(一)改臺灣省行政長官公署制度為省政府制度，其組織與各省同，但得依實際需要，增設廳處或局等機構。

(二)全省各縣市長，提前民選，其具體辦法及日期由省參議會擬具，呈報內政部核准施行。在縣市長未舉行民選以前，由省政府委員會依法任用，並盡先選用本省人士。

第二：臺灣地方人事之調整

(一)臺灣警備司令以不由省主席兼任為原則。

(二)省政府委員及各廳處長，以儘先選用本省人士為原則。

(三)政府或其他事業機關之職員，凡同一職務或官階者，無論本省或外省人員，其待遇應一律平等。

第三：經濟政策

(一)民生工業之公營範圍，應儘量縮小，公營與民營之劃分辦法，由經濟部及資源委員會

迅速籌撥，呈報行政院核定施行，

（二）台灣行政長官公署現行之經濟制度，及一般政策，其與國民政府頒行之法令相抵觸者，應予分別修正或廢止，一面由行政院查案籌議，一面由中央所派之人員聽取地方意見，隨時呈報，以供修正或廢止之參考。

第四、恢復台灣地方秩序

（一）全省各級二二八事件處理委員會，及臨時類似之不合法組織，應立即自行宣告結束。

（二）參與此次事變或與此次事變有關之人員，除煽惑暴動之共產黨外，一律從寬免究。

上面這些原則，是經過 中央慎重研究決定的。
中央深切知道我全體臺胞剛剛從異族日本長
期壓迫的生活裡解放出來，重歸祖國的懷抱，
臺胞們對於自身的權利，及利益的希望，一定
是極其迫切的。中央在可能範圍內，一定加以最
大的注意與扶助，希望全臺同胞，仰體
國府蔣主席愛護臺胞的厚意，確保守法安
分的美德，以國家民族為前提，親愛團結，在
中央領導之下，努力建設新的臺灣。

中華民國三十六年三月　　日

部長　白崇禧

國民政府

20. 蔣夢麟呈蔣主席簽

蔣夢麟呈蔣主席三月二十五日簽呈

416-1

主 簽

文號字號 1317

事由：處理台灣事件辦法建議案簽復 鑒核由

鈞座三十六年三月十四日府交字第一〇二四二號代電及附件暨三十六年三月十八日府交字第一〇三三二號代電均敬悉。遵經召集內政國防財政經濟銓敘等部及資源委員會開會審查依據原建議辦法逐次研究擬議實施辦法如下：

一、台灣省行政長官公署應改為省政府一節業經國防會決議核定並奉國民政府電飭遵辦在案茲擬依照省政府組織法及內地各省情形擬具台省改制辦法三項：

甲、省政府委員列為九人至十一人

乙、省政府基本組織為民政財政建設教育四廳及秘書會計兩處人事統計兩室

丙、依照當地實際需要必須添設特殊機構時由省府斟酌提出或直屬省府或屬主管廳處連同各機構人員官等一併該府合署辦公施行細則內呈由行政院轉報國民政府核定之

二、台灣省警備司令不由省政府主席兼任一項似可照辦

三、五及六各項原則上似均可照辦又台胞過去久受日人統治學歷經歷事實上頗受限制勢難適合現行銓敘法規究應如何補救擬令由改組後之台灣省政府擬具該省公務員任用辦法

職 蔣夢麟

呈 三十六年三月二十五日

批示

謹案此案係國防最高委員會及國防部白部長先後呈奉鈞座批准台灣事件處理原則交行政院研議實施辦法茲據呈復如上。又白部長曾來電將呈陳長官對台灣省府改制之具体意见其中与本案辦法有差異之處（如省府委員擬設十五人、及增加有關建設之各廳等）該案已於上週原件呈核尚未奉批下、敬請參照併案批示

吳鼎昌 三、廿六

（二局）

簽　呈　簽

或其他變通辦法，將台胞過去之學歷經歷，為銓敘上比照之規定，
並酌採保舉方式，將尺度放寬，俾庶台人能任較高職務，擔負實
際責任。此項辦法擬定後，由省遴行咨商內政、銓敘二部轉呈核
定。台胞中之縣市長合格人選，並應由內政部儘速先行登記。
四、台省縣市長擬前民選一節，應由改組後之台灣省政府會同
台灣省參議會擬具辦法呈核。
七、台灣之公營事業範圍，前經本院決定原則四項，令飭台灣
省行政長官公署依據擬具實施辦法呈核在案，目前仍可
適用。關於民生工業之公營範圍，應儘量縮小一點，資源委員
會經辦事業中，有糖紙兩項，屬於民生工業，應發行股票，或分
廠陸續出售，參加民資承購人，並暫以台胞為限。省營事業大
多均屬民生工業範圍，究應如何處理，擬催該省迅行擬具公
營事業範圍實施辦法，呈院核定後，再飭遵照辦理。

附原則四項

(一)凡重工業及民力有所不勝者，應以國營或國省合營為原
則，如石油礦、銅礦、鋁、鎂及電力業、燒碱業等。
(二)凡已接收之工廠，不得停工，應使繼續生產。
(三)凡公營之輕工業，應儘量售與民營。
(四)各項公營事業，人民仍得依法經營之。
八、台灣省行政長官公署現行之政制、政策、法規，與中央抵觸
部份，交本院所屬各部會署迅速分別檢討，尋案擬出修正
或廢止。
除函請國防最高委員會秘書廳轉陳核示外，理合簽復
鑒核。

21.張鎮呈蔣主席情報

張鎮呈蔣主席三月二十六日情報

承辦機關號次＿＿＿＿
[illegible]號次＿＿＿＿

情報提要

報告者	張鎮 三月廿六日
原報告時間地點	三十六年三月廿二日 台北謝漢儒電
內容摘要	四、叛亂禍首逃入山地 此次參加叛亂之青年學生多逃入高山族地區，現正與高山族聯絡，組織武裝團体，其主要口號為餓也是死，衝也是死，你不去大家衝到底。叛亂禍首蔣渭川、林日高、王萬德等均逃入山地，繼續叛亂行動。全台現僅高雄縣之林邊、恒春及台南之番社一帶有暴徒及奸匪武裝二百餘名，刻正由國軍進剿中。現物價暴漲，失業者極多，前途仍伏危機。刻陳長官已密令停止逮捕人犯。
判斷或擬辦	呈閱
批示	

22. 葉秀峰呈蔣主席情報

葉秀峯呈 蔣主席三月二十六七日情報

次號關係附承

次號存設保住

情報提要

報告者	原報告時間地點	內容摘要	判斷或擬辦	批示
葉秀峰	三十六年三月廿七日報告	二、陳長官鎮亂失策 自白部長離台宣慰並揭示處理事變四項原則後，台民極為感戴，惟陳長官善後處置仍採高壓政策，凡稍涉事變嫌疑者，每加毒殺，被害者已有四五十人，對青年學生妄殺尤多，致使人心惶惑，社會益形不安，因之奸黨暴徒乘機煽惑青年學生逃避山間，蓄聚武器糧食，伺機蠢動，隱憂堪虞。	呈閱	
葉秀峰	三月廿六日報告	三、陳長官對中央處理台變原則未能誠意接受 陳長官對白部長採取敷衍態度，對中央處理事變原則似不樂于接受，對白部長行動力加包圍，凡有晉謁者嚴受監視，現局面仍未明朗，學生畏當局仍嚴加追捕，未敢復課，警備部竟公開組織別働隊多組，台民恐懼萬分，陳長官現策動游彌堅、劉啟光等策動聯名向中央請求慰留，但威信已失，民心難服，李主委翼中曾極力勸導學生復課，無效，衆言誓不相信陳長官。	呈閱	

23. 張鎮呈蔣主席情報

張鎮呈蔣主席三月二十九日報告

情報提要

收發件號次 [illegible]

報告者	張鎮 三月廿九日
原報告時間地點	三十六年三月廿八日 台北謝漢儒電
內容摘要	台灣近情要報 一、台灣青年團主任窩藏奸匪重要分子 台灣警備總部於二二八事件處理委員會檔案中發現奸匪台灣省工作委員會之總機關設在台北市榮町三丁目五番地，經於廿五日下午按址破獲，在地下室搜出日造輕機槍七挺，擲彈筒十二挺，及台省奸匪名冊與重要文件甚多，惜復捕技術欠佳，重要奸匪林樑才等逃逸。三民主義青年團台灣區團部主任李友邦家中現尚窩藏奸匪首要份子潘華華雲游（即著名奸匪華南團之弟）張一之、王添灯、蔣渭川等，倘能一網成擒，則台灣奸匪當可全部肅清。查李友邦原係奸匪自新份子，此次台省事變李為幕後操縱人物之一，此次叛亂行動，青年團居領導地位，如高雄分團主任莊孟侯，台北市分團主任王添丁，均係叛亂禍首。 二、陳長官弭亂失策（見參頁）
判斷或擬辦	查台灣三青團潛伏奸偽份子，去年八月三日即曾據保密局報告，經交陳長官張處長派員澈查具報，本年二月廿六日復據該局情報，經呈鈞閱，并限一週負責查報，均未見呈復。擬再交陳長官查報，并抄交陳書記長併案查辦速報。 （蓋章）
批示	如擬 電陳長官：台青年團主任李友邦現在何處，此人素屬[illegible]……即速[illegible]辦[illegible] [illegible]

[illegible]四、二十五

三局　登四二

24. 陳儀呈蔣主席電

陳儀呈　蔣主席四月真電

5/16-1

陳　儀

四月十一日　總部電呈　12258（三十六年）

事由：呈復台變時並無捕殺無辜情事謹將經過
事實陳請　鑒察。
寅艷附交電奉悉遵經分別詳查㈠基隆市
黨部並無主任秘書張振聲僅有幹事張振館現仍
供職黨經該部指導員連熙璟當面證明
㈡台南市參議會副議長楊清現亦在職台南
信託公司董事長係劉明哲並無葉秘木其人
㈢台北王添燈張晴川為倡動叛亂煽惑暴動之
主犯自二八晚策動襲擊總部等機關不過九日
本部下令戒嚴後即已逃避無踪惟王添燈有於混
亂中被擊斃命消息各部部隊除迎擊攻擊機
關要塞等暴徒外絕無殺戮無辜之事
㈣查自二二八事件發生起至二十五日國軍一部到
達之期間內全省陷於混亂狀態奸宄暴徒仇殺狙
擊無法防止無論外省人及本省人在此期內傷亡失
踪事件迄尚無從確報據台北衛生院收埋不知姓
名之道途遺屍計有四七人可以概見
㈤自國軍到台防務加強白部長亦於寅篠蒞
台秩序即行恢復所有懲捕人犯及處理情形均經
當面詳晰陳報並承指示辦理原報所稱二十九日至
廿一日期間多人被殺及不問情由槍決格殺各節純
屬奸徒憑空捏造希圖淆惑聽聞之慣技除發表新聞
糾正外謹復

察核

謹按此案係前據台
灣政治建設協會張邦
傑等報告台灣警備
總部繼續捕殺人民
達萬餘人等情一案奉
鈞批查報茲據呈復如
上核與白部長返京後
之報告尚屬相符合附
註明

二局

25. 白崇禧呈蔣主席簽

白崇禧　呈　蔣主席　四月十四日發呈

大溪 0591

簽　呈

事由：為檢陳對於改善台政改進意見恭乞　鑒核分交主管機關實施當否請　示祗遵由。

竊職此次奉　命宣慰台灣所有經過經擬具詳細報告書呈報　鈞察其中對於改善台政改進意見謹再摘要臚呈如下

甲、行政

一、台灣行政長官公署可即改組為省政府並增加省委名額（擬增為十五人）並酌用必要廳處

二、各廳處可增設副主官，遴用台省人士培養其行政能力，各縣市亦可同樣辦理。

三、各級民意機關之參議員於此次事變中經查明為首要者可交由司法機關檢舉依法辦理，另行補選。

四、各縣市長民選於綏靖尚未肅清地方秩序未完全恢復前可暫緩議。

五、為勤求民隱澄清吏治可考[?]設一台灣監察

伏著[?]。

閱

職白崇禧

卅六年四月十四日

擬辦：

謹案白部長另有宣慰台灣報告書一冊（待另附呈以備　鈞座稍暇時閱覽）以內容較繁故將其中急待處理事項列成此項簡表茲謹分項簽擬呈　核。

又據陳長官函呈對於白部長所擬台省善後問題關於軍事政治經濟教育交通各項係按照實際情形熟籌簽議並將擬充省政府委員之台籍人選簡呈鑒核（名單另附後）謹併此註明。

甲、行政部份：

一二三四六各項均交行政院照辦。

五項交監察院照辦。

鼎昌　四.十六

批

二局

號次

事由

六、各級公務人員似宜於服務前施以短期訓練，俾統一意志，推行政令，並提高其待遇，庶足養廉，行不犯紀。

乙、經濟：

一、為復興台灣之農工企業，於三年內在經濟上中央似應扶助台灣，而不取給台灣，俾得日就繁榮，致於富庶，方可收攬人心。

二、從速將台省公有土地放租，又不必保留之飛機場二十五處亦可同時放租，俾增加生產，以裕民生，減少失業。

三、專賣制度過去經理欠善，可改為烟酒公賣局，樟腦每年出產五千萬噸，佔世界第一位，全為省營工業，可另組公司經營，直隸省府，或建設廳。至火柴產量甚少，且缺原料，收入不多，亦應廢除專賣，藉平台胞之怨。

四、貿易局應即撤消，改為類似物資供應局機構，俾統一管理省營工業成品外銷，或機器原料之採購。

五、調整台幣與法幣之比率，現台幣與法幣仍為一與三十五之比率，此係過去美金一元合法

擬辦

乙、經濟部份：

一二三四六均抄交行政院，於台灣省政府改組令發表後，交該省主席照辦。（第二項機場部份並交國防部航空總部照辦）

以第五項調整台幣對法幣匯率一節陳長

批示

號次

事由

三三五零元時所規定，自外滙調整後，美金一元合法幣一三零零零元，致台幣貶值，為穩定台幣幣值，擬請由財政部予以調整，按一比三十五逐步提高至一與五十之比，以資補救（已另案簽呈）。

六、極力減少公營企業之範圍（省營公司共有二十二所），輕工業儘量開放，獎勵民營，規定台人有優先承購或承租權，以裕民生。

丙、教育

一、台灣人民受日本五十一年來褊狹教育，養成對祖國文化隔絕及輕視心理，為增強其對國家觀念、民族意識，應請教育主管機關制定中心方案，以便養成忠孝仁愛信義和平之精神，積極推進台胞祖國化之教育。

二、台省教育師資缺乏，應請由教育部擬定培養台灣師資之計畫，養成多數師資，目前並獎勵內地師資赴台任教。

三、大量選派台灣高中畢業生入國立各專科

批示

官有另案簽呈，作同樣請求，且稱為穩定台灣物價及促進生產起見，需要調整極為殷切，惟此事有金融機密，與物價影響關係，擬密交財政部俞部長、中央銀行張總裁與陳長官密洽施行。

丙、教育部份

一二三四五六各項均交教育部切實擬具辦法施行，並抄交行政院知照。

號次

事由	擬辦	批示
及大學，以吸收祖國文化 四、國內各國立大學可多招收台灣學生，以培養行政人才。 五、注意社會教育，普及國語運動，對高山族之教育尤須注意，並改善其生活方式，以期早日歸化。 六、台灣大學設備完善，並有試驗原子能儀器，惟教職員待遇太低，應與國立大學平等，庶可維持，並應改歸教育部直轄，以便整頓。 丁、軍事及憲警保安部隊： 一、從速確定台灣軍民分治，樹立完整之國防軍事機構，以加強平時之控制，及戰時之防衛。 二、駐台國軍，經常以一個整編師為宜，現駐台之整編第二十一師，應充實其兵員與裝備，並增編砲兵一營，以實戰力（已飭台灣供應局照編制補充並撥山砲一營）。 三、高雄基隆馬公三要塞大砲共達四五八門。	丁、軍事及憲警保安部份： 擬交國防部白部長、陳總長照案實施。 此四五兩項並抄交行政院知照，轉飭主管部與該省主席照辦。	

並有偵測器材雷達。應請准照第二次編制人數(高雄基隆各六千餘人。馬公三千餘人)以充實各要塞之守備總隊。高雄基隆各編工兵一營。馬公一連。偵測隊各一隊(以雷達為主)。

(前經電呈釬奉　准交陳總長核辦)。

四、台灣已成立之師團管區司令部。在秩序未完全恢復前。暫緩實施徵兵。其機構可暫作學校軍訓與調訓公教人員管訓之用。

五、台灣省可成立保安團一至二團。各縣市則按需要分別成立保安警察隊。其幹部可調用轉業軍官。士兵則由各省征集叅係有台籍警察。如意志薄弱。不忠職守或此次參加暴動者。應予分別淘汰。

六、駐台憲兵須經常保持一至兩個團。並充實其武器。現駐台之憲兵第四團二十一團(欠一營)應增發輕機槍六十三挺(已飭台灣供應局照發)。

七、駐台陸海空軍及要塞官兵待遇須加調

事由

擬辦

批示

號次

事由

整，已囑台灣警備總司令部斟酌實際情形，擬案呈核施行。（[illegible]）

八、在台軍需倉庫極多，而監護保管人員極少，致此次事變武器彈約被服被劫頗多。應由聯勤總部派員清查整理，簡化單位，其不必要者已令從速運回（已由聯勤總部派員前往清查中）。

戊、其他：

一、台灣黨團組織訓練，應力謀加強。

二、為照中央交通通信管理之規定及適應國防需要，台灣之鐵路（糖廠礦廠之鐵道線除外）、港灣（高雄、基隆等處通國際航線之港灣）及通信等，應即（一律改由國營），並增加內地員工指揮運用，庶可靈活。

三、台灣衛生行政防疫醫療機關應予積極恢復加強，以保人民健康。

四、查抗戰勝利後台省接收封存敵糖十五萬噸，嗣奉

擬辦

戊、其他部份：

一、據白部長另呈詳報，謂台灣黨團過去偏重量之發展，組織訓練頗不健全，又青年團於此次事變中多為反動勢力所操縱云云，擬令黨團重新切實檢討，擬具加強組訓方案呈核。

二、三兩項擬交行政院飭令主管部照辦。

批示

第 六 頁

事由

行政院令，應迅速變價，收歸國庫，在前項食糖未售完前，限制台糖運銷內地，只准銷八分之一，查台糖公司係中央與台省合營，規定其生產收益百分之六十歸國庫，百分之四十補助台省，現前項敵糖已銷出半數，似可將未售出之半數，約值國幣壹千億元，撥給台糖公司，以增加台省銀行法幣周轉，俾能安定台省金融，並協助台省經濟建設。（已另案簽呈）

五、獎勵台民與其他各省人民通婚，以融合民族之大一統，並隨時組織參觀團，互相觀摩，以消釋一切隔閡。

以上所呈各項，恭乞

鑒核，分交主管機關擬辦實施。

謹呈

主席 蔣

附呈陳長官另函兩呈堪充省政府委員之台籍人選名單

擬辦

四項所請將敵糖十五萬噸未售出之半數，撥交台糖公司一節，既與實際劃分標準僅差一成，擬准交行政院照辦。

五項交改組後之省主席注意辦理。

批示

第六九號之附件

臺灣省行政長官公署公用箋　臺灣省行政長官

主席鈞鑒台省善後問題關於
軍事政治經濟教育交通各項職已
擬此間實際情形與白部長
熟籌審議茲謹將堪充省政府
委員台籍人選開呈
鈞鑒

職陳儀手肅 四月二日

計開

丘念台（擬任教育廳長）現任監察委員

劉啟光（擬任民政廳長）日本明治大學畢業 曾任新竹縣長 現任華南銀行董事長

徐慶鐘（擬任農林廳長或副廳長）台北帝大農學博士 現任台灣大學教授兼土地銀行董事

林獻堂 老紳士

一 12335

12335
36.4.7

官公署用箋　臺灣省行政長官公署

謝東閔	中山大學法學院畢業	曾任高雄州長 現任民政處副處長
游彌堅	日本大學經濟學士	現任台北市長
王民寧	日本士官畢業	現任警務處長
李連春	州立商業學校畢業	現任糧食局長
韓石泉	台北醫專畢業	現任省參議員
南志信	高山族人	現任國大代表
劉明	東京高工畢業	現任大坪炭礦[illegible]董事長
林頂立	明治大學畢業	現任長官公署參議

如省政府委員定為十五人擬請就右列各人中選七人如定為十九人則選九人

蔣主席四月十八日發呈

26. 俞濟時呈蔣主席簽

分檢討所見

事前情報

事為

自陳長官受命以來各情報機關均有報告其要點：

（一）台灣人士反對陳儀台灣長官

（二）台胞對長官署措施自去年初由熱望轉為失望

（三）台政大權集於長官一人缺少台人參政機會

（四）官吏徵收貪污其舞弊接收紊亂排台重日

（五）專賣貿易二局與民爭利人民無謀生餘地

（六）台幣價格低落米價飛漲產業停頓失業普遍竊盜

盛行治安可虞

外人方面尤其美國記者對台政尤為不滿

本年一月始有異黨潛入三青團把持二月有青年團利用職權擴充勢力之情報

上述各點均經按知陳長官注意尤要者並經呈奉批飭注意改進惟查陳長官呈復似未能虛心接納至於此次事變發生之前尚無異黨預謀暴亂以及美日俄等挑撥離間之情報

事件真

事變之起乃由於流氓派因查緝私煙而動公憤與生活之壓迫復得士紳派之支持遂變為一致之省政改革運動復因兵力不足鎮壓紛亂省政乃脫離公署掌握形成一時之民間政府

於是陰謀分子以為有機可乘遂利用附和之學生派與海外派（海外歸來台胞浪人軍人等）青年積極奪取士紳派之領導權在和平之省政改革運動中雜有武裝革命之陰謀士紳派遂極力控制流氓派之力量以壓抑之然已逐漸失卻掌握矣

幸亂黨奪取武裝之謀未逞中央增援迅速陰謀派即時欲逼士紳派亦脫於目前民間政府隱藏之危機智率

擬辦意見

謹將本局年來關於台灣之各項情報及二二八事變時本局所派聯絡參謀陳廷縝實地調查之所見綜合檢討案報呈

閱

職　俞濟時　謹簽

三十六年四月七日

批示

呈閱

於白部長宣佈中央處理台灣事件原則八點對台灣政治問題已有明確妥善之對策惟其中關於經濟改革之實施尚有待於行政院及長官公署之努力八點如下

（一）公署改省政府

（二）縣市長民選

（三）縣處局長儘量用本省人

（四）省內外人士待遇平等

（五）省主席不兼警備司令

流氓隊伍從秩序事變遂息至參加武裝行動之學生及海外青年則回歸遣返

條

總觀事變經過肇致之不滿人意暨臨時處置失當以及士紳派之推波助瀾實為事件擴大之原因至於陰謀分子及異黨之事前預謀佈置似均為事後渲染之飾詞

六、縮小公營範圍修正或廢止現行經濟法令政策

七、取消二二八處理委員會及非法組織（已辦）

八、除煽動暴動之共黨外從寬免究

謹註

待

甲、一般

一、語言習慣作風不同且有事變創痕

二、事變以還國際尤其美國印象甚壞或致影響對日和約

呈閱

乙、軍事

一、流氓茶役浪人因紀散處鄉間武器待清繳生活待解決將來仍管理

一、二項呈閱

二、士紳學生青年亦均捕拿拘押之餘惕惕自危人心尚待安定

三、警察曾經全部瓦解亟待徹底整頓

三、擬交警察總署核辦

四、我軍倉庫甚多散處各地均需兵力

四、存台物資內運情形已另飭聯勤總部查報

五、軍隊待遇上尚未適國內調整而物價較昂人必擾民

五、陳總長已另案呈報

丙、政治

一、因日人政策關係台胞中尚缺高級行政幹部

一、似可於中訓團內設班訓練擬交行政院核辦

二、一般士紳多為皇民奉公會幹部推恐追溯既往影響公民權利

二、擬交內政部核辦

三、物價較內地高昂但公務員待遇為台幣底薪廿倍加一千四百元較內地為低台胞底薪尤低

三、擬交行政院核議

四、青年學生需要升教育

四、擬交教育部核辦

決

丁、經濟

一、台灣事變根本原因為生活非經濟現況改善不可

二、台灣經濟不能獨立如不依存海外即須依存祖國亟待統籌配合

三、主要產品及消化品除無利可圖之物外仍由政府管制人民無謀生餘地

四、產業機器損毀頗多尚待恢復失業人數估計連歸僑遣返二十萬人待安插

一至十一項擬交行政院財政部經濟部檢討具報

問　題

五、農產依賴化學肥料年需四十萬噸本年從聯總配給廿五萬噸

六、米價由每斤十餘元漲至黑市六十元係念日人之食依配給制度

七、糖為出口大宗昔產一五〇萬噸去年九萬噸本年可產四至五萬噸但行政院曾提收台糖十五萬噸只作敵產處理並不給價

八、煤月出口五萬噸在滬售價約為台價之三倍而台定官價又不及煤之生產成本

九、貿易局不當貿易進口則成本高昂（如布疋）領單漲價出口則虧折（如木米增加）又出負担

十、有利可圖之貨物（如木材）並不廢止出口管制故進口商將貨售得台幣後無法辦貨出口又不能照官價自由結匯法幣又待較價再換黑市之法幣或匯款故復長高貨價以為補償因之物價上漲

十一、台灣銀行對於法幣頭寸欲匯兌須經核准結匯手續困之台幣收出貶值之黑市造成進口必需品之價格上漲

戊、黨務

一、台變初起並不嚴重而自日之間公署竟大肆捕此後奸偽及日本地下工作者勢將繼續開展工作

二、青年黨人佔據一切重要職位本黨工作難於開展

台灣黨團似有改組必要并改飭派組織部長陳書記長前往加強并擬訂同時因此之黨團中心工作綱要呈核

27. 謝冠生呈蔣主席代電

謝冠生呈 蔣主席六月四日代電

呈會

第三局

司法行政部代電

擬復悉

總統蔣鈞鑒三十七年二月七日丑虞府交秘字第二九六號代電關於台變嫌疑犯林日高部分辦理情形經於本年三月三

中華民國卅七年六月四日

一四六二

37.6.5

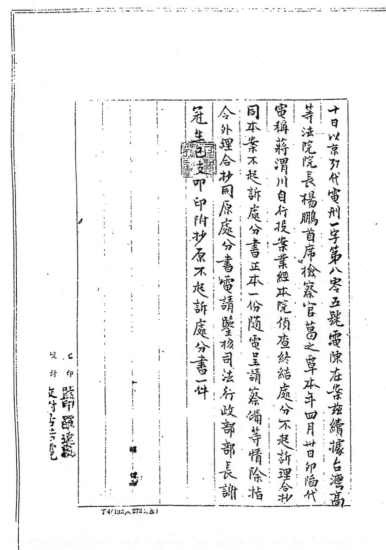

十日以京刅代電刑一字第八零五號電陳在案茲續據台灣高
等法院院長楊鵬首席檢察官葛之覃本年四月廿日卯陷代
電稱蔣渭川自行投案業經本院偵查終結處分不起訴理合抄
同本案不起訴處分書正本一份隨電呈請察備等情除指
令外理合抄同原處分書電請鑒核司法行政部部長謝
冠生巳支叩印附抄原不起訴處分書一件

監印 [illegible]
校對 [illegible]

台灣高等法院檢察官不起訴處分書
被告 蔣渭川 四十八歲 台北市人 住台北市太平町
三丁目一百五十九號 業書店
右開被告民國三十七年度偵字第捌号內亂嫌疑
一案經偵查完畢認為應不起訴茲特敘述理由如左
查被告蔣渭川曾以去歲本省發生事變時參
加二二八事件處理委員會要求政府撤退軍警及
召集前日陸海軍人員開會號召組織武裝隊伍
控制廣播電台發表荒謬煽動言論意圖顛覆
政府等嫌疑予以通緝在案嗣經該被告自行投案經
本處詳細偵訊該被告供稱「去年二二八事件處理委員
會成立時當初我並無關係後來僅為該會與陳長
官連絡並奉陳長官命令去電台廣播五次都是說
明政府的意思並無顛覆政府的意圖在事變中我絕

無做過不法的事情」等語不承認有參加暴亂意圖顛
覆政府等情事為本中央對於本省二二八事變案件寬
大處理之意旨不予深究依刑事訴訟法第二百三十一條第
四款爰為不起訴之處分
至該被告對於廣播稿子既據供認不諱李喬演詞尤無
煽惑性已非陳長官之本意顯而易見應負刑法第一百五
十三條第二款之罪責關於該部份應依法發交地方法院檢察
處提起公訴惟審酌該被告平日之品行及犯罪後之態
度等尚有可原參照刑事訴訟法第二百三十二條第二項
免予置議以示政府寬大之至意特為處分如右
中華民國三十七年四月二十三日
檢察官陳慶華
本件證明與原本無異
中華民國三十七年四月二十四日

附件四：謝雪紅與台盟紀事年表

謝雪紅與台盟紀事年表製表：本書作者 2013 冬

西元	年齡	紀事
一九〇一	一歲	△十月十七日，誕生於彰化北門。謝家是一戶赤貧農家。
一九〇二	二歲	
一九〇三	三歲	
一九〇四	四歲	
一九〇五	五歲	
一九〇六	六歲	△約六歲起開始負責家中煮飯工作，在台中擺攤賣香蕉。
一九〇七	七歲	△謝父因積勞成疾，得了肺結核，不得已把出生不久的小兒子賣給楊姓人家。

一九〇八　八歲　△雪紅開始幫倭人帶孩子，真是孩子帶孩子。

一九〇九　九歲　△八、九歲時，常跑當舖，負責把家中棉被、衣服送去當。

一九一〇　十歲　△開始幫母親做林投帽等工作。

一九一一　十一歲　△謝家賣掉十七歲的二姊給人當繼室，換取醫藥費，至此謝家已賣出三個孩子。

一九一二　十二歲　△謝父病歿，謝母臥病不起；秋，謝母病故

△爲償還辦喪事的欠債，謝家再賣了才滿十二歲的謝雪紅。

一九一三　十三歲　△年初，謝雪紅到台中洪家當童養媳，實際上已是爲妾，丈夫洪春榮。

一九一四　十四歲

一九一五　十五歲

一九一六　十六歲

一九一七　十七歲　△養母虐待，謝雪紅臥軌自殺被救。

△年底，逃離洪家，回到彰化也是窮困的大哥家。

一九一八　十八歲　△大哥大嫂爲解決洪家追討贖金，透過介紹，東勢富家張樹敏願爲她贖身，條件是娶雪紅爲妾，雪紅無奈，只好答應。（二度妾的時間也可能在去年底，史料說法不一。）

△張樹敏帶謝雪紅到倭國神戶做生意，正好「米騷動」，革命之女快誕生了！

一九一九　十九歲　△四月，謝雪紅和張樹敏到青島，正好五四運動，是雪紅重要的政治啓蒙。

一九二〇　二〇歲　△參加台中「勝家裁縫公司」學習，三個月結業，成爲正式職員

一九二一　二一歲　△台灣文化協會成立。加入文協並參與各項活動、講習等，是參加政治、社會運動的開始。

一九二二　二二歲　△獨資在台中開一家「嫩葉屋」（ねガぼや）洋服店，並用掩護她一些秘密地下活動。算是萌芽的抗日政治活動。

一九二三　二三歲　△與張樹敏到上海，赴滬船上認識林木順，林講左翼理論。

一九二四　二四歲　△六月十七日，參加上海舉行「恥政紀念日」反日集會，首次公開演講，主張「女子也得參加革命」。

△這年曾到杭州瞻仰秋瑾墓，認爲是女性典範，而像秋瑾和岳飛一樣，才是「做人的最高境界」，「自己決心要做一個這樣的愛國者」。

一九二五　二五歲　△四月，到上海，不久再到杭州讀杭州一中。

△參加一係列「五卅慘案」政治運動，後加入上海「五卅慘案救援會」，負責募款事宜。

△八月，由黃中美任介紹人，謝雪紅被批准加入中國共產黨。

△九月底或十月初，謝雪紅入上海大學，讀社會學系。

△十二月十八日，謝雪紅和林木順等一行人，到達莫斯科東方大學。

一九二六　二六歲　△在莫斯科東方大學學習。

一九二七　二七歲　△十月，片山潛正式代表共產國際到東方大學，向謝雪紅和林木順傳達回國組黨的決定，並由謝負責，林協助。

△十一月，謝林二人回到上海；十七日林先赴倭，十二月上旬謝亦赴之，與倭共研商，草擬台共綱領。

一九二八　二八歲　△年初，謝、林、陳來旺三人返回上海，倭共因國內情勢，指導台共成立的任務，由中共接手執行。

△四月十五日，由謝雪紅主持，在上海法租界內，召開「倭國共產黨台灣民族支部」成立大會。

△四月廿五日，先在三月已有多人被倭警逮捕，是日，謝雪紅、林松水等五人，再被倭警逮捕。林松水是林木順的弟弟。

△六月二日，謝在台北獲釋。回台中準備東山再起。

△七月，召集農組、文協等左翼團體，在文協本部開會，嘗試建立統一戰線。

△八月上旬或九月上旬，謝到台北與林日高、莊春火召開黨的第三次中央委員會。

△十月十八日，中國共產黨台灣支部在台北成立

△十二月三十、三十一兩天，由台共主導的農組第二次大會在台中召開，謝完成島內第一個擴張任務。

一九二九　二九歲

△二月，發生「二一二事件」，農組菁英被捕下獄，台共勢力受到重挫。

△四月，倭國發生「四一六事件」，倭共全軍滅頂。

△十月，謝雪紅、林日高、莊春火在台北國際書店召開中央委員會。

△十一月，派林日高到上海連繫翁澤生，無功，後導至林日高和莊春火退黨。

△總結今年，先是掌控農組領導權，接著鬥垮文協的工會領導連溫卿，農組和文協都成了台共外圍，謝雪紅也成為左翼領袖。

一九三〇　三〇歲

△年初，謝氏以滲透、擴張、控制等方式，使台灣民眾黨左傾，林獻堂等退出，另組台灣地方自治聯盟。

△十月，林日高和莊春火先後退黨，台共黨中央剩謝雪紅一人。

△十月底，召開「松山會議」，少壯極左派批判謝雪紅。

一九三一　三一歲

△年初開始，台共少壯極左派以王萬得、潘欽信等為主，在翁澤生指導下，開始鬥爭、批判謝雪紅，不久組成「新中央」。

△五月，台共「新中央」開除謝雪紅黨籍。

△六月廿六日，謝雪紅在台北被捕，判刑十三年。接著，全島風聲鶴唳，台共、農組、文協等左翼組織，全被倭人徹底肅清，倭人

亦加速台灣社會的皇民化運動。

一九三三　三三歲　△三月，翁澤生被引渡回台，整個台共案才結案。

一九三四　三四歲　△七月，開始公審台共案，謝雪紅被判刑十三年，餘皆有期徒刑。

一九三五　三五歲　△謝氏服刑中。

一九三六　三六歲　△謝氏服刑中。

一九三七　三七歲　△謝氏服刑中。

一九三八　三八歲　△謝氏服刑中。

一九三九　三九歲　△四月七日，謝雪紅因肺結核，保釋出獄，不久復原。

一九四〇　四〇歲　△今年起謝雪紅改名「山根美子」，定居台中，直到一九四五年，她又重出江湖，創造了人生的顛峰。

一九四一　四一歲

一九四二　四二歲

一九四三　四三歲

一九四四　四四歲

一九四五　四五歲　△八月五日，倭國無條件投降。

△十月，謝雪紅和楊克煌成立「台灣人民協會」，數日後成立「台灣農民協會」。不久又成立「台灣人民總工會」和「台灣學生聯合會」。

一九四六　四六歲

△九月，謝接辦台中「建國工業中學」。

一九四七　四七歲

△二月廿七日，台北延平路「天馬茶房」附近因查私煙，爆發「228事件」。

△從三月二日起，謝雪紅開始掌控台中局勢，成立作戰本部、人民政府、二七部隊，到三月十四日謝按地下黨蔡孝乾命令離開埔里，三月十六日二七部隊解散。

△五月廿一日，謝雪紅一行從左營軍港離開台灣，廿二日到廈門。

△八月，謝氏在香港發表「告台灣同胞書」，反映社會主義思想。

△九月，台灣人民「二・二八」起義失敗後，一部分從事愛國民主運動的台灣省人士謝雪紅、楊克煌、蘇新等經上海到香港籌組政治團體。九月成立「新台灣出版社」作爲宣傳機構，先後出版了《新台灣》、《明天的台灣》、《台灣二月革命》、《自治與正

統》、《台灣人民的出路》、《噴怒的台灣》等書刊。

△十一月十二日，（孫中山誕辰日）「新台灣出版社」同仁徵得台灣島內革命團體的同意和支持，並得到在大陸的台籍革命人士上海台灣同鄉李偉光、《大公報》李純青、北平台灣同鄉會曾明如、日本東京的台籍政治活動家楊春松等人的支持，在香港正式成立了台灣民主自治同盟。在其《綱領》草案中提出：「設立民主聯合政府，建立獨立、和平、民主、富強與康樂的新中國」的奮鬥目標，同時在《規程》中確定「本同盟以實現台灣省之政治，及地方自治爲宗旨」，強調「打倒獨裁政權，實行人民民主制度」「沒收官僚資本，發展民族工商業」，對外「反對帝國主義侵略，確立獨立自主之外交」，「中國之領土及領海不容任何外國軍隊駐紮」等，還制定了《台灣民主自治同盟籌備會時局口號》等。台盟的成立得到了中國共產黨的熱情支持與幫助。

△十二月一日，香港《華商報》和《明天的台灣》（第三輯）刊登了台盟的成立及有關文件。此後，又公布了台盟負責人名單，即：

一九四八　四八歲　謝雪紅、楊克煌、蘇新等。

△一月七日，台盟發言人就「二・二八」之後的時局發表聲明，指出：「中國人民決不容許美帝國主義的侵略，反對任何對中國的干涉。」台灣人民向全國呼籲「爲建立一個獨立富強的新中國，設若美帝以任何藉口要控制中國國土的任何一個地方——尤其是台灣，中國人民必須不惜任何犧牲向它作戰到底。」

△二月二十八日，台盟在香港召開紀念台灣人民「二・二八」起義周年座談，在上海的台灣旅滬同鄉會、北平的台灣旅平同鄉會也召開了紀念會。

△五月七日，在中共中央發布紀念「五一」勞動節口號，提出了召開新的沒有反動分子參加的政治協商會議，討論成立民主聯合政府的號召之後，台盟熱烈響應，發表《告台灣同胞書》表示堅決擁護，並號召配合全國人民的革命戰爭，廣泛地展開反對美帝國主義、封建主義、官僚資本主義，反對台灣分離運動的各種鬥爭，準備參加「政治協商會議」和「民主聯合政府」。

△六月，香港會議，重新整理台灣革命理論。

△七月十二日，台盟在香港召開座談會，並宣布台盟總部正式成立。香港的部分台胞參加了會議。謝任主席。

△八月二十九日，台盟香港支部成立：負責人爲丁光輝、蘇新和楊克煌，盟員有三十多人。

一九四九　四九歲

△一月十七日，毛澤東主席在《時局的聲明》中提出八項和平主張之後，台盟發表《擁護毛澤東八項主張的聲明》。

△三月，台盟總部由香港遷至北平。

△六月十五日，台盟總部主席謝雪紅參加新政協籌備會，會議選出以毛澤東同志爲首的常務委員會，領導進行建國的準備工作，會議還決定台盟作爲一個民主黨派參加新政協。

△七月三日，台盟華北總支部成立大會在北平召開，郭炤烈報告台盟的性質及政治主張，同時提出目前的任務是參加新政協，打擊美帝國主義殖民化陰謀，加緊學習、工作，準備參加解放台灣。台盟主席謝雪紅在會上作了《關於盟綱領及盟章》的報告。會議

審議了台盟華北總支部章程草案，成立台盟華北總支部委員會，選舉林鏗生爲主委及七名委員。

△七月七日，台盟發表「七七」抗戰紀念的通電，向人民解放軍指戰員致敬並強調說，台盟將在中國共產黨領導下，配合人民解放軍打回台灣去，粉碎美帝國主義分離台灣的陰謀。

△七月三十一日，台盟華東縂支部成立大會在上海召開，會議確定台盟華東總支部任務是解放台灣，建設新中國，積極支援人民解放軍等。八月七日舉行第一次總支委會，選舉李偉光爲主委。

△九月一日，台盟總部駐北平辦事處正式辦公，台盟主席謝雪紅，常務理事楊克煌、王天強、李偉光及台灣高山族盟員田富達等先後到北平。

△九月三日，謝雪紅主席發表《反對美帝侵我台灣陰謀》的聲明，強調說：「台灣人民將與全國人民一起，堅決肅清台灣的國民黨殘餘，並驅逐美帝的侵略勢力，爲建設人民民主的新台灣和新中國而努力。」

△九月七日，周恩來同志在政協籌備會上工作了《關於人民政協的幾個問題》的報告，肯定了台盟成立以來的工作，他說：「台盟是一個革命的組織，『五一』前就從事台灣人民的解放運動。」（『五一』是指中一九四八年的五一號召——編者注）

△九月十八日，台盟天津市分支部成立，選舉張秋海爲分支部主委，吳一民爲副主委。該分支部隸屬華北總支部。

△九月二十一——三十日，中國人民政治協商會議第一屆全體會議在北京舉行，毛澤東、周恩來、劉少奇、朱德、宋慶齡等黨和各方面的領導人出席了會議，台盟謝雪紅、楊克煌、李偉光、王天強、田富達等五名代表和候補代表林鏗生出席了會議，參加制定共同綱領、選舉中央人民政府等工作。台盟首席代表謝雪紅在全體會上發言中指出：「這次召開新的政治協商會議，以及由這個會議將要組織起來的中央人民政府，將要宣告成立的中華人民共和國，是完全根據全中國人民的要求和利益而產生出來的。六百七十萬台灣人民，三百多年來反對荷蘭、西班牙、日本等民族的侵

略壓迫，和反對國民黨反動派的封建實辦統治，不斷作流血犧牲的鬥爭也就是爲了這個目的。……」

△十月，全國政協會議之後，台盟即參加國家政權和國家事務管理，台盟負責人謝雪紅擔任政務院政法委員會委員、華東軍政委員會委員。田富達擔任國家民族事務委員會委員。

△十月二十八日，台盟華東總支部發表《告台灣鄉親和盟員同志書》，號召台胞和盟員「學習新民主主義理論，來迎接新時代的潮流，實現共同綱領。」

△十月，台盟總部正式成立理事會，主席謝雪紅，理事有謝雪紅、楊克煌、李偉光、王天強、田富達、林鏗生，楊克煌任秘書長，林鏗生爲駐京辦事處主任。

△十一月二日，朱德總司令前往北京長辛店華北軍政大學，祝賀台灣隊學員畢業，台盟主席謝雪紅等人也應邀參加。朱總司令在講話中勉勵學員打回老家去，指出這既是同學的希望，也是一項光榮的任務，我們一定要解放包括台灣的一切中國領土。

一九五十　五十歲

△十一月，台盟總部由北京遷到上海。

△一月二日，台盟華南總支部籌委會成立，陳文瀾爲主委。

△二月二十八日，北京舉行紀念台灣人民「二・二八」起義三周年大會，並發表《告台灣同胞書》。朱德總司令在台盟總部駐京辦事處辦的集會上發表講話，他說，「二・二八」是台灣人民的一個戰鬥紀念日。台灣人民的任務就是發揚「二・二八」的精神，積蓄力量協助人民解放軍完成解放台灣之任務。各民主黨派負責人李濟深、沈鈞儒、郭沫若，黃炎培、許德珩等也會上講了話，北京各界人士六百餘人出席了會議。台盟總部在上海也舉辦了紀念會。

△四月二日，台盟旅大特別支部成立，簡仁南爲主委，沈扶、蘇子蘅爲副主委。

△六月十二日，台盟總部發表「告台灣同胞書」，就中共中央作出抗美援朝，保家衛國之決策表示堅決擁護，同時號召全體成員一致奮起，發揚愛國主義與國際主義精神，自覺地履行抗美援朝的

各項義務，並開展宣傳教育，響應愛國號召。

△六月二十五日，台盟華北總支部召開第二次盟員大會，台盟主席謝雪紅主持會議，林鏗生當選爲總支主委。

△十月二十五日，台盟駐京辦事處主任林鏗生參加各民主黨派協商會，共同決定簽署抗美援朝聯聯合宣言。

一九五一　五一歲

△二月二十八日，首都千餘人舉行紀念台灣人民「二．二八」起義四周年，伍修權、李濟深、許德珩等出席大會並講話。會議由台盟駐京辦事處主辦，各民主黨派、朝鮮駐華大使及各界出席了會議。

△六月二十三日，台盟總部號召旅居各地台胞響應三項愛國號召，號召說：我們訂立愛國公約，捐獻飛機大砲是我們最具體的愛國行動，最具體的拯救今天尚在美蔣統治下的台灣父老兄弟的實際行動，我旅居各地的台灣同胞應積極參加這一愛國行動。以表示反抗美帝的侵略和解放台灣的決心。

△七月一日，台盟同其它民主黨派及無黨派民主人士發表聯合宣言

並致電毛澤東主席，祝賀中國共產黨成立三十周年。

△七月一日，台盟旅大特別支部召開第二次盟員大會，選舉簡仁南爲主委，蘇子蘅，沈扶爲副主委。

△七月，上海、北京等地區的台胞開展抗美援朝愛國捐獻運動，台盟有十幾名盟員參加了志願軍，一些盟員參加了赴朝運輸隊與抗美援朝醫療隊。盟員謝知毋參加了美帝細菌戰罪行調查團的工作，在反細菌戰中爲中朝人民貢獻了力量，並榮獲朝鮮二級國旗勳章。盟員丁光輝也榮立中國人民志願軍三等功，林東海、王宏榮立四等功。

△八月一日，台盟總部與台盟華東總支部召開紀念「八一」建軍節大會，台盟主席謝雪紅報告了慶祝建軍節的偉大意義，勉勵台胞完成三大任務，徹底打敗美帝；台胞代表在會上發言，向解放軍致敬。

△十月二十五日，台灣光復五周年，台盟發表《告台灣同胞書》，號召台灣人民團結起來，反對美國侵略者，消滅蔣幫。

一九五二　五二歲

△十二月，台盟總部任命林雲為台盟總部駐京辦事處主任兼台盟華北總支部主委。免去林鏗生在台盟的職務。

△一月二十八日，台盟旅大特別支部召開第三次盟員大會，選舉簡仁南為主委，沈扶、黃啓章為副主委。

△二月二十八日，台盟總部駐京辦事處、台盟華北總支部舉辦台灣人民「二．二八」起義五周年紀念會。林雲致開會詞，台盟盟員田富達、台灣青年彭克巽等在會上發言。

△八月，台盟開始對部分組織進行整理和鞏固工作。徐萌山任總部代理秘書長，免去楊克煌秘書長的職務；陳炳基任華北總支部主委、白鳳洋任副主委，免去林雲兼任的華北總支部主委的職務；林東海任華南總支部籌委會副主委。

△十一月二日，台盟華東總支部召開改選大會，選舉產生了新的總支委，李偉光當選為總支部主委。

△九月上旬至十一月旬，台盟駐京辦事處主任林雲代表台盟參加第二屆中國人民赴朝慰問團到朝鮮前線慰問志願軍和朝鮮軍民。

△「一九五二年整風運動」，謝雪紅系統全面瓦解，謝被指控「反動份子」，反謝陣營大獲全勝。

一九五三　五三歲

△二月二十八日，台盟總部駐京辦事處、台盟華北總支部舉辦台灣人民「二‧二八」起義六周年紀念會。林雲至開會詞，陳炳基介紹了「二‧二八」起義的經過和最近台灣情況。在京台盟盟員、台胞一百多人參加了紀念會。

△八月三十日，台盟旅大特別支部召開第四次盟員大會，選舉簡仁南爲主委，沈扶、黃啓章爲副主委。

△十二月十日，各民主黨派負責人發表談話，熱烈擁護發行國家經濟建設公債。台盟駐京發言人說；國家經濟建設需要從各方面籌集資金，才有保障，台盟成員將與全國人民一道爲努力完成這個任務而奮鬥。

一九五四　五四歲

△一月二十日，台盟總部做出《關於今後工作方針與緊縮機構的決定》，決定繼續進行政治號召工作，組織暫停發展，加強學習；緊縮各級組織機構，提高盟員政治覺悟，在各自崗位上做好業務

工作。

△五月，政協全國委員會組織憲法草案（初案）座談會，徵求各界人士對憲法草案的意見，台盟總部駐京辦事處主任林雲參加了座談會。

△六月，台盟總部理事會增選李純青爲副主席。

△七月二十六日，四月至七月我國等五大國和其他有關國家就恢復印度支那和平問題在日內瓦召開國際會議，並達成協議。台盟總部發言人就此發表談話，提出：這一協議再一次向全世界昭示一個顛撲不破的真理，任何爭端只要相互有和解和誠意精神，是可以用和平協商的方法解決的。

△七月二十七日，上海市各界人士二千多人集會，慶祝日內瓦會議達成協議。台盟華東總支部主委李偉光在會上說：中國人民一定要解放台灣。

△八月二十二日，台盟同其它民主黨派、各人民團體共同發表「解放台灣聯合宣言」，李純青代表台盟在宣言上簽了字。宣言指出：

台灣是中國領土，解放台灣是中國內政、不容外國干涉。宣言號召全國人民全力以赴完成這一光榮的歷史任務。

△九月十五日，全國人民代表大會一屆一次全體會議開幕，台盟謝雪紅、李純青、田富達等被選爲全國人大代表出席了會議。會議通過了《中華人民共和國憲法》、一致選舉毛澤東爲國家主席。謝雪紅代表在會上發言表示：擁護《憲法》，並指出這個憲法所反映的我國人民革命的成果，也包括台灣人民長期英勇鬥爭的部分，憲法所反映的中國人民的共同願望也就是台灣人民的願望。

△十月二日，全國政協第一屆代表、台盟總部理事、台盟華東總支部主委，台盟創建人之一李偉光在上海逝世，終年五十八歲。

△十二月九日，謝雪紅當選台盟華東總支部主委。

△十二月二十一—二十九日，全國政協二屆一次會議召開，台盟參加政協的委員是：王天強、田富達、李純青、楊春松、簡仁南、謝雪紅等。李純青被選爲政協常委。

一九五五　五五歲

△二月，台盟總部由上海遷到北京。

△三—四月，台盟總部根據國家徹銷行政大區的決定，發出指示：撤銷華東總支部，成立台盟上海市支部，謝雪紅爲主委；徹銷台盟華北總支部，成立台盟北京市支部，陳炳基爲主委；徹銷台盟華南總支部籌委會，改爲台盟廣州市支部籌委員，林東海爲主委。

△四月十日，台盟旅大市召開第五次盟員大會，選舉簡仁南爲該支部主委，沈扶，黃啓章爲副主委。

△七月三—五日全國人民代表大會一屆二次會議召開，李純青在大會上作了發言，他說：台灣是中國的領土。美國侵占台灣不但破壞了中國的主權和領土完整，威脅著我國的安全和和平建設，而且已經造成遠東的緊張局勢，中國人民是愛好和平的，中華人民共和國政府不止一次地表示願意坐下來同美國談判和緩遠東局勢的問題，特別是和緩台灣地區緊張局勢的問題。

△九月十六日，中國共產黨第八次代表大會在北京召開，各民主黨派無黨派民主人士應邀列席，台盟謝雪紅、李純青列席了會議，毛澤東主席高度評價了民主黨派的貢獻，他說二「他們是和我們

一道工作的親密朋友，他們給了我們很多幫助，我們對他們表示熱烈的歡迎。」

△十月二十三日，台盟總部舉行紀念「台灣光復」10 周年座談會。會議由謝雪紅主席主持，李純青副主席在會上作了報告。大家一致表示：要努力工作、積極參加祖國的社會主義革命和建設，爲拯救在台灣的同胞而奮鬥到底。上海、天津、大連等地的台盟組織也分別召開了紀念會。

一九五六　五六歲

△二月十六日，全國政協二屆三次會議期間，毛澤東主席接見了台盟參加會議的政協委員和列席代表。

△四月二十二日，台盟旅大市第六次盟員大會召開，選舉簡仁南爲主委，沈扶、黃啓章爲副主委。

△五月二日，中共中央召開最高國務議，毛主席提出十大關係，論述了「長期共存、互相監督」的理論方針，台盟總部李純青副主席和其它民主黨派負責人、無黨派民主人士應邀參加會議。

△一九五六年秋，台盟湖北省直屬小組成立，曾重郎任組長。

一九五七　五七歲

△三月，台盟召集各地負責人工作會議，研究決定當前的方針和任務。參加會議的有台盟總部謝雪紅、李純青，北京市陳炳基、上海市謝雪堂、福建省王天強，廣州市林東海，武漢市曾重郎，旅大市沈扶等。

△五月十二日，台盟旅大市第七次盟員大會召開，簡仁南當選主委，沈扶、黃啓章爲副主委。

△五月三十日，台盟總部與台盟北京市支部舉行聲援台灣同胞五月二十四日反美愛國鬥爭座談會。謝雪紅主席說：台灣人民總不會屈服的，他們不把侵略者趕出去決不甘休。陳炳基主委說：這次反美愛國大示威，又一次表明台灣人民不甘心受美帝國主義的奴役，台灣人民一定要早日回到祖國的懷抱。在京台胞及各界 150 多人參加了座談會。

△六月，台盟福建省支部籌委會成立，主委王天強，副主委侯北海。

△七月，台盟總部作出對今後工作的一些決定，肯定過去的方針是正確的，整理內部是有成績的。根據新的政治情況，今後應該採

取積極方針，開展工作，適當地發展組織。目前台盟的任務是：加強對散居在大陸上的台灣籍中上層人士加強工作，在解放台灣鬥爭中積極進行宣傳工作。

△八月十日，台盟總部發布「在盟內進行整風的決定」成立整風領導小組、由李純青負責。

△下半年，徐萌山、蔡孝乾系統以鬥倒謝雪紅爲最高目標，經十次鬥爭大會，指控謝雪紅四大罪狀，結果含謝內的謝系人員，都被開除黨籍，解除職務。

一九五八　五八歲

△一月十四―二十五日，台盟總部在北京召開盟員代表會議，會議決議：撤銷謝雪紅主席、楊克煌理事的職務，謝雪紅保留理事職務。會議號召台盟各地組織和盟員充分重視整風工作，在中共中央領導下使台盟成爲真正爲社會主義和解放台灣服務的政治力量。

△二月二十七日，台盟總部、台盟北京市支部及台盟上海市支部等分別舉行了台灣人民「二•二八」起義十一周年紀念會。

△五月，台盟總部，台盟北京市支部舉行紀念台灣人民「五・二四」愛國反美大示威周年紀念會。

△八月二十五日，最高國務會議討論台灣問題，毛主席發表重要講話，台盟總部秘書長徐萌山列席了會議。

△九月十三—十六日，台盟廣州市支部成立，林東海當選爲立委，丘琳爲副主委。

△十月五日，台盟旅大市第八次盟員大會召開，選舉陳文爲主委，沈扶、黃啓章爲副主委。

△十月六日，就國防部彭德懷部長「告台灣同胞書」發表，台盟總部發言人發表談話指出：「這一文告正確地指出了台、澎、金、馬軍民同胞唯一的出路是「三十六計，和爲上計」。台、澎、金、馬是中國領土的一部分，我們堅決反美國侵占台灣，製造兩個中國，干涉我國內政。發言人強調，只有接受建議，舉行談判，實行和平解決才是唯一的出路。

一九五九　五九歲

△二月二十八日，台盟在北京舉行集會，紀念台灣人民「二・二

八」起義十二周年，會上一致表示反對美帝國主義製造「兩個中國」的陰謀。

△四月十七日，全國人大二屆一次會議，全國政協三屆一次會議在北京開幕。參加人大的台盟盟員是"田富達、謝雪堂；參加政協的台盟盟員是"王天強、田富達、丘琳、蘇子蘅、陳文材、楊春松、徐萌山。

△五月三—五日，台盟總部舉行全盟工作會議。總部理事、各地盟組織負責人和盟員中的在京全國政協委員參加了會議。會議學習周總理在全國人大二屆一次會議上作的《政府工作報告》，要求各地台盟組織及全體盟員深入地學習這一報告，並在實際工作中努力貫徹。會議認爲台盟當前的任務是：在中國共產黨的領導下，引導和幫助成長及所聯系的群眾充分調動其積極性，做好崗位工作，積極爲建設社會主義服務。

△五月，台盟總部、台盟北京市支部舉行紀念台灣人民「五．二四」愛國反美大示威二周年座談會。

一九六十　六十歲

△九月十五日，中共中央主席毛澤東邀集各民主黨派，各人民團體的負責人舉行會議，就關於反右傾、鼓幹勁、堅持社會主義總路線等問題進行了座談。毛澤東在會上作了重要講話。台盟總部徐萌山參加了會議。

△四月九日，《光明日報》發表台盟田富達、謝雪堂、丘琳、陳文、蘇子蘅、陳文彬、徐萌山等同志在全國人大二屆二次會議和全國政協三屆二次全體會議上做題爲《台灣一定要回到祖國的懷抱》的聯合發言，揭露美國侵略者在台灣海峽進行軍事演習，武裝挑釁，及製造「兩個中國」的陰謀。聯合發言強調：台灣的軍民同胞一定會在愛國反帝的旗幟下團結起來，一致對外爭取早日回到祖國的懷抱裡來。

△五月二十三日，台盟總部與台盟北京市支部舉行集會，譴責美國總統艾森毫威爾的台灣之行，台盟領導人發表了談話。

△六月二十八日，上海、廣州、旅大、北京等地的台盟組織和台胞舉行集會，嘖怒譴責美國製造「兩個中國」、妄圖長期霸占我國

台灣的陰謀。

一九六一　六一歲

△六月十二—十三日，台盟上海市召開第二次盟員大會，確定今後的中心工作是繼續加強學習，加強台胞中上層人士的工作；繼續推動成員爲社會主義貢獻力量；繼續加強對台宣傳工作，爲解放台灣貢獻力量。會議選舉謝雪堂爲主委，林田烈爲副主委。

△六月三十日，台盟與其它民主黨派、工商聯和無黨派民主人士聯合發表「慶祝中國共產黨成立四十周年」獻詞。

△十一月四日，台盟旅大市第九次盟員大會召開，選舉陳文爲主委，黃啓章爲副主委。

一九六二　六二歲

△一月十九日，各民主黨派、工商聯、無黨派民主人士舉行集會，譴責肯尼迪政府迫害美國共產黨，全國政協委員蘇子蘅代表台盟在會上發言。

△二月一日，政協全國委員會舉行集會，紀念鄭成功收復台灣三百周年。田富達代表台盟在會上發言。

△二月二十七日，台盟各級組織分別舉行「二・二八」起義十五周

年紀念會。

△四月二十一二十三日，台盟全盟工作會議在京召開，會議討論了周總理在人大二屆三次會議上所作的《政府工作報告》，確定推動盟員和所聯繫的人士積極爲社會主義服務是開展各項活動的出發點和重要的指導思想，盟組織應該發揮黨和政府發揚民主、聯繫群眾的紐帶作用。會議討論了對台宣傳工作，交流了經驗。

△五月十六日，全國政協委員、台灣早期著名政治活動家、旅日華僑領袖、台盟盟員楊春松逝世，終年六十二歲。

△五月二十一一二十三日，台盟在北京舉行座談會，紀念台灣人民「五・二四」愛國反美大示威五周年，會議堅決反對美帝國主義霸占台灣、製造「兩個中國」的陰謀。

△十月二十六日，台盟同各民主黨派、工商聯發表聯合聲明，擁護我國政府關於支持古巴反對美國戰爭挑釁的聲明。

一九六三　六三歲

△一月十九日，台盟全盟工作會議在京舉行，會議提出今年的中心任務是。在中國共產黨的領導下，推動所聯繫的成員加強學習，

努力提高愛國主義，國際主義和社會主義的思想覺悟，積極參加全民增產節約運動，在反帝反修，解放台灣的鬥爭中貢獻自己的力量。

△三月一—十七日，台盟廣州市第三次盟員大會召開，選舉邱琳爲市支部主委，林良材爲副主委。

△三月二十四日，台盟對台宣傳工作會議在天津舉行，台盟總部及在津盟員、台胞約一百五十人參加了會議。

△七月十八日，台盟總部、台盟北京市支部舉行座談會，歡迎國民黨空軍徐廷澤駕機起義歸來。在京盟員、台胞約兩百人參加會議。

△十二月五—九日，台盟全盟工作會議在京舉行，總部理事、各地負責人及盟員中的全國人大代表和全國政協委員參加了會議。與會者學習和討論全國人大二屆四次會議和全國政協三屆四次會議的決議、公報和有關文件，一致表示熱烈擁護黨和政府的對內對外政策。會議提出①積極參加「五反」和增產節約運動，認真學習，加強自我改造，②推動所聯繫的成員在各條戰線上積極服務；

③進一步發揮各級組織的作用，密切聯繫群眾，宣傳黨的方針政策；④調動一切積極因素，加強對台宣傳工作。

一九六四　六四歲

△一月二十六日，台盟總部召開在京盟員、台胞座談會，請全國人大常委謝南光、全國政協委員陳文彬等介紹視察新疆見聞。

△八月十五日，中共中央在北戴河召集各民主黨派負責人協商會，台盟總部徐萌山秘書長參加了會議。

△十二月十一—十二日，台盟上海市第三次盟員大會在滬舉行。會議要求每個成員在中國共產黨領導下，努力學習，加強自我改造，以實際行動爲建設祖國貢獻自己的力量、爲解放台灣貢獻力量。會議選出謝雪堂爲主委、林田烈爲副主委。

△十二月二十日—一九六五年一月五日，第三屆全國人大、第四屆全國政協在北京舉行第一次全體會議。台盟參加全國人大的代表有田富達、謝雪堂；參加全國政權的委員有王天強、田富達、丘琳、蘇子蘅、李純青、陳文、陳文彬、徐萌山。蘇子蘅爲全國政協常委。

一九六五　六五歲

△一月六—十日，台盟全盟工作會議在京舉行。參加會議的有總部負責人、理事、各地盟組織負責人及盟員中的全國人大代表、全國政協委員等。與會同志學習和討論了周總理的《政府工作報告》、郭沫若副主席在政協三屆常委會上的工作報告等。會議號召全體盟員積極投入到三大革命運動中去，加強自我教育和自我改造，樹立跟著共產黨走社會主義道路、把革命進行到底的思想。會議堅決反對美帝國主義霸占台灣、製造「兩個中國」陰謀。

△六月二十七日，北京召開反對美帝侵占台灣十五周年集會，全國政協常委蘇子蘅代表台盟在集會上講了話，各民主黨派、工商聯及無黨派民主人士和首都各界人士參加了集會。

△八月十四日，台盟旅大市支部召開第十次盟員大會，陳文當選爲主委，黃啓章爲副主委。

一九六六　六六歲

△八月二十四日，北京紅衛兵分別衝擊各民主黨派中央機關，並勒令其停止辦公。

△八月二十五日，台盟總部與其它各民主黨派中央相繼被迫停止活

動。

一九六七　六七歲　△五月二十四日，在周總理的親自關懷下，台盟總部及台盟北京市支部舉行「五・二四」反美愛國大示威十周紀念會。

一九六八　六八歲　△五月，紅衛兵抄謝雪紅家，令謝下跪低頭，王萬得再飽以老拳。謝昏厥，王萬得用冷水潑醒她，再拳打腳踢。謝的身體乃江河日下。

一九六九　六九歲　△四月二十日，全國政協委員、原台盟旅大市支部主委、大連醫學院教授簡仁南逝世，終年七十二歲。

一九七十　七十歲　△四月，台盟總部第一屆理事會理事，第一屆全國政協代表、全國政協委員、台盟福建省籌委會主委王天強逝世，終年六十歲。

△十一月五日，台盟總部第一屆理事會主席、第一屆全國人大代表、全國政協委員、台盟創建人之一謝雪紅在北京逝世，終年六十九歲。

一九七一　冥七一歲　△

一九七二　冥七二歲　△

一九七三　冥七三歲　△楊克煌寫下遺囑。
一九七四　冥七四歲　△
一九七五　冥七五歲　△
一九七六　冥七六歲　△
一九七七　冥七七歲　△
一九七八　冥七八歲　△八月二十九日，楊克煌逝世於北京。
一九七九　冥七九歲　△
一九八十　冥八十歲　△
一九八一　冥八一歲　△
一九八二　冥八二歲　△
一九八三　冥八三歲　△
一九八四　冥八四歲　△
一九八五　冥八五歲　△
一九八六　冥八六歲　△九月十五日，中共中央舉行謝雪紅骨灰移放儀式，從「一般幹部」區移到「功勞元勳」區，形式上這是一個平反，實際是兩岸關係的需要。

二〇一四 冥一一三歲 △春，陳福成著本書（台北，文史哲出版），重新評價謝雪紅，重新定位她是一個革命家。